"一带一路"开发研究丛书

总主编 ◎ 向宏 胡德平 王顺洪 徐飞

# 智力丝绸之路

"一带一路"沿线的大学合作

程军 邱延峻 ◎ 主编

西南交通大学出版社
·成都·

图书在版编目（CIP）数据

智力丝绸之路："一带一路"沿线的大学合作/程军，邱延峻主编．—成都：西南交通大学出版社，2017.4
（"一带一路"开发研究丛书）
ISBN 978-7-5643-5409-1

Ⅰ.①智⋯ Ⅱ.①程⋯ ②邱⋯ Ⅲ.①大学–国际合作–研究–世界 Ⅳ.①G648.9

中国版本图书馆CIP数据核字（2017）第078802号

"一带一路"开发研究丛书
Zhili Sichou Zhilu
智力丝绸之路
"一带一路"沿线的大学合作

程 军　主编
邱延峻

出版人　阳　晓
责任编辑　杨岳峰
助理编辑　左凌涛
封面设计　严春艳

| | | | | |
|---|---|---|---|---|
|印张|15.5|字数|215千| |
|成品尺寸|165 mm × 230 mm| | | |
|版次|2017年4月第1版| | | |
|印次|2017年4月第1次| | | |
|印刷|四川玖艺呈现印刷有限公司| | | |
|书号|ISBN 978-7-5643-5409-1| | | |

出版发行　西南交通大学出版社
网址　http://www.xnjdcbs.com
地址　四川省成都市二环路北一段111号
　　　西南交通大学创新大厦21楼
邮政编码　610031
发行部电话　028-87600564　028-87600533
定价　62.00元

图书如有印装质量问题　本社负责退换
版权所有　盗版必究　举报电话：028-87600562

# "一带一路"开发研究丛书
# 编写委员会

| | |
|---|---|
| 总 主 编 | 向　宏　胡德平　王顺洪　徐　飞 |
| 副总主编 | 何云庵　陈志坚　朱健梅 |
| 编　　委 | 沈火明　何　川　钟　冲　邱延峻 |
| | 汪　铮　张雪永　阳　晓　孟新智 |

## 本书编写委员会

（按姓氏笔画排序）

马艳娟　　王海超　　王舒涵　　李俊鹏

杜石厅　　邱延峻　　郝佳佳　　程　军

# "一带一路"开发研究丛书
# 创作与出版说明

## 一、立项说明

"一带一路"倡议如果没有找准全球发展的真实需求，她不可能在今天得到如此众多国家的支持和响应。尽管如此，寻求最广泛的共识与参与依然是我们需要艰苦努力的目标，因为这一倡议的本质是推动"五通三同"：政策沟通、设施联通、贸易畅通、资金融通、民心相通以及利益共同体、责任共同体、命运共同体，在此基础上实现区域共同市场的协同发展与全球化的深入。

"一带一路"倡议尽管是一个经济发展战略和操作计划，但她明显区别于一般的全球发展概念和相应项目计划，因此，"五通三同"既是手段又是目的，只有如此，我们才能推进相关事业的螺旋递进和升华发展。

面对如此众多的国家与经济体，要建立"五通三同"的基本理解与共识并不断深化，将是一个非常复杂的浩繁系统工程。我们深知没有理论研究的超前展开和持续跟进，寻求广泛共识与普遍参与将是非常困难的。

"'一带一路'开发研究丛书"将从五个角度把握选题方向，弄清基本诉求、明晰关键问题、找准逻辑关系：一，从中国国家战略角度；二，从全球发展角度；三，从"一带一路"倡议实施的相关主体角度；四，从西南交通大学角度；五，从新基建高潮与轨道交通发展角度。

### （一）从中国国家战略角度

随着改革与开放事业的循环递进，中国借助全球化契机，快速实现了城市化与工业化，也就是初步现代化。长周期高速成长的中国在今天面临如何跨越"中等收入陷阱"与"修昔底德陷阱"的巨大难题，全球经济格局的变化也给我们带来了新一轮的挑战。通过更紧密地融入世界经济体系尤其是亚非欧市场，毫无疑问是跨越两大陷阱、实现和平崛起的根本性战略选择。

2013 年 9 月，中国国家领导人正式向国际社会提出了共建"丝绸之路经济带"和"21 世纪海上丝绸之路"的重大倡议，两者合称"一带一路"倡议。近四年来，"一带一路"倡议首先在中国变成了实实在在的国家战略，从组织机制与体系到首批项目安排都全面展开，取得了阶段性成果；"一带一路"倡议不仅得到了沿线国家的积极响应，也结出了诸如亚投行、金砖银行等重大战略性、阶段性成果；2016 年 11 月 17 日，第 71 届联大将"一带一路"倡议正式作为大会议程，这不仅标志着国际社会对它的接受，更预示着"一带一路"倡议逐渐成为全球发展的新理念与新思路，成为"千年计划"的重要操作内涵；2017 年 1 月 17 日，习近平主席在达沃斯世界经济论坛年会上宣布将在北京召开"一带一路"国际合作高峰论坛，预示着中国声音、中国主张、中国方案将满怀信心地进入国际议题；刚刚结束的中美元首"海湖庄园会晤"不仅将开启中美"新型大国关系"格局下的新合作局面，还将在规划中美关系下一个 45 年的过程之中，探寻"繁荣中美与建设世界并行不悖"的、促进世界经济"增量再平衡"的、中美共同倡导的全球发展新主张和"再全球化"新战略，这些中美间的战略安排将促进"一带一路"倡议的全面深化和"一带一路"大市场的兴旺发达。

我们可以预计，5 月 14 日至 15 日在北京召开的高峰论坛不仅是中国主场的全球性盛会，也标志着"从一带一路到人类命运共同体"的全人类"大交通"时代的即将来临，新一轮的世界经济大繁荣也许将由此开启，中国新一轮"对外求和、对内求变"的改革发展新战略同样也将由此开启；随后召开的中共十九大将是新一轮改革发展新战略的组织保障与机制深化。

## （二）从全球发展角度

今天亚洲的大部分国家依然面临现代化的紧迫需求，也就是城市化与工业化的紧迫需求；美洲尤其是南美、欧洲尤其是东欧不少国家也面临同样的需求；非洲更是如此。

"一带一路"倡议的一个重要特征就是借鉴中国快速实现工业化与城市化所积累的相关经验、模式、方法以及相应的中国能力，联合欧美日等发达国家力量和沿线发达经济体力量，推动亚、非、拉为主的洲域市场快速实现赶超型的、后发优势的现代化过程。因此，"一带一路"倡议也可以说是全球市场整体实现城市化与工业化的"收尾工程"，它将迎来的是现代化的灿烂晚霞。

今天的北美、欧盟等发达国家和经济体，虽然也因就业等压力提出了"再工业化"等口号，事实上是很难收到实效的，更难发挥比较性优势。他们恰恰应该面对未来寻求超前的战略安排与新竞争力布局，通过商业模式与机制的创新实现诸多未来产业的提前成熟，并通过新兴产业与新生活方式创造全新的后工业化产业体系与新消费体系，实现经济的转型与市场的繁荣乃至社会的发展。

"一带一路"倡议的另一个重要特征就是在中美螺旋递进的战略合作机制下，依托美国发达的科技力量与教育力量，创新技术方案与商业模式，联合欧日等发达经济体力量和沿线发达经济体力量，推动中美市场为基础的、"一带一路"沿线相对发达经济体普遍参与的、超前布局的、先发优势的后现代化过程。因此，"一带一路"倡议也可以说是中美联手推动的全球市场发达经济体超前实现后工业化与后现代化的"超前工程"，它将迎来的是后现代化的蓬勃朝阳。

"一带一路"倡议的上述两大特征使其完全有可能成为"再全球化"或"后全球化"时代，实现世界经济"增量再平衡"和新一轮长周期繁荣的全球新战略，也是推动工业化往后工业化演进的文明转型工程。

## （三）从"一带一路"倡议实施的相关主体角度

"一带一路"倡议实施涉及的各类主体非常丰富，同类主体又有不同的层级需求；每类主体对"一带一路"的关注、研究、参与都抱有不同的目的与不同的逻辑演进关系。

"一带一路"倡议实施涉及的产业面也相当广泛，不同区域产业链发育的成熟度又有相当大的差异，全球性产业秩序也处在总体平衡的动态调整之中，它的不确定性和不同主体扮演的龙头角色又决定了产业重组与再造所面临的企业性格的个性化。

"一带一路"倡议实施中有一个征象必须说明，那就是区域共同市场的抬头乃至区域共同市场主义的兴起，这就使我们多了一个关注的对象，那就是区域共同市场的牵头人，也许是国际组织、也许是强势国家、也许是强势企业。

"一带一路"倡议实施不能回避它对现行国际政治经济秩序的影响甚至是话语权地位的调整，既有秩序的守成方和挑战方之间的矛盾是无法回避的，关键是看新秩序的建构能不能达成挑战方与守成方的新平衡，这种新平衡的认可需要靠新思维与大主张。

我们的研究，包括因本套丛书带来的深化研究显然是不能够囊括各类主体的不同需求，当下的需求也许还能够有几分感觉，未来变化中的需求调整是很难把握的，尤其是博弈的双方在入场前后的动机变化是最难把握的，我们将尽努力挑战它。

### （四）从西南交通大学角度

西南交通大学秉持 120 年的大交通理念，在全校师生、校友事实上已经是"一带一路"倡议项目实施的普遍参与者基础上，根据创办"双一流"大学的总体目标，提出了"以'一带一路'倡议为契机，以国家实验室为突破，全面建构大交通范畴的学科体系建设理念和有特色的世界一流大学目标"，并以此展开交大新一轮的改革发展新事业。

学校成立了"一带一路"开发研究院与"一带一路"历史文化研究院，参加了全国政协统筹的，由清华大学、国家开发银行、丝路基金等机构发起的"丝路规划研究中心"，同时与中央财经领导小组办公室保持联系，将学校机制与国家机制结合，一方面系统性、全局性展开"一带一路"研究，另一方面积极展开国家战略层面的项目实践。近期开发研究院在华盛顿组织了 20 位中美双方政产学人士参加的"中美民间基建合作计划专家工作组",推动中国民间资本联合赴美的"美国基建投资计划",取得中美双方高层的一致认可与褒扬。2016 年年底,历史文化研究院应梵蒂冈教皇邀请赴梵展开"中梵丝绸之路历史文化研究",不仅取得了阶段性成果,还建立了与梵方多个机构的长期合作机制,2017 年 5 月将组织北大、北师大、北外、中国红楼梦研究会、中国曹雪芹研究会等中方专家与梵方教皇大学、梵蒂冈博物馆展开系列研讨会与课题合作,推动"一带一路"历史文化研究上台阶、创品牌。

两个研究院在工作中发现虽然"一带一路"倡议的实践已经走在前面,但理论研究尤其是系统理论研究与理论准备明显不足,落后于实践。我们认为"一带一路"倡议是在全球化发展转型期、全球性工业化与现代化步入后发阶段、后工业化与后现代化步入先发阶段、崛起大国与守成大国进入相持阶段、世界经济正在由失序的不平衡走向有序的再平衡过渡阶段等多个特殊时期提出的。面对这样一个特殊时期,既需要有突破的理论思维与主张,也需要表达核心主张的理念阐述、更需要有逻辑的操作方案且要照顾不同主体的真实需求与思维习惯。

基于上述观点,两个研究院提出了由"智库型模式"起步并逐渐过渡到"智库与教学结合模式"的发展思路。一方面通过智库拓展与"一带一路"相关主体尤其是市场主体的紧密互动关系,进一步找准两个研究院的操作性定位;另一方面组织编写"'一带一路'开发研究丛书",聚集研究资源、提出研究思路、创新研究方法、服务战略实施,在此基础上,进一步找准两个研究院的学术定位。与此同时,动员与统筹全校力量、五所交大的协同力量和成都地区、西南地区高校力量,乃至"一带一路"关联地区大学力量和"大交通"关联的全球性力量参与研究与智库活动。

通过两个研究院对"一带一路"倡议的系统研究,我们越来越发现不仅"一带一路"所关联的亚洲、非洲、欧洲尤其是中东欧普遍面临基础设施先行带动的城市化与工业化快捷发展的后发现代化的总体需求,整个美洲包括北美同样存在如此需求。我们注意到伴随中美合作关系的升级,世界性的新基础设施建设高潮即将掀起。也许它发端于中美两国的基建升级、繁荣于"一带一路"直接推动的亚非欧"世界岛"。

两对新一轮的基建浪潮,在后发现代化国家最重要的表现特征是"大交通"推动的城市化与工业化;在先发现代化国家和地区如美、欧、日等以及中国部分地区,表现特征是"新型大交通"推动的新空间布局与新产业布局。

"大交通"强调依托高铁及城市轨道交通串联形成的城市带、产业带以及在此基础上的特色城镇群与特色产业群;"新型大交通"强调依托磁浮等新型轨道交通实现大都市与特色卫星小镇的快捷连接,重构都市空间格局与新产业布局,除此之外还包括空地一体化新型交通格局带来的"未来城市"的兴建。

由此看来,"新型轨道交通"将是"大交通"与"新型大交通"的基础解决方案,西南交通大学在轨道交通领域的全国性地位乃至全球性地位决定了它的特殊角色。

高铁尤其是时速300公里左右的常规高铁,虽然是新型轨道交通的重要组成部分,但它的研发体系和产业体系已基本成熟,交大要做的工作更多的是补充与完善。交大要在升级版的超级高铁,重载铁路,第二代中低速磁浮列车、高温超导磁浮列车等磁浮轨道交通多样化应用,空铁等多制式城市轨道交通,国防特种运输装备,真空管道超高速轨道交通(1000 km+),现代有轨电车、虚拟有轨电车等"新型轨道交通"方面聚集研究力量与市场力量,不仅创中国"双一流"大学,还要创世界第一的"新型轨道交通大学",以此带动交大综合能力的全面成长,用全球性基建高潮的大势推动交大成为国际一流研究型大学与智库型大学。

为了实现上述目标,尤其是在"新型轨道交通"产业体系成型之前,交大不仅要为学术体系的完善发挥独特作用,也要为标准体系的完善发挥关键作用,更要为市场体系的超前布局发挥先锋作用。因此,尽快组织战略投资人一步到位形成大资本介入的"中国新型轨道交通集成集团有限公司"显得尤为重要与迫切。它是学术、科研、产业良性循环的重要一环，在一个全新产业孵化之初，这样的机制更显得尤为必要。

### （五）从新基建高潮与轨道交通发展角度

伴随中美合作新格局的来临、"一带一路"倡议的全面实施，一场启动于中美市场、繁荣于"一带一路"市场的全球性基础设施建设高潮即将来临。交通，毫无疑问是先行工程，轨道交通尤其是高铁和城市轨道交通又是先行工程中的先行工程。

中国已经有大大小小的若干行业取得了全球规模与技术的领先优势，在大行业领域取得市场领先优势的还是凤毛麟角，中国高铁与城市轨道交通是我们最自豪的佼佼者，它事实上成了全球有目共睹的中国基础设施建设能力的核心能力。我们的尴尬在于为我们这一产业巨大市场优势做出贡献的主要还是国内市场，而大步走向全球市场才是我们轨道交通产业真正成熟的标致。

我们靠国内规模市场优势做大了产业，但还没有做强，关键问题出在应用研究与基础研究的相对滞后，深层问题又在于研究力量的协同与组织机制的困扰，更深层次的问题在于应对全球竞争、大国竞争到底应该有怎样的产业发展战略与机制保证。

培育优势企业、打造优势产业毫无疑问是国家竞争力战略与新一轮改革发展的关键能力需求与基础能力需求；中国高铁与城市轨道交通因市场规模所积累的丰富经验与综合能力，使其成了市场潜力最大的优势产业和企业集群，这样的综合优势产业相对而言实在太少；它过去的成功，一是靠大胆决策、超前超规模展开、用暂时的亏损换取中国城市化与工业化整体能力的快速提升等巨大综合收益，二是靠产学研资源的系统性长期积累；现在的问题，浅层面看是过于依赖国内市场、进入国际市场依然面临技术经济多项指标的竞争压力，深层次看表现为产业、科研、教育整体协同机制与定位出了问题，基础科研与新技术孵化跟不上市场的变化与需求；市场大势来了，它启动于中美新一轮的基建合作计划，繁荣于"一带一路"基础设施建设的先行；需求来了我们从何下手，只能是一方面尽最大努力抓市场，另一方面抓产业与应用研究能力提升，但这需要一个过程；综合而言，从教育突破相对容易、逻辑也比较顺畅，中国轨道交通教育、科研、产业综合体系离世界第一只差一步，教育水平离第一目标相对更近，教育水平的整体提升必然带来基础研发与新技术孵化的能力跃升，直接推动产业规模优势变成性价比优势、技术优势、品牌优势，全球第一的教育品牌更便于整合各类相关主体与不同阶段的科研资源，有利于突破产学研整体能力的协同性障碍；通过世界第一的轨道交通大学和相关研究体系，带出世界第一的优势产业和企业集群不仅可行且战略意义重大，如此安排"一带一路"倡议与"中美基建合作计划"就能快速取得丰富的早期收获。

## 二、选题原则与创作力量的组织

在今天看来，"一带一路"倡议既是一套中国发展战略，也是一套全球发展战略。两者之间是一个相辅相成的关系：中国战略必须有清晰的国际逻辑，否则没有操作性；全球战略必须要有一定的中国因素，否则同样操作性不强。中国不仅仅是"一带一路"的倡议者，更是市场要素资源组织的基础环节与关键环节，也是新机制的建构者与新方法的始创者。

选题原则要兼顾理论与理念、政府与市场、经济与技术、工业化与后工业化、现代化与后现代化、全球化与后全球化、经济与社会、历史与文化，还要兼顾宏观与微观、战略与战术、理论与实践、国家与地方，更要兼顾国际与国内、长远与现实、区域与国别、产业与项目、产业与金融、大企业与小企业、金融体系与金融产品、金融市场与资本市场等多方面。要从这些关系中抽象出选题要义，安排好出书计划的时间序列与分类序列。

"'一带一路'开发研究丛书"总体采取命题研究的创作形式，创作力量首先是以西南交通大学为首的大学力量，包括五所交大、成都、四川、西南地区相关高校和北京地区相关高校等，其次是国内外从事相关问题研究的各类专业人士。

我们特别注重寻找相似题目的著作者，由他组织研究力量结合我们的战略意图进行再创作。如此安排不仅有利于快速形成研究成果，更有利于思想碰撞、观点交锋与学术深化。

由于"一带一路"概念本身是一个操作性概念，因此方案策划与设计显得尤为重要，许多选题将采取"研讨会"形式展开，由主创人员邀请相关专家共同研究"方案设计"，这样不仅使其研究成果的应用价值得以大大提升，还方便阅读，方便相关人员依不同角色进行资讯的取舍。

如何创新研究形式与课题创作形式是我们接续关心的重要问题，通过它可以使选题的资讯内涵与价值内涵得到最大化发挥。

"'一带一路'开发研究丛书"的编写过程本身也是西南交通大学"一带一路"开发研究院与西南交通大学"一带一路"历史文化研究院创立、研究力量组织、定位精准、方法论形成、智库品牌创立、超级项目能力形成、超级项目模式建立的过程，也是交大产学研模式升级发展的过程，更是中国"一带一路"倡议完善的过程。

我们希望本套丛书能有效服务整个"一带一路"倡议的深度认知与中国"一带一路"倡议的深化。它重在系统基础上的早期行为推动，也不排除在若干年后通过实践的总结形成第二套丛书。我们希望借此丛书的创作为"实验政治学"、"发展经济学"、"产业经济学"、"公司经济学"、"方案经济学"以及"现代化理论"与"后现代化理论"、"大交通理论"、"文化人类学"与"空间人类学"等学科的理论建设做出贡献，更希望为"一带一路"倡议建构起系统的理论体系。

## 三、选题分类与计划

"'一带一路'开发研究丛书"按九大类方向进行选题规划：一是核心理论与主张系列，二是总体战略系列，三是大国与域内经济体相关理念与主张系列，四是新理念与行动系列，五是人文历史系列，六是中国改革开放新战略系列，七是中国新市场理念与战略转型系列，八是智库与媒体系列，九是轨道交通系列。

编委会初步拟定了九大类 100 多个选题方向，主要是便于著作者参考与选择，整个丛书计划控制在 100 本以内，编委会与著作者在互动中确定最终选题与研究计划和写作提纲，双方取得一致意见后再进行具体的研究与写作工作。

编委会初步拟定的 100 多个参考选题也将在研究深化过程中不断调整与修改，此次提出的如下选题旨在打开研究视野、明确九大分类的逻辑关系，为首批计划的推出建构参照坐标。

**（一）核心理论与主张系列**

1. 文明与产业：从工业化与现代化走向后工业化与后现代化
2. 新规则：工业文明与后工业文明的胶着与转型
3. 新贸易论：国家间的竞争与改变世界的基础力量
4. 国是与生意：超级项目与超级资本在未来十年将如何改变世界
5. 停滞与繁荣：摆脱政治困扰，迎接新商业力量带来的世界性繁荣
6. 十字路口：新国家为何官僚化以及特朗普可能的再设计与再改变
7. 一千个理由：中美始于现实主义繁盛于新商业主义的战略合作
8. 窗口期：习近平、特朗普可能带来的改变与行进中面临的巨大压力
9. 一带一路：中国经验与中美欧能力结合的后发现代化道路
10. 拥抱：摆脱冷战思维的大国战略
11. 科莫湖：湖边散步，对话美中欧新世界体系
12. 增量再平衡：中美战略对话的全球性议题与机制构想
13. 大交通：从"一带一路"走向人类命运共同体
14. 实践社会主义：在制度竞赛的反省中寻找超越第三条道路的新方向
15. 人类命运共同体：通过经济繁荣导向新普世价值的全球共识

## （二）总体战略系列

16. 竞争力报告："一带一路"相关国家与经济体现实能力的总体评价
17. 增长热点：金砖、金钻、灵猫、展望、薄荷、迷雾等概念的研究
18. 全球化与区域贸易协定：五百多个区域贸易协定(RTA)的来龙去脉
19. 超大区域的RTA：欧盟、APEC、东盟、北美自贸区、TPP、TPIP等概念研究
20. WTO波澜起伏：从全球化到再全球化
21. 多国的规划：来自欧洲、亚洲、非洲以及美国的丝路规划方案
22. 总体需求：亚非拉对城市化与工业化的渴望
23. 融合与创新："一带一路"倡议在数百个区域贸易协定基础上的提出
24. 解释"一带一路"：早期实验、正式提出、逐渐成型与相对稳定
25. 战略对接："一带一路"倡议与相关国家战略及区域战略的衔接
26. 新循环体系："一带一路"创造的全球经济新运行格局
27. 世界的试验：后发城市化与工业化的中国经验与教训
28. 新动力与新空间：超级资本推动新兴产业与新生活方式的提前繁荣
29. 收尾与超前：工业化的后发模式与后工业化的先发模式
30. 信风：新一轮全球性基建高潮的来临
31. 世界岛：梦想在大资本时代中美欧合作格局下实现
32. 支撑体系：丝路新时代的节点城市与产业体系
33. 产业分工：联合国的三级工业分类与"一带一路"的分工体系
34. 园区模式：花样繁多的园区概念与中国式的产城融合体
35. 生根开花：中国在"一带一路"超前布局的80余个经贸合作区

## （三）大国与域内经济体相关理念与主张系列

36. 特朗普新政：保守主义与现实主义的当下立足与新商业主义的未来发展

37. 改造世界的特朗普：问题意识、逻辑力量与方法论

38. 脱欧之后的再定位：英国在欧盟与新欧亚非一体化市场中的再定位

39. 再造优势：德国借助"一带一路"提振欧盟的新思路与新战略

40. 岛国求变：日本在新外交格局下重构一体化市场的理念与方略

41. 新一轮合作：中韩在"一带一路"大市场体系中谋求新合作格局

42. 海陆互动：新加坡在强化海权优势基础上的陆权联盟式扩张

43. 华丽转身：中东石油大国在"一带一路"机遇下的战略转型

44. 印度：寻求深度认知与理解，探寻全面结构性合作

45. 欧洲图强："一带一路"理念下的东进战略与欧亚非市场共同体

46. 欧亚非经济联盟："一带一路"倡议作为手段与目的

47. 亚洲共进论：区域与次区域共同市场带来的亚洲繁荣

## （四）新理念与行动系列

48. 国别经济："一带一路"倡议实施的认知前提与基本能力

49. 产业经济："一带一路"倡议实施的关键环节与核心动力

50. 区域共同市场：后全球化过渡期的市场特性与趋势前瞻

51. 新图景：区域共同市场与主体功能区

52. 经济地理革命："一带一路"串起的区域共同市场体系

53. 不确定中的求索：国际货币太阳系的瓦解与新体系的建构

54. 人民币国际化：从贸易货币、投融资货币走向储备货币

55. 亚投行：全球开发性金融的新角色与新模式

56. 丝路基金：中国由贸易大国向投资大国转型的引导性基金
57. 并驾齐驱：贸易与航运的波罗地海指数与海上丝路指数
58. 新模式：中美欧高科技合作1.0与2.0互动机制
59. 六大走廊：概念性规划基础上的深度研究
60. 第三欧亚大陆桥：穿越亚洲人口密集地区连接中欧的新通道
61. 捷径：北极航线、克拉地峡运河等海上丝路新通道构想
62. 哑铃战略：十余趟中欧班列连接两个扇面的城市群与产业群
63. 管道丝路：中国与俄缅哈土等国油气管道创造的新开发模式
64. 东西方之桥：土耳其在"一带一路"倡议中的重新定位
65. 比雷埃夫斯港：海上丝路港城连接的中东欧新通道
66. 科伦坡再造：海上丝路中转大港的新发展计划
67. 中白工业园：白俄罗斯的新中心城市与丝路明珠
68. 苏伊士新区：中埃合作的新型经贸合作区与海上丝路的节点城市
69. 瓜达尔港城：一个面向三个大市场的超级工业基地与商贸大城
70. 先走一步：中国在非洲的基建与产业发展
71. 雅达瓦伦油田：中国超级油田海外合作的里程碑
72. 印度钢铁：崛起大国的钢铁产业快发之路与后发之路的双轮驱动
73. 班加罗尔：软件产业聚集区与中国互动的互联网+
74. 有机农业：远东布局的生产基地和全球市场
75. 台湾价值：超级项目合作重塑两岸关系
76. 巴拉望的后现代生活：与增长中心配套的热带海滩度假城与非现场工作基地

（五）人文历史系列

77. 曾经的辉煌：东西方商路连接的古丝绸文明
78. 大航海时代：洲域经济的交流与早期的全球化
79. 从历史走来：始于《中国》的西方关于中国的描述
80. 西方视野的中国：大历史、大文化与大战略的观察

81. 丝路传奇：千百年来西方人的丝路著述与故事
82. 历史的拐点：中国在世界交往中的失落
83. 盛宴：中国艺术在古丝路的辉煌与新丝路的繁盛
84. 梵蒂冈使臣：罗马在东西文化交流中的历史角色与未来设想
85. 大历史定位："一带一路"倡议的历史延续与未来穿越
86. 横断山总体价值论：建构地球终极资源与全人类明天需求间的大逻辑框架
87. 第三空间浪潮：透过若干经典案例解构建构空间人类学
88. 伊甸园：大香格里拉的后现代憧憬
89. 腾冲：古丝路历史文化要冲与新丝路的重新定位
90. 生活大国：四川的尝试与即将到来的中国新战略
91. 艺术的胜利：重庆都市调性的改造与竞争力的勃发
92. 复兴邻里社会：智慧城市与中小微企业新发展浪潮带来的社会变革

## （六）中国改革开放新战略系列

93. 第二轮开放：对外求和与对内求变的新战略
94. 愿景与行动："一带一路"倡议的多角度解读
95. 冷思考："一带一路"深层问题与关键问题梳理及求解
96. 战略定力：中国策略的宏微观梳理与系统执行
97. 创新驱动：内外市场互动的创新机制与模式
98. 循环递进："一带一路"倡议创造的内外市场及大中小企业协同发展的新契机
99. 早期收获："一带一路"倡议的有感化与阶段性递进
100. 企业生态：良性发展的基础与深化改革的关键
101. 工业强国：增量再平衡全球机制下中国制造业的转型升级
102. 并非夸大的使命：中国商业力量的成长与未来使命
103. 新亮点：口岸贸易与自由贸易区
104. 利益维护：中国"一带一路"倡议下的海外利益维护
105. 海外中国：中国跨境投资的现状与未来战略
106. 华人血脉："一带一路"华侨资本的关键作用与利益安排

## （七）中国新市场理念与战略转型系列

107. 第一战略：推动优势产业冲击第一目标与市场覆盖
108. 并购与整合：中国制造业升级的价值再造与战略重组
109. 战略投资：时髦概念背后的深层功夫与系统能力
110. 机会投资：战略理念与能力支撑下的短线投资
111. 平台公司：多元化的实践与逐渐清晰的能力特征
112. 全球并购：躁动下的冷思考与趋势前瞻
113. 新央企：政治定位清晰后的市场行动
114. 改造与担待：中国上市公司与机构投资人的非常使命
115. 企业家：一个价值被忽略的特殊阶层与关键力量
116. 资本聚集："一带一路"超级项目导向的中国证券市场改革
117. 资本时代："一带一路"开启的中国跨境投资新天地
118. 聚变：郑州如何由超级货运空港演变为航空大都市
119. 于家堡：一个为京津冀融合发展和"一带一路"国别总部而定制的未来城市
120. 发现新疆：双经济走廊概念与超级项目聚集的循环递进
121. 双主题战略：云南在大通道与新生活中央高地两大概念下的再定位
122. 两洋通道：云南如何做好第三欧亚大陆桥与泛亚通道的大文章
123. 深圳谋变：基于现状与可能背景下的超级项目都会
124. 大湾区：新全球经济格局下粤港澳的再定位与一体化
125. 重庆战略力：国企与民企两个战略平台的双轮驱动
126. 多元中关村：欧美日俄以等国多点布局的超级项目孵化基地
127. 智慧城市：以非现场工作为基础的智慧化改造与不断升级
128. 大湾区的香港：在"一带一路"倡议下诉求金融深化与服务贸易升级
129. 装备制造业："一带一路"上的升级版与内外市场的互动
130. 服务贸易："一带一路"倡议下的内外市场联动与大布局

## （八）智库与媒体系列

131. 力量的整合：中国与"一带一路"相关研究力量的价值发现与重组
132. 中国丝路开发研究基金会："一带一路"倡议门户型智库的价值主张与方案设计
133. 峨眉论坛：面向"一带一路"的开放论坛与新型国际组织
134. 峨眉论坛大学：创新组织模式与教学模式的"一带一路"国际人才培训基地
135. 超级项目论：中国在后全球化过渡期的非常机遇与方法
136. 超级项目前期："一带一路"倡议系统推进的关键能力
137. 超级项目智库：政产学融合的前期孵化机制与绿色通道
138. 开发性金融："一带一路"创造的新模式与新空间
139. 顶层智力：全国政协精英人才在"一带一路"基础研究上的价值最优化
140. 战略精英：复合型人才在非常时期的非常作用
141. 智力丝绸之路："一带一路"沿线的大学合作
142. 再出发：面对国家总体竞争力与战略安排的高校改革
143. 全球战略（华盛顿）研究院：设计中美欧如何联合创办新型智库
144. 丝路传媒集团："一带一路"全域布局的新媒体集团方案设计
145. 丝路通讯社："一带一路"全域布局的新模式通讯社方案设计

## （九）轨道交通系列

146. 轨道交通：昨天的辉煌、今天的重任、明天的浪漫
147. 高铁主义：轨道交通与公路网络的良治后发模式
148. 新型轨道交通：现代化国家与地区交通能力提升的新选择
149. 轨道交通：全系列的中国制造与超级项目模式的中国投资
150. 泛亚铁路：交通体系联动区域共同市场的城市群和产业带

# 前言

教育可以资政启民、化民易俗。在全面推进"一带一路"倡议的历史伟业中，高等教育理当积极响应国家顶层战略，主动承担全新历史使命。共建"一带一路"顺应世界多极化、经济全球化、文化多样化、社会信息化的大趋势，秉持开放的区域合作精神，致力于维护全球自由贸易体系和开放型世界经济，其建设是开放的、包容的，"一带一路"提出以来，已得到众多沿线国家和国际组织积极回应。为了促进我国与"一带一路"众多沿线国家的大学合作，特选取 64 个国家，编写此书，系统介绍沿线国家的教育概况特别是高等教育现状，这也是西南交通大学"'一带一路'开发研究丛书"中的一册。

作为古老"丝绸之路"未竟之业，教育合作将续谱现代丝路的光辉篇章。大国的发展历程表明教育对形塑性格、建构社会、和合通融及弭兵止战具有重要影响，沿线国家高等教育的合作交流是推进民心相通和促进共识形成的重要保障。加强大学教育合作，构建合作平台，创新合作机制，丰富合作内容，建设合作品牌，点亮我国和"一带一路"沿线国家持续发展和人民交流往来的前进道路，为创建"和而不同"的和谐世界奠定文化基础。本书按照中亚蒙古、东南亚、南亚、西亚北非、独联体和中东欧等 6 个区域分别介绍了沿线国家教育的历史演进和大学的发展现状，概要分析了沿线国家大学联盟和区域合作以及国际组织在大学合作中的角色,重点阐述了我国和 64 个沿线国家的大学合作形式和内容,集中总结了我国在沿线国家的中外合作办学情况和来华留学生教育情况,全面回顾了孔子学院在沿线国家的建设历程和发展特色及其在促进沿线国家民心相通中的独特作用。

本书第一章由邱延峻编写,第二章由李俊鹏编写,第三、四、五章由马艳娟编写,第六、八、十一章由郝佳佳编写,第七、九、十章由王海超编写,第十二章由程军编写,附表一由杜石厅编写,附表二、三、四由王海超编写,附录一、二由王舒涵编写。全书由程军统稿,由程军、邱延峻共同主编。

本书的编写得到了西南交通大学丝路丛书编写委员会的悉心指导,编写过程中还参阅了维基百科等电子资料,在此一并致谢。

# 目录 contents

第一章　绪　　论 …………………………………………………… 001

第二章　中亚蒙古之教育 …………………………………………… 005
　　一、中亚蒙古国家总体情况 …………………………………… 005
　　二、中亚蒙古国家教育概况 …………………………………… 008
　　三、中亚蒙古国家知名大学 …………………………………… 015

第三章　东南亚之教育 ……………………………………………… 018
　　一、地区概况 …………………………………………………… 018
　　二、东南亚十一国教育概览 …………………………………… 019
　　三、东南亚知名大学 …………………………………………… 028

第四章　南亚之教育 ………………………………………………… 032
　　一、地区概况 …………………………………………………… 032
　　二、南亚八国教育概览 ………………………………………… 033
　　三、南亚知名大学概览 ………………………………………… 040

第五章　西亚和北非之教育 ………………………………………… 042
　　一、地区概览 …………………………………………………… 042
　　二、西亚北非教育概览 ………………………………………… 042
　　三、西亚北非知名大学 ………………………………………… 059

## 第六章　独联体之教育 ································ 063
一、独联体国家总体情况 ······················ 063
二、独联体国家高等教育概览 ················ 067

## 第七章　中东欧之教育 ································ 074
一、十六国概况 ································ 074
二、十六国教育简况 ·························· 082
三、十六国知名大学 ·························· 088

## 第八章　"一带一路"沿线国家的大学区域合作 ······ 091
一、"一带一路"沿线国家大学区域合作组织概况 ······ 091
二、"一带一路"沿线国家高校联盟 ············ 095
三、"一带一路"沿线国家大学区域合作之大学案例 ···· 098
四、"一带一路"沿线国家大学区域合作之组织案例 ···· 100

## 第九章　中国与"一带一路"沿线国家的大学合作 ···· 106
一、合作概况 ································ 106
二、合作形式 ································ 110

## 第十章　"一带一路"沿线国家的孔子学院 ·········· 120
一、发展历程与现状 ·························· 120
二、发展特色 ································ 127
三、孔子学院与"一带一路" ·················· 129

## 第十一章　"一带一路"背景下的大学改革 ·········· 133
一、"一带一路"倡议中的教育使命 ············ 133
二、"一带一路"倡议中的大学角色 ············ 135
三、"一带一路"倡议视角下我国大学改革 ······ 139

第十二章　基于智库平台的中外大学合作 …………………… 146
　　一、现代智库与大战略 ……………………………………… 146
　　二、大战略需要大智慧 ……………………………………… 149
　　三、中外大学智库合作助力"一带一路"倡议 …………… 163

结　语 ………………………………………………………………… 169

附表1　"一带一路"沿线国家知名大学名录 ……………………… 170

附表2　"一带一路"沿线国家合作建设的中外合作办学项目（机构）信息表 ……………………………………………………… 175

附表3　"一带一路"沿线国家孔子学院和中方合作机构
　　　　一览表 …………………………………………………… 192

附录1　"一带一路"大学及智库合作大事记 ……………………… 198

附录2　中国智库索引（CTTI）来源高校智库名单
　　　　（2017~2018） …………………………………………… 201

附表4　"一带一路"沿线国家一览表（不含中国）……………… 211

参考文献 ……………………………………………………………… 216

# 第一章　绪　论

"一带一路"沿线国家横跨欧亚、幅员辽阔、山河壮丽、气象万千。经过原始社会的严酷历练，人类先民在漫长的生活征程中继续结伴前行在欧亚大陆上，或游牧、或渔猎、或农耕、或商贾，在浩荡的历史长河中产生了众多的语言、文字、宗教和文化，见证了帝国的兴衰、经历了宗教的演替、体会了命运的起伏并分享了文明的发展。发祥于不同地域的文明、起源于不同民族的语言、创制于不同时期的文字和兴盛于不同帝国的宗教伴随波澜壮阔的征战攻伐和川流不息的商贸互市在欧亚大陆激烈碰撞并融汇交流。先民追逐幸福与梦想的脚步首先穿越了横亘于欧亚大陆之间绵延不断的险峰峻岭、雪山草原、大漠戈壁和城郭关隘，以昭武九姓西迁和亚历山大东征为标志的人类播迁之路开启了东西方之间交流与冲突互见的历史篇章，陆地"丝绸之路"于是水到渠成。与此同时，不同于经常伴随开疆辟土和帝国扩张为目的的陆上"丝绸之路"，以宗教情怀和商贾价值为主要特征的海上"丝绸之路"随着人类航海技术的持续跃升而次第展延，在郑和七下西洋的永乐盛世达到顶峰。连接欧亚大陆不同国家的"丝绸之路"为沿线国家的文明融合和商贸交流奠定了互通基础，极大丰富了人类的生活并推进了文明进程，不仅为两希文明、两河文明、印度文明和华夏文明的辉煌灿烂提供了广袤空间，而且为佛教、伊斯兰教和天主教等主流宗教的传播发展提供了交流渠道，成为人类文明史上的光辉篇章。

在西方拓殖世界和沙俄东向扩张以前，"一带一路"沿线国家的教育大都围绕宗教、军功、民政和艺术而开展。以华夏文明为主体的科第文治结构和羁縻藩属制度对受过系统教育与训练的文官的需求直接促进了汉文化圈以人为本的科举教育制度的建立以及夷夏框架中的融胡归汉进程的发展。与此形成鲜明对照的是汉文化圈以外的区域在不同的历史演进中都选择了以神为本的宗教信仰和教育导向。如中亚地区一直是历代欧亚帝国的必争之地，也是各具特色的民族、宗教、国家与文明的集聚交汇之地，费尔干纳盆地东南端的吉尔吉斯斯坦古城奥什更有"中亚贝鲁特"之称，公元前 7 世纪左右，原始社会解体而部落国家形成后，相继受到安息帝国、马其顿帝国、大汉王朝、贵霜帝国、柔然汗国、突厥汗国、阿拉伯帝国、大唐帝国、喀喇汗帝国、西辽帝国、塞尔柱帝国、花剌子模王朝、察合台汗国以及帖木儿帝国的统治、藩属和羁縻直至沙俄南下并吞。宗教信仰也从原始宗教、祆教、摩尼教、萨满教、佛教、伊斯兰教直至沙俄扩张后东正教开始传播。语言也从波斯、吐火罗、粟特、鲜卑逐渐演化成突厥语，文字书写更是在阿拉伯字母、西里尔字母和拉丁字母体系之间几经更迭。在帝国的兴衰和文化的冲突中，教育往往是从属于维系帝国统治的宗教基础，而帝国的征伐常常伴随宗教的重构和民族的播迁。中亚地区在苏维埃时期建构了现代教育体系，并在二十世纪九十年代重获独立后开始了自主的国际合作。

与中亚地区不同的是，东南亚地区教育更早体现了东西方文化的交流融汇。西方东进殖民以前，东南亚地区的内陆人民主要信仰经斯里兰卡南传而来的小乘佛教、经青藏高原东缘南下的藏传佛教、经中土传入中南半岛的汉传佛教和随三苗后裔播迁的原始宗教。自公元 7 世纪开始，哈里发国家与华夏王朝建立的海上贸易日益兴旺，海上"丝绸之路"南来北往、川流不息，起源于阿拉伯半岛的伊斯兰教随着来往东南亚沿海港口的商贸船只一路东进，特别是郑和下西洋开辟新的两洋航道后更是助推了伊斯兰教在东南亚国家自沿海向内陆的传播。在陆上"丝绸之路"和海上"丝绸之路"不断促进欧亚大陆人民商贸往来和人文交流的时候，欧洲列强特别是葡萄牙和西班牙开始了海外拓殖和全球扩张之路，15 世纪末两国签订了瓜分新世界的《托尔德西里亚斯条约》。瓦斯科·达伽马和斐迪南·麦哲伦分别于 1499 年和 1521 年从东西向进入印度洋，拉开了西方列强殖民亚洲的序幕。西方的宗教、语言、文化和教育开始传播于东南亚沿海港口城镇。伴随殖民的扩张和西化的深入，西式教育开启了东南各国的近代化时代。历经列强争霸，英、美先后成为世界霸主，亦使得英语成为印支三国（越南、老挝、柬埔寨）以外的东南亚国家的主流语言。"二战"后这些英语系被殖民地国家虽然相继获得独立，但教育体系一般沿袭旧制，以新加坡为代表的高等教育更是英美教育体系的就地移植。

历史的车轮驶进了21世纪。"一带一路"倡议的横空出世为复苏乏力的世界经济和动荡不安的国际形势提供了中国方案。传承古代"丝绸之路""和平合作、开放包容、互学互鉴、互利共赢"的精神，面对各国全球化、工业化、信息化和城镇化不同的发展阶段和不同的发展需求，各国人民唯有携手共进、共克时艰，在"一带一路"的顶层倡议指引下，发挥各自禀赋，投身于以政策沟通、设施联通、贸易畅通、资金融通和民心相通为主要内容的双边合作、多边合作和区域合作中，才能为沿线各国人民创造更为美好的明天。在"一带一路"倡议推进的过程中，大学扮演着至关重要的作用。不同于历史上农耕游牧时代"丝绸之路"的人文交流以宗教和艺术为主要形式，"一带一路"倡议中的人文交流将以大学合作为主要形式。大学不仅需要为我国及沿线国家的工业化、现代化、城镇化和信息化建设提供丰沛的人力资源，而且需要为政策沟通、民心相通提供直接的智力支持。可以说"一带一路"倡议赋予了高等教育和大学合作全新的历史使命，提出了更高的时代要求。大国的发展历程表明教育对形塑性格、建构社会、和合通融及弭兵止战具有重要影响，沿线国家高等教育的合作交流是推进民心相通和促进共识形成的重要保障。加强大学教育合作，构建合作平台，创新合作机制，丰富合作内容，建设合作品牌，点亮我国和"一带一路"沿线国家持续发展和人民交流往来的前进道路，为创建"和而不同"的和谐世界奠定文化基础。

2016年7月13日，教育部发布了《推进共建"一带一路"教育行动》，以主动服务"一带一路"倡议为使命，以"民心相通、人才支持和共同发展"为愿景，以育人为本、和谐包容、互利共赢、扩大参与为原则，建构了基础性、支撑性和引领性的合作框架，从政策沟通、平台建设、学历互认、合作办学、留学教育、师资培训、联合培养及教育援助等几个方面开展合作，加强组织协调、调动积极因素、重点有序推进并形成早期成果。沿线国家的发展历史、宗教信仰、民心社情、风俗习惯、地缘思维和文化心理各具特色，大学合作在我国与沿线国家的人文交流和民心相通方面独具优势，以《推动共建丝绸之路经济带和21世纪海上丝绸之路的愿景与行动》为指引，大学在推进"一带一路"的历史宏业中定可大显身手。

# 第二章 中亚蒙古之教育

## 一、中亚蒙古国家总体情况

### （一）总体概况

中亚又称中亚细亚，即亚洲中部地区。中亚这个概念最早由德国地理学家亚历山大·冯·洪堡于1843年提出，其所包含的范围存在多种界定。目前国际上广泛使用的是狭义界定，来自于苏联的官方定义，仅指其原下属的五个加盟共和国，包括哈萨克斯坦、乌兹别克斯坦、吉尔吉斯斯坦、土库曼斯坦和塔吉克斯坦。中亚地区东西长3 000千米，南北宽约2 400千米，总面积400.8万平方千米，与中国有长达3 300多千米的边界线，总人口有6 000万人。中亚在民族分布上有着明显的"巴尔干化"色彩。20世纪初，中亚的主要民族是哈萨克、土库曼、乌兹别克、吉尔吉斯、塔吉克、普什图等世居民族。苏联时期，随着中亚地区社会主义经济建设事业的发展，有大量俄罗斯及其他斯拉夫人居民迁入。21世纪后，中亚各共和国都成为了多民族国家，在此生活的民族有130多个，主要民族成分是各共和国的主体民族和俄罗斯人。

蒙古位于中国和俄罗斯之间，是被中俄两国包围的一个内陆国家。蒙古虽然不与中亚国家接壤，但其最西点到哈萨克斯坦的最东端距离只有38千米。蒙古领土面积为156.65万平方千米，与中国有长达4 670千米的边界线。蒙古国人口为306.16万人，其中喀尔喀蒙古族约占全国人口的82%，此外还有4%哈萨克人和14%其他少数民族。

## (二)战略地位

作为古"丝绸之路"的必经之地,中亚地区外连欧洲大陆,内接中国西北边疆各省,是沟通亚欧之间的交通枢纽,自古就是兵家必争之地。同时,中亚也是世界上能源矿产资源最丰富的地区之一,中亚里海地区的石油远景储量为300~350亿吨,天然气远景储量约44万亿立方米,油气资源仅次于海湾地区,被称为21世纪的能源中心。中亚独特的地理位置与资源优势一直吸引着世界大国的目光。中亚地区四周环绕着俄罗斯、伊斯兰世界等,这些势力长期在此地区进行力量角逐。但由于中亚地区幅员辽阔,民族成分复杂,各种力量在博弈过程中一直呈现此消彼长态势。

中国与中亚地区的交流由来已久,张骞两次出使西域,既帮助汉朝成功管控了西域,也开始了华夏文明在中亚的传播、扩散和经营的漫长历程,深刻地影响了古代中亚。但近现代以来,突厥化、伊斯兰化和俄罗斯化共同塑造了当代中亚,华夏文明则逐渐衰退。冷战结束后,国际和地区形势发生了重大变化,中国为加强同中亚国家及俄罗斯的睦邻互信与友好合作关系,于2001年共同成立了"上海合作组织"(简称"上合组织")。"上合组织"对于成员国之间在政治、经济、科技、文化、教育、能源、交通、环保和其他领域的有效合作起到了极大的促进作用。俄罗斯在中亚地区拥有较强影响力,但由于历史积怨、经济实力不足使得中亚地区的"去俄罗斯化"一再上演。以土耳其、伊朗为代表的突厥—伊斯兰文化与中亚民族主体性相似,在苏联解体后其影响力逐步上升,但恐怖势力、民族分裂势力和宗教极端势力为代表的"三股势力"也随之而来,严重影响了该地区的繁荣稳定,中亚各国政府对此管控严格。此外,"9·11事件"之后,美国借反恐名义也趁机进入了该地区,打破了中亚地区原有的地缘政治格局,进一步加剧了该地区的能源资源争夺和政治风险。

在中国古代"丝绸之路"的通商历史上,"草原丝绸之路"是其中最为重要的中西方商贸通道之一,蒙古正是古代"草原丝绸之路"

的核心地带。蒙古的地理位置十分特殊，其领土完全被中国和俄罗斯环绕，蒙古对中国和俄罗斯的战略环境有重大影响，地缘环境的特殊性决定蒙古战略地位的重要性，使其成为亚欧大陆具有重要战略地位价值的国家。

## （三）经济概况

苏联解体之后，中亚五国基本上放弃了由国家下达计划指标的做法，改为市场调节，国家运用经济杠杆对经济进行宏观调控。在此后的20多年中，中亚五国都分阶段、按计划地完成了对国有企业的私有化改造，初步形成了市场经济。同时，中亚五国非常重视建立支撑本国经济发展的优势产业。苏联时期，中亚地区就是苏联重要的能源和原材料产地，哈萨克斯坦当时是苏联的第三大煤炭基地，乌兹别克斯坦和土库曼斯坦盛产天然气，塔吉克斯坦和吉尔吉斯斯坦是重要的水电产区。这些产业在中亚五国独立以后逐渐得到恢复，并发展成为国家国民经济发展的支柱产业。

蒙古经济以畜牧业和采矿业为主，曾经长期实行计划经济，20世纪90年代初苏联解体之后，蒙古以私有化为突破口，开始了向市场经济模式全面过渡的激进式经济改革。1991—1994年的经济转轨初期，蒙古国民经济受到巨大冲击，人均国民收入急剧下降。随着经济私有化目标的基本达成，以及抑制通货膨胀等宏观调控措施的成功实施，蒙古经济开始好转。进入新世纪之后，全球经济高速增长，资源蕴藏丰富的蒙古开始实现经济腾飞。2004年蒙古国内生产总值规模尚未超过20亿美元，2013年已经达到125亿美元，增长了6倍多。根据联合国千年发展目标，蒙古政府制订的2007—2021年发展总体规划目标是：2007—2015年，实现经济年均增长14%，人均GDP不低于5 000美元，为经济快速发展打好基础；2016—2021年，经济年均增长不低于12%，人均GDP不低于1.2万美元，进入世界中等收入国家行列。

## （四）社会风险概况

中亚各国独立以来，恐怖主义、分裂主义和极端主义"三股势力"一直是威胁各国乃至地区安全的重要因素。中国与中亚各国互为近邻，中国的西部与中亚各国在地缘文化上有着悠久的联系，许多民族跨界而居，使用着共同的语言，信奉着共同的宗教。也正是因为这一便利的地缘条件，中亚地区的安全威胁也影响到了中国西部，一些流亡在外的民族分裂主义者煽动"疆独"，给中国也带来了极大的不稳定因素。

苏联解体后，蒙古产生了党派纷争，导致政局动荡。2007年，由于反对派在大选中失利，首都乌兰巴托发生骚乱，造成300多人死伤，这是20世纪90年代以来最严重的政治动乱。同时，蒙古另一个潜在的不稳定因素是对采矿业的过度依赖和出口导向型的经济模式。"矿业兴国"给蒙古带来了经济腾飞，却也推高了汇率和通胀，使其他行业竞争力下滑乃至萎缩。不确定的外部需求也造成蒙古国家经济走势的不确定，对蒙古经济安全产生重大影响。例如2008年国际金融危机爆发后，蒙古月出口从巅峰时的6亿多美元缩至2亿美元，2009年GDP比上一年萎缩超过10%。

## 二、中亚蒙古国家教育概况

### （一）历史发展概况

在中亚蒙古地区教育现代化的进程中，苏联都扮演了至关重要的角色。以苏联政权兴衰为界，中亚蒙古地区的教育大致可以分成三个阶段。

1. 第一阶段：苏联建立之前

苏联建立之前的中亚地区，具有现代意义的教育事业几乎是不存在的。十月革命以前，中亚地区没有一所高等院校。较为普遍的传统教育方式是依附于清真寺的经文教育。在这类学校中，由毛拉担任教师，向学生传授和诵读《古兰经》和其他宗教经典。此时期中亚地区识字者相对较少。

蒙古在人民革命胜利之前，一直都没有严格意义上的正规学校。当时的教育方式主要是私塾教育、社团和短期学校三种形式，只有少数人识字，99.1%的人是文盲。

## 2. 第二阶段：苏联时期

苏维埃政权建立之初，把扫盲运动作为苏联"文化革命"的重要起点，尤其把中亚地区作为其扫盲运动的重中之重。苏维埃政权仅用4年时间就使中亚地区普及了初等教育，完成了普遍识字的任务。中亚地区的高等教育起步比较晚，但发展迅速。1920年建立的突厥斯坦大学（1923年改名为中亚大学，1960年改名为塔什干大学）不仅是乌兹别克斯坦，而且是整个中亚的第一所现代大学。到"二战"前夕，中亚地区的高等院校已达到67所，在校学生3.8万人。战争期间，苏联西部地区的大批院校转移到中亚各加盟共和国，提高了当地的文化教育水平。战后中亚地区大力进行恢复工作，经济重建为文化建设和教育发展创造了有利条件。苏联时期中亚地区教育的高度发展是中亚五国独立后教育发展的坚实基础，也为独立后各国的发展提供了人才保证。

蒙古人民革命胜利后，蒙古人民革命党照搬苏联的教育模式创办本国教育。逐渐形成了幼儿园、普通教育、中等技术教育到高等教育较为完备的教育体系。蒙古于1942年建立了第一所正规高等教育机构——蒙古国立大学，建立时仿效了苏联的大学模式，主要设置了教育学院、医学院和兽医学院三个学院。到苏联解体时，蒙古共有各类高等院校14所，在校学生达到2万人。

## 3. 第三阶段：苏联解体之后

苏联解体之后，独立的中亚地区的国家教育都经历了一个从衰落到慢慢恢复发展的阶段，这一阶段的主要特征表现为：在计划体制向自由市场转轨过程中,苏联时期教育的丰硕成果在此期间出现了大幅度的下滑,独立前完备的教育体系也受到不同程度损坏,各国都力求重新建立新的教育体系,并进行大幅度的教育改革。

蒙古在苏联解体后开始了民主化改革。为了适应新时代要求,蒙古政府在1991年《蒙古国国家教育发展纲要》中确定了教育在国家政策中的优先地位和教育发展战略,逐渐形成了符合国际共同标准的高等教育体系,并允许创建私立高等院校,开始在公立高等院校收费。

## (二)高等教育发展现状

### 1. 哈萨克斯坦

哈萨克斯坦的高校从类型上看,公立高校和私立高校并存。哈萨克斯坦自1999年以来新建和扩建了大批非公立高校,结束了国家对高等教育的垄断,市场竞争机制在高等教育领域形成并日臻成熟。截至2013年,已拥有各类高校136所,其中私立高校63所。

独立之后的哈萨克斯坦承袭了苏联的高等教育体制,学制是本科5年,硕士研究生3年,博士研究生5年。但这种学制与西方国家现行高等教育学制不一致,因此,不能与国际接轨。为了更好地实现教育的国际竞争与合作,哈萨克斯坦废弃了苏联时期的高等教育体制,采用了欧盟的"博洛尼亚进程",制订了三级教育体制:学士学位、硕士学位和博士学位,学制分别是4年、2年和4~5年。这是哈萨克斯坦高等教育迈向国际化的重要一步。

### 2. 乌兹别克斯坦

截至2013年,乌兹别克斯坦各类高等院校及其在各地的分校共有72所。其中,综合性大学有22所,包括19所乌兹别克斯坦大学和3所国外大学的分支机构;普通学院42所,包括国外学院在乌兹别克斯坦的分校;专业学院3所,只提供特定专业的本科、研究生教育。

2010年，乌兹别克斯坦的大学有教师2.1万人，在校生近20万人。

乌兹别克斯坦高等教育分两个层次：学士教育和硕士教育。本科教育是最基本的高等教育，为学生提供不少于4年的专业基础教育。在完成学业后，毕业生获得学士学位证书。硕士教育建立在本科教育完成的基础上，只有取得学士学位并通过考试才能进入硕士阶段的学习。硕士阶段的学习时间不少于两年，合格毕业生最终获得硕士学位证书。

3. 吉尔吉斯斯坦

进入21世纪之后，吉尔吉斯斯坦对高等教育进行了大规模改革，各类高等学校都有了显著的发展。2002年，吉尔吉斯斯坦高等学校总数为46所。2010年，增加到52所。其中，国立高等学校32所，非国立高等学校20所，非国立高校数量已达到高校总数的38.5%。

从2010年开始，吉尔吉斯斯坦高等教育开始逐步实行新学制，但目前仍是新旧学制并存。新学制包括本科教育、硕士生教育和副博士研究生教育。本科教育学制为4年，学生毕业并通过论文答辩后可获得本科毕业证书和学士学位证书；研究生教育学制为2年，在本科教育的基础上再完成2年专业学习，学生通过论文答辩后可获得硕士毕业证书和硕士学位证书；副博士研究生教育学制一般为3年，根据个人论文完成情况及学术影响力，学制时间可能会有变化。该阶段课程面向完成硕士研究生教育的学生，学生通过考试或推荐，可以攻读副博士学位，论文答辩通过后获副博士学位证书。副博士学位在吉尔吉斯斯坦被认为相当于西方国家的哲学博士学位。

4. 塔吉克斯坦

塔吉克斯坦独立后，经历了多年内战，全国陷入严重危机，教育事业发展缓慢。2001年，塔吉克斯坦高等院校总数为31所，2006年增为36所。2014年，变为33所。

从苏联时期开始，塔吉克斯坦一直沿用俄式学位制，在学生读完大学和硕士后，还要经过多年的学习并在俄罗斯联邦高等教育认证委员会通过论文答辩后才能获得副博士和博士学位。从 2014 年起，塔吉克斯坦放弃俄式学位制，转而采用西方国家普遍使用的学士—硕士—博士三级学位制。

### 5. 土库曼斯坦

截至 2012 年，土库曼斯坦共有 21 所高校，包括 4 所大学和 17 所学院，开设了 40 多个专业和 240 多个研究方向。从 2008 年 3 月起，土库曼斯坦开始恢复研究生教育，培养高层次科技人才。2012 年，土库曼斯坦国内共有 35 个科研院所，包括 21 个科研所、13 所高校附属的研究机构和 1 个土库曼斯坦科学院历史哲学系，培养了大约有 1 000 名硕士生和博士生。

土库曼斯坦各高等院校根据就业需求制定招生指标，由高校自主招生。高校毕业生由国家负责统一分配，通常是回生源地，同时必须在国内单位工作满两年，这两年间只发毕业证复印件，毕业两年后发毕业证书原件。

### 6. 蒙 古

据统计资料显示，截至 2010 年，蒙古有各类高等院校 146 所，其中国立高等院校 42 所、私立高等院校 99 所、国外高等院校 5 所。在校学生 16.4 万，其中有 7.7% 攻读硕士学位和博士学位。在职教师 7 200 余名，其中 22.2% 拥有博士学位，师生比例为 1∶23。

根据《蒙古国高等教育法》，蒙古高等教育包括本科、硕士及博士三个层次。本科教育要求进行 3~5 年的全日制学习来获得学士学位，每个学生必须保证不少于 120 学分的课时，牙科、药剂和兽医等专业的学位需要在校学习 5 年时间，而其他医学专业的学位需要学习 6 年时间。硕士学位要求在获得学士学位后的 1.5~2 年内获得，且须修满不少于 30 学分的课程。博士教育要求在获得硕士学位之后继续攻读，须修满不少于 60 学分的课程。完成毕业论文并通过答辩后才能获得博士学位，科学博士学位是蒙古教育体制所授予的最高学位，要求在博士学位获得后再学习 2~2.5 年。

## (三) 教育改革发展趋势

### 1. 办学主体多样化

苏联解体之后，中亚五国及蒙古经济水平总体下降，教育投入较已往大幅下滑，教育体系遭到较大损害。近年来，随着经济体制转型的完成以及经济复苏，各国在坚持教育由国家财政统一拨款的体制之外，探索多渠道办学。第一，公立学校开始征收学费或提高学费。自2005年起，哈萨克斯坦的学生学费增加70%，职业技术教育学费增加90%。土库曼斯坦高等学校原来不收费，现在报考和入学均要缴纳一定数额的费用。第二，兴办私立学校。从1992年起，蒙古开始实行国立与私立大专院校并举的教育体制，各类私立高校蓬勃发展。1992—2000年的十年中，蒙古高校数量增加了十三倍，达到172所，其中私立大学的数量134所。哈萨克斯坦在政府的许可下，从1998年开始陆续开办了5所私立学校，其中4所由公办大学改办。第三，联合大学不断涌现。俄罗斯、美国、土耳其等国纷纷在中亚地区建立联合大学或分校，开展联合办学。吉尔吉斯斯坦政府与国外合作联合创办了包括美国中亚大学、吉尔吉斯—土耳其大学、吉尔吉斯—俄罗斯斯拉夫大学等10所高校。哈萨克斯坦也建立了阿赫迈特·耶赛维国际土耳其—哈萨克大学、莫斯科大学哈萨克斯坦分校等。办学主体与资金投入的多样化从一定程度上缓解了中亚五国及蒙古的教育财政紧张状况，为各国教育体系的完善和持续发展注入了新的动力。

### 2. 国际交流与合作进一步加强

中亚国家独立之后，开始直接与世界各国建立联系，教育方面的交流合作日益频繁。第一，国际合作范围逐步扩大。近几年，吉尔吉斯斯坦与80多个国家签订了教育方面的协议；哈萨克斯坦与世界24个国家的80多所大学建立了合作关系，签署了130多份教育合作协议；蒙古与20多个国家的140所高等院校在交换教师研究人员和学生、共同教学、共同研究项目、设备支持等方面建立了合作关系。第二，留学生教育规模不断扩大。1994年哈萨克斯坦政府建立了总统奖学金，每年资助100名优秀学生到国外留学。到2013年已有3 000多名学生利用"波拉沙克"总统奖学金在27个国家学习或已学成回国。同时，哈萨克斯坦国内的知名学府如哈萨克大学等，每年也接收国外公派和自费留学生。2004年，在哈萨克斯坦留学的学生达到6 800人，大部分来自于俄罗斯、土耳其、巴基斯坦、印度、古巴、蒙古、阿尔及利亚等国。蒙古的留学生来自于巴基斯坦、韩国、日本、美国、法国、比利时、土耳其、俄罗斯等40多个国家。据2007年度统计资料显示，来蒙古留学的各国学生达到了1 207人。第三，加入大学合作组织。2001年上海合作组织成立之后，其合作范围已扩展到教育领域。到2010年9月23日，上海合作组织大学已达到62所，其中哈萨克斯坦13所、吉尔吉斯斯坦8所、中国15所、俄罗斯16所、塔吉克斯坦10所。上海合作组织大学成员国家项目院校按照协商一致的培养计划、联合培养成员国所需的高水平专业人才，为上海合作组织各领域的合作提供人才保障。第四，教育体制逐渐与国际接轨。各国高校逐步改革原有教育体制，积极对接"博洛尼亚进程"，为各国高等教育进入国际市场创造了良好条件。

### 3. 教育信息化发展迅速

教育信息化指在教育领域运用计算机多媒体和网络信息技术，促进教育的全面改革，使之适应信息化社会对教育发展的新要求，这是世界高等教育发展的一大趋势。在教育信息化建设方面，蒙古于1996年开始提供互联网服务，1999年建立了"ERDEMNET"网络中心，旨在为蒙古高等院校、基础教育学校、职业学校、教育中心、科学院、艺术文化机构提供教育文化科学信息。中亚国家的教育信息化建设相对较慢，各国在校生生均电脑拥有量和国际互联网接入方面都比较落后。从2000年起，哈萨克斯坦开始建立学校网，到2005年已经基本实现连通国际互联网。2004年亚洲开发银行和布达佩斯公开社会研究联合创办了中亚教育合作网（http://www.educasia.net），用于中亚五国在教育领域内建立联合网络,交换各国教育方面的信息。网络建设以及随之兴起的远程教育在解决各地区教育发展不均衡方面发挥着越来越重要的作用,教育信息化的开展已成为中亚蒙古国家的必然趋势。

## 三、中亚蒙古国家知名大学

### 1. 哈萨克斯坦纳扎尔巴耶夫大学

纳扎尔巴耶夫大学位于哈萨克斯坦首都阿斯塔纳,它是由哈总统纳扎尔巴耶夫倡议创立的一个新兴学校,旨在为该国建设一所具有世界先进水平的科研院校。纳扎尔巴耶夫大学于 2010 年 9 月正式开学,目前设有工程学院、科学技术学院和社会人文学院三个学院,未来拟开设医学、国际关系、外国语言文学、工商管理等专业。2011 年,该校学生达到近千人,由前世界银行副行长胜茂夫担任校长。纳扎尔巴耶夫大学采用了世界先进的办学理念和教学模式,该校基础教学大纲由英国伦敦大学设计制定,采用全英文教学,邀请了世界各国知名教授学者前来授课。同时该校是哈萨克斯坦国内第一所自治高校,享有高度学术自由。从建成之初,纳扎尔巴耶夫大学就肩负着为哈萨克斯坦高等教育和高校改革树立先进典范的使命。2013 年 9 月 7 日,中国国家主席习近平在哈萨克斯坦纳扎尔巴耶夫大学作重要演讲,首次提出了共同建设"丝绸之路经济带"的倡议。

### 2. 哈萨克斯坦国立大学

哈萨克斯坦国立大学(又名哈萨克斯坦阿尔—法拉比国立大学,或哈萨克斯坦民族大学)是该国的最高学府,1933 年 10 月 13 日由当时的哈萨克斯坦地区委员会组织成立。1934 年 1 月 15 日开始正式开放。哈萨克斯坦国立大学是哈萨克斯坦最大的综合性大学,设有

180个学士、硕士生和博士生学位，在校生2万多名。目前，哈萨克斯坦国立大学的综合竞争力已位于世界著名大学行列。在2016—2017年"QS世界大学排行榜"中，哈萨克斯坦国立大学排名第236位，位居哈萨克斯坦高校之首，同时成为第一个进入全球250强大学的中亚国家大学。

### 3．乌兹别克斯坦国立塔什干大学

乌兹别克斯坦国立塔什干大学建于1920年，当时名为突厥斯坦大学，1923年改名为中亚大学，1960年改名为塔什干大学。现有数学、力学、物理、化学、生物、地理、哲学、心理学、历史、法学、新闻、俄罗斯语言文学、乌兹别克语言文学、外语、地质测量、农业化学等约30个专业。塔什干大学不仅是乌兹别克斯坦，而且是整个中亚的第一所现代大学，为乌兹别克斯坦培养了大量人才。

### 4．吉尔吉斯国立大学

吉尔吉斯国立大学是吉尔吉斯斯坦教育、科研和文化中心。它成立于1932年，是吉尔吉斯斯坦最早兴办的大学之一。吉尔吉斯国立大学现有16个系、80个教研室、12个科研中心和3个学院，在校学生15 000多名，教授和教师队伍2 000人，其中有教授60名，很多是著名的科学家、教育和文化界的功勋活动家。吉尔吉斯国立大学设有50个研究方向，主要包括：经济和管理、法律和哲学、物理和电子、语言和艺术、化学生物、新文学、信息学、数学、历史、民族学等学科。

### 5．蒙古国立大学

蒙古国立大学是蒙古建立最早的综合性大学，也是蒙古的最高学府。它成立于1942年10月5日，当时只设有教育、医学和兽医3个系。该校自建校以来培养了大批各行业的专门人才，约占全国知识分子的三分之一，活跃在蒙古的各个领域，并担任各种领导职务。目前该校设有生物学、化学和地理地质学等三个系，下设数学与计算机、物理与电子学、信息技术、蒙古语言与文化（蒙古学学院）、外国语言与文化、社会科学、国际关系、经济、法律等 9 个学院，共 80 多个专业。拥有教职员工 900 人，其中教师有 600 余人，在校学生 12 000 余人。自 1995 年开始，蒙古国立大学陆续开设了学士、硕士、博士课程，可以颁授学士、硕士、博士学位。

# 第三章 东南亚之教育

## 一、地区概况

东南亚位于亚洲东南部,包括中南半岛和马来群岛两大部分。中南半岛因位于中国以南而得名,南部的细长部分叫马来半岛。马来群岛散布在太平洋和印度洋之间的广阔海域,是世界最大的群岛,共有两万多个岛屿,面积约 243 万平方千米,分属印度尼西亚、马来西亚、东帝汶、文莱和菲律宾等国。

东南亚面积为 457 万平方千米,人口约 6.25 亿,是世界上人口比较稠密的地区之一。人口多分布在平原和河口三角洲地区。东南亚各国都是多民族的国家,全区有 90 多个民族,人种以黄色人种为主。东南亚也是世界上外籍华人和华侨最集中的地区之一。

东南亚地区共有 11 个国家:越南、老挝、柬埔寨、泰国、缅甸、马来西亚、新加坡、印度尼西亚、文莱、菲律宾、东帝汶。其中老挝是东南亚唯一的内陆国,越南、老挝、缅甸与中国陆上接壤,仅东帝汶不是东盟成员。

东南亚地处亚洲与大洋洲、太平洋与印度洋的"十字路口"。马六甲海峡是这个路口的"咽喉",战略地位非常重要。马六甲海峡地处马来半岛和苏门答腊岛之间,全长约 1 080 千米,最窄处仅有 37 千米,可通行载重 25 万吨的巨轮,太平洋西岸国家与南亚、西亚、非洲东岸、欧洲等沿海国家之间的航线多经过这里。马六甲海峡沿岸的国家有泰国、新加坡和马来西亚,其中新加坡位于马六甲海峡的最窄处,交通位置尤其重要,是沟通印度洋和太平洋的"十字路口"。

进入21世纪以来，东南亚各国的经济有了长足的发展。社会教育的发展步伐也在加快，特别是在东南亚教育部长会议组织的大力倡导下，各国对高等教育进行了卓有成效的改革，促进了高等教育的良性发展。同时，重视国际间的教育合作与交流，也逐步满足了东南亚各国社会对各种实用型人才的需求。

东南亚的教育体制有诸多优势，主要体现在教育体制的多样性与国际性等方面。在东南亚各国，私立高等教育快速扩张，同时传统大学与研究性大学的资助方也呈多样化，如营利企业、非营利组织和宗教团体。国际性则主要表现为当地院校中人才的国际性流动。马来西亚首创的"双联课程"是一种与国外院校合作办学的教育模式，其合作方式主要有"3+0"外国大学学士学位课程、学分转移课程等。在"双联课程"模式下，马来西亚学校提供的学位范围很广，从英国、美国、新西兰、澳大利亚、加拿大各国学位到国内学位课程都可供选择。

与欧美国家相比，留学东南亚有许多优势。相对低廉的留学费用是近年来中国人选择东南亚国家最主要的原因。例如，留学泰国攻读本科，每年学费在2.5万元人民币左右，硕士每年学费在4万~6万元人民币，博士每年学费4万元人民币左右，学生每年生活费一般在1.5万~2万元人民币。入学条件相对宽松，学生较容易适应。东南亚绝大部分学校都用英文作为教学语言，但很多人都会说华语，这使学生去东南亚留学不会像去欧美国家那样产生巨大的文化和语言上的隔阂。同时，在政府的支持下，东南亚国家签证的审批程序也比其他国家简单、快捷。

## 二、东南亚十一国教育概览

### 1. 印度尼西亚

印度尼西亚高等教育的历史始于19世纪后期，1945年印度尼西亚独立后，先后自主建立伊斯兰教大学、雅加达大学等私立大学和加查马达大学、印度尼西亚大学等公立大学，以彰显国民精神。

为加快高等教育事业发展，20世纪60年代，印度尼西亚政府推出一个政治目标：每省至少设立一所公立大学。在此期间，不少于23所新大学、学院与教师培训学院建立，覆盖印度尼西亚26个省。20世纪七八十年代，印度尼西亚高等教育快速扩张，在校生从1975年20万名到1995年的250万名，高等院校数量也急速增长。目前印度尼西亚有公立高校86所，私立高校2 200余所，约有350多万学生，大学入学率约14%。著名大学有雅加达的印度尼西亚大学、日惹的加查马达大学、泗水的艾尔朗卡大学、万隆的巴查查兰大学等。印度尼西亚高等院校分为大学、学院、理工学院、专科学院或独立学院。其中，设置多个覆盖综合学科学院的高校是大学，设置多个专门聚焦农业等专门学习领域的高校是学院，独立学院仅仅是一个系，专科学院与理工学院开设职业或者技术性质、学士学位以下层次等一系列课程。

随着高等教育需求的增长，开放大学——特布卡大学应运而生，这是印度尼西亚唯一一所得到国家认可的提供远程教育课程的大学，为整个印度尼西亚不能上大学的人提供了无地区局限的平等入学机会。特布卡大学旨在为高中毕业生提供高等教育、成人教育和服务于中小学教师的"在职培训"，共设置数学与自然科学学院、经济学院、教育学院和社会科学院4个学院和49个专业，拥有从本科到硕士学位的353 000名注册生。

为提高教育质量，印度尼西亚加大对高等教育的改革。1994年，印度尼西亚高等教育总司引入建立在质量、自治、问责、认证和评估五维度上的高等教育管理新模式。高等教育总司下设高等教育管理委员会和国家高等教育认证委员会。人才培养计划采用学分制，三年文凭制需要修110~120个学分才可毕业，修144~160个学分才可拿到本科学位，至少修46个学分才能获得硕士学位。

2．柬埔寨

柬埔寨第一所现代大学皇家金边大学创立于1960年。直到20世纪 90 年代中叶，国家是免费制高等教育唯一举办者。1997 年，建立私立诺顿大学，柬埔寨高等教育才开启了高等教育收费时代，公立高校也引入学生付费课程。进入 21 世纪后，柬埔寨政府陆续制定出台《柬埔寨王国高等教育认可法》《学分制与学分转换制决定》等系列法规，开启高等教育领域的改革，进入快速发展的周期。

柬埔寨学生接受高等教育有两条途径：一是成功修完高中 12 年级课程，二是成功获得副学士学位。

目前，由于政府没有直接支持高等院校非薪水外开支，高校只能通过学生全额分担成本或者增加政府补贴来负担高等教育开支。教育体系有待整合，分管高等教育事务的部门涉及教育青年体育部、劳动与职业技术教育培训部、卫生部、文化艺术部、经济财政部、宗教事务部、农林渔部、国防部、部长委员会办公室等 9 个部门，呈现出国家、中央（部级）、省级（包括城镇与地区）和学校四个层级。

目前柬埔寨拥有 63 所大学（其中 18 所公立大学，45 所私立大学）以及若干科学院、学院和独立学院，学生人数 11 万余人。

### 3．东帝汶

作为一个年轻的国家，东帝汶十分重视教育在繁荣经济和可持续发展中的重要作用，把教育摆在优先发展的战略地位。东帝汶政府于 2008 年正式颁布《国家教育法案》。通过短短几年的发展，东帝汶已经建立起一个较为完整的教育体系框架和一系列保障教育实施的法律制度。

东帝汶从 2008 年 10 月开始实施免费的 9 年义务教育。在东帝汶，义务教育分为三个学段：1~4 年级为第一学段，5~6 年级为第二学段，7~9 年级为第三学段（也称作初级中等教育）。义务教育之后是中等教育，分为职业中等教育和普通中等教育两条路径，然后是专科学院和大学。

目前，东帝汶各级各类学校正在实施新的国家课程，提高基础教育和中等教育阶段学生的读写水平和计算能力。东帝汶政府制定了有关儿童早期教育和发展的政策，推行以母语为基础的多语言教育方法。

为确保社会和经济的包容性，政府积极推进职业和技术教育与培训，使其成为终身学习的一部分，并且重视在正规和非正规教育环境下的中等教育与培训以及中等后的教育与培训。

东帝汶政府正在实施机构调整与改革，以保证相关政策在整个国家有效地贯彻执行。为了培养一大批国家急需的合格教师，政府制定了教师能力框架和全新的教师职业管理制度。为教师认真履行职责提供更好的激励机制，并且制定了全国性的教师培训和再培训计划。此外，高校还专门为教师定制了学士学位课程，帮助他们提高教学能力。

东帝汶的高等教育分为高等技术教育和大学教育两种。2004年之前，东帝汶共有17所高等院校，在校学生达1.3万余人。2011年初减少到11所，大约有2.7万名学生在校就读，其中9所高校可以颁发学术学位。2009年，东帝汶完成了高等院校的外部评审工作，并为合格院校颁发了证书。此后，政府每年都会进行年度审查。2012年，东帝汶启动了高校专业评审，以保证各高校提供符合国际标准的专业课程。

东帝汶国立大学创办于2000年，目前在校学生达5 000多人，是东帝汶规模最大的大学，拥有农学院、政治科学学院、经济与管理学院、科学教育学院、工程学院、法律学院、医学院等7个学院。东帝汶国立大学致力于传播科学知识，促进思想自由，发展民主与文化，在建设人力资本，促进国家发展方面发挥基础性和根本性的作用。东帝汶国立大学是东帝汶唯一一所公立大学。政府通过立法确保大学拥有自主权，并且提供充足的经费，保障大学有效地履行相关职能。东帝汶国立大学积极与政府部门合作开展教学与研究，为国家发展提供专门的高层次人才。东帝汶国立大学积极开展对外交流，已与巴西、葡萄牙、印度尼西亚、美国、日本、澳大利亚、新西兰等国有学生交换项目，并与以上国家的多所大学交流教学与研究人员，积极加深国际化合作程度，培养国际化人才。

### 4．马来西亚

马来西亚高等教育体系包括公立和私立两部分。公立高校包括公立大学、公立学院和技术职业学院，私立高校包括私立大学、私立大学学院、私立学院和外国大学分校。公立大学、私立大学、私立大学学院和部分公立学院具有颁发本校大专及大专以上文凭的资格。专科学制2~3年，本科学制3年，硕士学制1~2年、博士学制2~6年。2002年，马来西亚适龄青年的高等教育入学率已达到25%，与同等水平的发展中国家相比处于领先地位。

马来西亚教育部是高等教育主管部门，对高校的设立行使行政审批权。马高校所开设课程需经教育部以及国家学术鉴定局（MQA）双重核准。国家学术鉴定局还负责对课程质量监督审查。

马来西亚现有公立大学20所，包括研究型5所、专业型11所和复合型4所；私立高校482所，包括大学41所、大学学院28所、学院405所以及外国大学分校8所。各高校招收国际学生的资质需经马来西亚教育部和内政部双重核准。目前，马来西亚具备该资质的高校除20所公立大学外，还有239所私立高校。

马来西亚高校大多以英文授课，部分私立大学学院和私立学院设立了与国际接轨的双联课程，引进英国、美国、加拿大、澳大利亚、新西兰等国高等教育课程，学生毕业可获颁这些国家高校的大学本科及以上文凭，文凭受到世界多数国家认可。马来西亚政府允许本国公立高等院校招收国际教学人员并在非竞争性本科专业中给国际学生分配名额。其中，马来西亚国际伊斯兰大学在招聘国际教学人员以及招收国际学生入学方面是自由的。

自2012年2月起，外国留学生首次赴马报到前须持学校录取通知书及马移民局返签信才可入境。马来西亚国际学生主要来自中国和东南亚其他国家（特别是印度尼西亚），公立高等院校的国际学生比私立高校的来源更加多元，除中国和东南亚其他国家外，还有非洲、欧洲、中东等地区和澳大利亚、加拿大和美国等国家。

5．菲律宾

菲律宾的高等教育包括副学士学位教育、学士学位教育、硕士学位和博士学位教育。在农业技术、文秘、商业和美术等专业学习两年后，可获得副学士学位。本科阶段的学习通常需要四年（工程学士需要五年），毕业生可以取得学士学位。取得学士学位的学生继续学习一年或两年可以获得研究生毕业证书；学习两年并提交学位论文（教育学硕士可无论文），可以取得硕士学位。在此基础上，继续学习两年并通过公开的论文答辩，可以获得博士学位。在菲律宾，教学语言为菲律宾语和英语。

### 6. 新加坡

新加坡的高等教育机构主要包括大学和理工学院。公立高等学校包括4所大学和5所理工学院，即新加坡国立大学、南洋理工大学、国家教育学院、新加坡管理大学，和新加坡理工学院、义安理工学院、淡马锡理工学院、南洋理工学院和共和理工学院。其中4所大学可以颁发学士学位以上（含学士学位）的文凭证书。5所理工学院可以颁发专业教育文凭。这些学校的课程、管理和水平在国际上被普遍认可。

新加坡大学的学位设置分为学士学位、硕士学位、博士学位。攻读学士学位一般需要3年，成绩优秀者可多读1年以取得荣誉学位。荣誉学位分等级而设，但它仍属于学士阶段教育。在新加坡攻读硕士学位通常需要1~2年；攻读博士学位通常需要3~5年。

### 7. 泰　国

泰国的教育由教育部、大学部、内务部、劳动和社会保障部等几个政府部门管理。泰国的高等教育由大学、研究所、学院或其他类型的研究机构提供，分为专科教育、本科教育、硕士学位教育和博士学位教育。

泰国学生进入高等院校有两种主要渠道——直接入学与中央入学。直接入学主要是指身居各府和巴查查兰大学地区的学生拥有平等的机会进入高等院校。直接入学分为配额制和特殊计划入学。配额制是各大学为各府学生建立一定的入学配额，每个地区普通中学学校毕业生都有机会与本地区的学生竞争进入地区大学。特殊计划入学是建立特殊机制为特殊群体提供机会，如通过"乡下学生计划"专门针对乡下学生提供机会进入高等院校，"艺术计划"专门针对那些在绘画等艺术方面中具有创造性天赋的学生,"体育计划"招收具有体育天赋的人。中央入学是提供全体学生的入学机会,重点强调参加入学考试,对于中学阶段学业成绩优异者给予更多权重。泰国高等教育委员会监管申请,组织国家入学考试,根据考试结果筛选学生。学生最多能够申请 4 所高校的 4 个学院或者 4 个学习领域。

泰国专科教育主要由学院提供,所传授的知识主要与职业教育和专业教育有关。高中毕业或同等学力的学生一般经过四年的学习后可获得学士学位。建筑、绘画、雕塑、图像艺术、药剂学等专业则需要五年;医学、牙科、兽医等专业需要六年。获得学士学位后,进一步学习一年到两年,完成学位论文可获得硕士学位。攻读一般专业的博士学位需要三年时间;个别专业的博士学位,课程修完后还需要一至两年的工作实践以后才能获得。在泰国,除了国际课程用英语授课以外,大多课程用泰语授课。

根据中泰双方 2007 年 5 月签署的《关于相互承认高等教育学历和学位的协定》的适用范围,已列入泰国政府认可的高等教育机构名录的所有有权授予学位或者具有研究生教育资质的高等教育机构、研究机构和中国政府承认的有高等学历教育资质和学位授予权的高等学校、科学研究机构所颁发的文凭、学位和证书,适用上述协定。

## 8. 文 莱

文莱位于亚洲东南部,加里曼丹岛西北部,北濒中国南海,东南西三面与马来西亚的沙捞越州接壤,并被沙捞越州的林梦分隔为不相连的东西两部分。海岸线长约 162 千米,有 33 个岛屿,总面积为 5 765 平方千米。属热带雨林气候。

文莱古称渤泥。14 世纪中叶伊斯兰教传入,建立苏丹国。1888 年沦为英国保护国,1941 年被日本占领,1946 年英国恢复对文莱控制,1984 年 1 月 1 日完全独立。

文莱是个以原油和天然气为主要经济支柱的国家,石油和天然气占整个国家国内生产总值 50%。在东南亚,文莱石油储量和产量仅次于印度尼西亚，居第 2 位。文莱是世界上最富有的国家之一，2011 年人均 GDP 为 48 333 美元，位居世界第六。

文莱政府实行幼儿园到大学免费教育，并资助留学费用，甚至还会额外发零用钱，但华文学校费用由私人负担。其 9 岁以上人口识字率非常高，为 93.7%。

## 9. 越　南

越南高等教育包括专科、学士、硕士和博士四个层次，专科培养时间为 2~3 年，学士学位 4~6 年，硕士学位 1~2 年，获得硕士学位后攻读博士学位需要 2~3 年。

越南高等教育的主管单位为教育培训部，一些专科型高校同时归相关业务部门和政府机构管理，如医学和药剂大学属于卫生部，艺术和音乐学校属于文化和新闻部，府级学院由省政府负责管理。目前越南共有 376 所高等院校，著名高校有河内国家大学、胡志明市国家大学、顺化大学、太原大学、岘港大学等。

胡志明市国家大学于 1995 年由胡志明市大学、技术大学、教师培训学院、经济大学、财政学院、法学院、建筑学院、农林学院和教师培训学院 9 所高校合并而成，包括 6 家成员大学，共有 4.5 万学生。2007 年，胡志明市国家大学有 120 个本科专业，88 个硕士专业，90 个博士专业。

越南第一所非公立大学创建于 1988 年，名为升龙高等教育人民建立中心，1994 年升格为大学，更名为升龙大学，提供本科生培养任务。自此以后，越来越多的非公立高等院校在越南相继创建。

## 10. 老　挝

老挝高等教育包括本科、硕士、博士三个层面，高等教育的主管部门为教育部，负责公立与私立学校教育质量监控的宏观政策，其预算集中为两个部分：一是教育部直属，二是委派省级。2010 年，老挝适龄青年的高等教育入学率约 10%。目前老挝建有 4 所大学——老挝国立大学、占巴塞大学、苏发努冯大学及 2009 年由中国和老挝共同批准成立的老挝苏州大学，同时还有5所教师培训学院和31所私立高等院校。

为适应现代经济社会发展需要，老挝政府致力于高等教育系统的多元化，以满足高等教育适应经济社会服务与技能需求，重点在发展并使用高等职业技术文凭、学士与硕士学位培养计划系统。并大力发展远程教育，鼓励国立大学的部分学院的学习计划由两年的基础学习和三年甚至更多的职业学习组成。

为促进高等教育合理化发展，为国家培育优秀人才，1995年，老挝政府将分属中央各部门管辖的国外学习预科学校、万象教师培训学院、国家理工学院、医科学院、电子科技学院、万象交通与通讯学院、万象建筑学院、万象灌溉学院、东都林学院、那奔农学院、法学院等11所高等院校合并，成立老挝国立大学，其使命是开设高等教育课程，培训合格人力资源以适应变化的工作环境，保存并开发国家艺术、文化、风俗和传统，成为教育与科研中心，为社会提供咨询与服务。老挝国立大学是一所综合性、多校区大学，有4个主校园和5个附属校园组成，共有11个学院和9个研究中心。学生总人数36 000人，留学生200多人，教职员工1 900人。

11. 缅　甸

缅甸高等教育的归口管理部门是缅甸教育部教育司，所有的高等教育经费均由国家财政拨款。教育部教育司分别由上缅甸与下缅甸两个部门组成。有关高等教育学术与行政政策相关的事项，分别由大学中央委员会和大学学术委员会负责。大学中央委员会主要负责高等教育政策的规划并协调高等教育机构之间的合作事项，大学学术委员会主要负责高等教育的学术规范与学术研究的分工。

近年来，缅甸高等教育蓬勃发展。截至2013年，缅甸有大学与学院108所，师范学院20所，科技与技术大学63所，缅甸普通高校本科自2012年起改三年制为四年制，高等院校设有完整的学士、硕士和博士培养体系。

缅甸高等教育依不同专业分为艺术与科学、法律、经济与商业教育、师范教育、外语、工程科学、信息科学、水产研究、国防、农业、森林等。在地区分布上，以仰光省和曼德勒省的高等教育机构最为集中，两省高等教育机构均超过 30 所（分别有著名学府仰光大学和曼德勒大学），其他如伊洛瓦底省、马圭省、勃固省、实皆省、掸邦也都超过 10 所。此外，德林达依省、克钦邦分别有 7 所大学，克伦邦、孟邦、若开邦分别有 4 所高等学校，钦邦、克耶邦也各自有 3 所高等学校。除了综合性高等教育以外，缅甸还有高等师范教育、高等成人教育、高等职业技术教育。

缅甸虽然经济发展比较落后，但缅甸现政府非常重视高等教育的发展。首先体现在政府积极参与各种重要活动，且常有政府官员个人捐资助学。其次表现在政府对教育的财政投入上，早在 2002 年，缅甸的教育经费投入就已约占 GDP 的 10.15%。缅甸还重视现代教育技术的应用，缅甸高校的校园设施一般，但其教学设备的现代化水平较高，如仰光大学于 2002 年就拥有了播放设施，教育节目可通过卫星向全国播放。近年来，缅甸还成立了"新世纪资源中心"培养高素质人才，高等教育发展势头良好。

## 三、东南亚知名大学

### 1. 马来西亚国际伊斯兰大学

马来西亚国际伊斯兰大学（International Islamic University Malaysia），简称 IIUM，是马来西亚的一所公立大学，由伊斯兰会议组织 8 个成员政府赞助。学校成立于 1983 年 5 月 23 日，秉承伊斯兰教义，致力于成为世界上最顶尖的伊斯兰大学。自其成立以来，英语就一直作为大学的教学语言和管理共同语言。同时，在马来西亚政府的竭力支持下，为满足日益发展的大学教学、科研和咨询的需求，学校的各项硬件设施也不断得到更新。学校（IIUM）立足于将传统价值观和美德与现代的专业学术领域和谐相融，校园现已容纳了来自世界 90 多个国家和地区的学生。2004 年，马来西亚公立高等院校共有 5 237 名国际学生，其中 31.26% 来自国际伊斯兰大学。学校（IIUM）不遗余力为各专业学生提供最好的高等教育——聘请卓越学者担任教研职务，或任命专业人士从事行政管理工作。马来西亚全国高等院校共有 789 名外籍教学人员，其中 38.36% 的人在国际伊斯兰大学供职。

2．新加坡国立大学

新加坡国立大学（National University of Singapore），简称国大（NUS），是新加坡首屈一指的世界级顶尖大学，是东亚 AACSB 认证成员、东亚 EQUIS 认证成员、国际研究型大学联盟成员、Universitas 21 大学联盟成员、环太平洋大学协会成员，在工程、生命科学及生物医学、社会科学及自然科学等领域的研究在世界享有盛名。

新加坡国立大学前身为 1905 年成立的海峡殖民地与马来亚联邦政府医学院。1912 年，该校改名为爱德华七世医科学校。1928 年，莱佛士学院成立。1949 年，爱德华七世医学院与莱佛士学院合并为马来亚大学。1955 年，新加坡华人社团组织创立了南洋大学。1962 年，马来亚大学位于新加坡的校区独立为新加坡大学。1980 年，新加坡大学和南洋大学合并，校名定为新加坡国立大学。

根据 2015 年 4 月新加坡国立大学学校官网显示，学校建有肯特岗、武吉知马和欧南园 3 个校区；设有 16 所学院，包括一所音乐学院；有教学人员 2 374 人，在校学生 37 972 人，其中本科生 27 975 人、研究生 9 997 人。

3．南洋理工大学

南洋理工大学（Nanyang Technological University），简称南大（NTU），是新加坡的一所公立研究型大学，也是新加坡政府建立的顶尖大学，地处新加坡的西南部。

南洋理工大学，1991 年在原南洋大学校址"云南园"上建立，它的前身是 1981 年成立的南洋理工学院，更早的历史可追溯到 1955 年由东南亚民间发动筹款运动而创办起来的南洋大学。

1980年，南洋大学和新加坡大学合并，成立新加坡国立大学。1981年，新加坡政府在南洋大学校址成立南洋理工学院，为急速腾飞的新加坡经济培育工程专才。

南洋理工学院声誉日隆，1985年被英联邦工程理事会评为世界上最杰出的工程学院之一。1991年南洋理工学院进行重组，将国立教育学院纳入旗下，更名为南洋理工大学。2006年，南大正式自主，从法定机构转为非盈利企业。

南大设有工、理、商、文四大学院，下设12所学院，并拥有国立教育学院及拉惹勒南国际研究院两个自主机构，为超过20 000名本科生及8 700名研究生学员提供国际一流的高品质全球教育，吸引着来自区域内及世界各地的众多精英学者。来自40多个国家的2 500名优秀教职员工及科研人员，形成雄厚的师资力量，其丰富多元的教学及研究经验，为南大提供了广阔的国际视野和发展前景。今日的南大，以卓越的学术和科研成果享誉盛名，荣登2007年英国《泰晤士报高等教育专刊》全球科技大学前25位。

南大工学院是全球规模最大的工程学院之一，下属六所学院实力雄厚，着重创新。南大商学院（即南洋商学院）的工商管理硕士课程荣登全球MBA百强排行榜，既是本地唯一，也是亚洲三所同时获得欧洲质量发展体系及美国国际管理教育联合会两项国际认证的商学院之一，这些国际认证强化了南大商学院在经营与管理教育方面的标志形象。南大文学院属下设有新加坡首家提供艺术、设计与互动数码媒体学位课程的专业艺术学院，着重于提升学生人文素养的人文与社会科学学院，以及扬名亚洲的黄金辉传播与信息学院。

### 4．国立河内大学

国立河内大学是越南第一所国家大学，1993年12月，由河内大学、河内第一教师培训学院和河内外语教师培训学院等几所河内主要单科高等院校合并而成。国立河内大学是一所综合大学，同时也是各行业各领域的继续教育中心、研究和应用科学中心，在越南大学教育系统中占据着重要地位。国内河内大学下设社科人文学院、自然科学学院、外国语学院、工艺学院和经济学院 5 个学院，法律系、工商管理系、国际系、继续教育系、师范系 5 个系，信息工艺院、生物工程研究院、越南国学和科学发展院 3 个研究院，政治理论讲师培训中心、生物工程中心、资源环境研究中心、妇女研究中心、越南研究及文化交流中心、教育发展培训及研究质量保证中心、系统发展中心等 7 个直属研究培训中心，以及各教育和就业中心和各服务、生产和业务单位。学校现有专任教师 1 548 人，其中包括 108 名教授，249 名副教授，49 名科学博士，463 名博士及 477 名硕士，在全国高等教师队伍中占了很大的比重。在读生约 18 000 人，再教育学生近 26 000 人，硕士研究生近 2 200 人和博士研究生近 300 人。国立河内大学是国际文化交流和合作的枢纽，学校十分重视并积极开展对外学术文化交流。迄今为止，已与超过 100 个国外教育科学组织及大学建立了合作关系，签署了许多关于科学教育研究和加强工艺科学的国际合作议案。

### 5．老挝国立大学

老挝国立大学本科课程包括一年基础课程学习和四年在各学院的专业学习（除建筑学院和医学院）。高等文凭的课程需要学习三到四年，由工程学院、建筑学院、林学院以及农学院组织开设。拥有高等文凭的学生如果希望继续攻读本科学位，需要修读一个学期的过渡课程。研究生课程由医科学院、经济和工商管理学院、科学学院、文学院、林学院以及工程学院组织开设。

老挝国立大学隶属东盟大学联盟、多语种综合大学联盟委员会、大湄公河次区域学术与研究联合会以及东盟大学网络工程教育发展学会，且注重国际化发展，已经同韩国 9 所大学、泰国 10 所大学、越南 12 所大学、中国 6 所大学、日本 15 所大学、美国 4 所大学、加拿大 3 所大学、新西兰 4 所大学、澳大利亚 2 所大学、瑞典 2 所大学、丹麦 1 所大学、波兰 1 所大学、德国 3 所大学、法国 9 所大学、俄罗斯 1 所大学以及柬埔寨 1 所大学建立了合作关系。

# 第四章 南亚之教育

## 一、地区概况

南亚指位于亚洲南部的喜马拉雅山脉中、西段以南及印度洋之间的广大地区。它东濒孟加拉湾,西濒阿拉伯海。南亚区域内的国家包括印度、巴基斯坦、孟加拉国、斯里兰卡、尼泊尔、不丹和马尔代夫,有时阿富汗也被算作南亚国家,而阿富汗北部则属中亚地区。此外缅甸在文化上亦受南亚影响很大,所以有时亦被纳入南亚范围。

这块次大陆包含了世界超过五分之一的人口,使它成为了世界上人口最多和最密集的地域,同时也是继非洲之后全球最贫穷的地区之一。由于政治及宗教上的问题,有些国家的政局不太稳定。印度和巴基斯坦两国曾多次开战。

截止 2011 年,南亚地区约有 15.64 亿人口。其中,印度人口 12.1 亿(2011 年),巴基斯坦 1.64 亿(2010 年),孟加拉国 1.42 亿(2011 年),尼泊尔 2 900 万(2010 年),不丹 69 万(2009 年),斯里兰卡 2 000 万(2000 年),马尔代夫 35.9 万(2007 年),阿富汗 3 200 万(2008 年)。南亚还是印度教、佛教、耆那教和锡克教的发源地。印度居民多数信奉印度教,巴基斯坦、孟加拉国居民多信奉伊斯兰教,斯里兰卡居民多信奉佛教。

南亚裔族群是一个由 2 000 多个不同种族构成的多元族群。南亚裔人口主要由以下地区人口构成:巴基斯坦、印度、马尔代夫、尼泊尔、不丹、孟加拉国、斯里兰卡。这二千多个种族包括有小至数十人的部落,多至上亿人的庞大族裔。这很可能与这地区历史上多次受到邻近的外族入侵有关。该地区最早的民族属于达罗毗荼人，之后受到雅利安人和伊朗人的入侵，并与当地土著民族混合成为多个新的混血族群，继承了各自传统及信仰。

南亚既是世界四大文明发源地之一，又是佛教、印度教等宗教的发源地。早在公元前3000年左右，恒河——印度河流域便出现过一些繁华的城市，公元前3世纪以后，又相继出现了囊括次大陆地区大部分版图的四个统一国家——孔雀王朝、笈多王朝、德里苏丹国和莫卧儿王朝。在这一过程中，南亚一直是世界上最富饶的地区之一，农业、手工业、交通运输业以及各种形式的文化艺术均达到了较高的水平。

1498年，来自西方的葡萄牙人达·伽马首航印度之后，西方殖民势力相继侵入这一地区。到1757年，除"高山王国"尼泊尔保持了一定程度的独立外，南亚其他地区均沦为英国殖民地。其中，印度、巴基斯坦、孟加拉国和缅甸合称为英属印度。在长达数百年的殖民统治过程中，南亚悠久的文明历史被中断，经济发展处于相对停滞状态，使南亚成为了世界上最贫穷落后的地区之一。

由于英国长期殖民统治以及后来实行"分而治之"政策造成的恶果，南亚国家从取得独立起，就存在许多错综复杂的地缘政治问题，如克什米尔问题、俾路支斯坦问题等。这些问题与各国的种族、民族、教派等矛盾交织在一起，再加上冷战时期美国、苏联在南亚的渗透和争夺，使本区战后几十年来长期动荡不安。40多年来，南亚各国虽然不断进行双边谈判，但许多问题始终没有得到妥善解决，这直接影响着南亚各国的稳定与安宁。

## 二、南亚八国教育概览

### 1. 尼泊尔

尼泊尔高等教育包括学士、硕士和博士层次课程。学士学位课程需要 3~5 年的时间,硕士学位课程一般为 2 年。在硕士水平课程之后,一些大学也提供哲学硕士或一个专门领域的研究生文凭课程。大多数学校的教学语言是英语。

尼泊尔高等教育体系发展不到 90 年。成立于 1918 年的瑷钱德拉学院是尼泊尔的第一所高等教育机构。在这所大学建立之前,尼泊尔的高等教育是不存在的。尼泊尔高等教育发展初期,只有一些有特权的家庭,有较高社会血统成员,或富裕经济阶层可以享受大学教育。为了享受较高的学术或技术教育,一些上层社会精英家庭的父母一般都送他们的孩子去上印度的大学,如巴特那大学和贝拿勒斯印度教大学。在 1951 年前,尼泊尔只有两所高校,一所是师范学校,一所是技术学校。在高等教育层次,只有一个博士学位授予单位,即 1959 年特许的位于加德满都的特里布文大学。1960 年初,特里布文大学注册了几千名学生。大多数学生在大学学习能力证书水平课程,少数学生学习自然科学和社会科学学士学位课程。直到 1975 年,该校还不能在技术领域(不包括农业)提供学士学位课程。但特里布文大学现在已经成为一所综合性大学,该校在许多专业和技术领域提供本科和研究生课程,例如社会科学和商业管理等。这所大学的学生录取比例占国家高等教育机构的 90%。1985 年,特里布文大学成为尼泊尔的一所独立大学。尼泊尔高校数量也从 1958 年的 8 所增加到 1988 年的 132 所(69 所是隶属于特里布文大学系统,63 所为私立机构)。就学科而言,这些学校涵盖学科范围广泛,如自然科学、社会科学、人文科学和商业等。目前,尼泊尔共有 5 所大学:特里布文大学、加德满都大学、博客拉大学、马亨德拉梵文大学、普尔阪查尔大学。其中,特里布文大学下设 61 所直属分院、4 座研究中心和 134 所私立分院。就读学士学位以上层次课程的学生人数有 6 万~7 万。

近年来,尼泊尔私立学校数量显著增加,目前约有 200 所私立学校。私立学校大多数占用出租房屋,聘请兼职教师上课,没有足够学习基础设施支持。多数培训机构很少进行或没有标准化的学术活动,学校活动范围很小。为了满足日益增长的社会需求,减轻政府公共教育财政压力，尼泊尔目前的政策积极鼓励私立教育机构参与高等教育。然而，公众对于私立教育较高的成本抱有一定的怀疑及不满情绪，效果并不显著。

## 2．不　丹

不丹初期的高等教育机构只有一所大专学校，即塔希冈区冈隆的雪茹兹学院，该校成立于1983年，作为一个为期三年的学位授予高等教育机构，隶属于印度的德里大学。该校由联合国开发计划署（简称UNDP）援助成立，学校建立之初有17名教师和278名学生，教学课程包括艺术、科学、商业。从1990开始，该校大专班的教学放在廷布的延臣普高中（Yanchenphug High School），随后扩展到其他中学。

1990年，亚洲开发银行给予不丹皇家理工学院员工培训与开发贷款，包括专家和专家服务、设备和家具采购、工资和其他开支、基础设施改造和建设，不丹皇家理工学院的教育条件得到明显改善。

不丹现仅有一所综合性大学，名为不丹皇家大学，建立于2003年6月。该校采用分布式学习模式，但对于校园网络技术支持下的分布式学习，不丹持谨慎态度。大多数不丹学生有国外接受培训的经历，包括印度、新加坡、日本、澳大利亚、新西兰、英国、德国、美国等。相较而言，英语国家比较吸引不丹学生，绝大多数不丹学生在完成学业后选择回国发展。

## 3．马尔代夫

20世纪90年代，马尔代夫政府开始对中学、职业培训和高等教育进行大规模投资。在此之前，马尔代夫学生只能出国寻求高等教育机会，每年大约有1 000~1 500名马尔代夫学生去海外攻读学位，大多数留学去向国是马来西亚、印度、斯里兰卡、英国、澳大利亚和埃及。

自1999年以来，马尔代夫公共教育支出较大，约占国民生产总值的3.9%。1999年，马尔代夫国家高等教育和训练部将健康科学院更名为马尔代夫高等教育学院（简称MCHE）。目前，马尔代夫公共教育机构，除MCHE之外，还有伊斯兰研究学院，继续教育中心和一些私人教育机构。MCHE 是马尔代夫唯一的学位授予机构，提供一系列学位和文凭课程，包括工程、健康科学、教育、旅游、商业管理等领域专业证书课程。该校的五个校区分布在马尔代夫各地。2007 年，MCHE 升格为综合性大学，即马尔代夫国立大学。在高等教育和继续教育发展过程中，马尔代夫私营教育机构参与越来越多。目前，通过政府注册的私营教育机构有 86 家，大多数私营教育机构提供计算机技术、信息技术、管理、商业等专业课程的教育。

### 4．阿富汗

阿富汗学生在完成 12 年基础教育后，通过考试进入高等教育阶段学习。目前，阿富汗高等教育机构主要包括 19 所四年制院校和 18 所两年制高等教育机构（相当于教师培训机构）。阿富汗著名的大学有喀布尔大学、阿富汗美利坚大学、伊斯兰研究大学等。喀布尔大学是阿全国最高学府，1946 年创建；赫拉特大学是阿西部教育中心，2002 年 8 月复校，有学生 3 100 多人。

目前，阿富汗只有 0.15% 的国民接受高等教育，全国大约有 3.6 万名本科生。该国高等教育系统有大约 2 200 名教师在本科院校从教，约 50% 的教师拥有学士学位，不到 6% 的教师拥有博士学位。阿富汗目前没有大学能够提供硕士和博士学位课程，高等教育已不能很好地满足社会需求，为更多学生提供更多更高的高等教育入学机会已成为该国高等教育未来面临的挑战。

### 5．巴基斯坦

巴基斯坦学生在完成 12 年中小学基础教育后，通过高中考试，可以进入大学或学院学习。巴基斯坦有两种类型的大学学士学位课程，一种称为普通科课程，一种称为荣誉课程。普通科课程为两年制，该课程包括三个科目的组合（例如经济学、社会学和英语）；荣誉课程需要 3~4 年的学习，通常要求学生选择特定专业学习。学生也可以在完成高中教育后，学习工程、医学、兽医学、法律、农业、建筑、护理等学士学位课程，学习此类课程一般需要 4~5 年时间。

巴基斯坦现有 50 余所公立大学和私立大学以及 18 所授予学位的高等教育机构，著名高等学府有旁遮普大学、卡拉奇大学、伊斯兰堡真纳大学和白沙瓦大学等。巴大多数私立高等院校提供工程技术、医学、法学、商业管理等课程，私立大学一般通过支付高薪，提供高质量图书馆和研究设备等满足公众对现代实用商业和技术培训的需求。2005 年，巴高等教育在校生总人数约占全国人口的 4.6%。其公立大学由国家控制管理和资助，85% 的本国学生就读公立大学。

巴基斯坦大多数公立高等教育经费来自联邦政府大学教育资助委员会拨款。该机构成立于 20 世纪 50 年代早期，主要资助高等教育发展。在过去 20 年中，巴公共教育支出一直徘徊在国民生产总值的 2%，远低于联合国教科文组织推荐的国民生产总值的 4% 和 1995 年南亚地区国民生产总值平均数的 3.4%。其高等教育份额只约占国民生产总值的 0.4%。近年来，巴基斯坦加大对教育的资助力度，公共资金投入从国民生产总值的 2.2% 提高到 4%，并引入三年制学士（荣誉）学位，并对拥有荣誉学士学位学生给予入学和就业优先权。

因公共高校教育质量相对落后，巴基斯坦精英阶层狂热追捧外国学位。国外留学，尤其是赴美国学习，备受推崇。

### 6. 印　度

印度社会将学习知识视为最崇高美德，具有重视教育的良好传统。2014 年，印度拥有近 370 所综合大学和 18 100 所高等学院，著名大学有德里大学、印度理工学院、加尔各答大学、马德拉斯大学、巴拉蒂尔大学等，有约 1 120 万在校大学生和 50 万名左右的教师（包括在技术和专业教育机构从业的教师）。

印度学生在完成 12 年中小学课程之后，通过高中毕业考试或由国家教育委员会组织的考试可以进入高等教育机构学习深造。其大学学士学位课程为艺术、科学、商业等专业三年制普通科目课程，硕士层次课程是两年制，博士学位课程是 3~5 年。在完成高中课程后，学生也可以继续参加 4~5 年的职业或专业技术课程，包括法律、工程技术、医学、商业或商业管理等课程。

近年来，开放和远程学习对印度的高等教育产生了重要影响，13个国家级开放大学在校生占高等学校总入学人数的25%。尽管印度教育系统不断扩大，但依然难以满足其日益增长的高等教育需求。目前，印度高等教育仅能满足大约10%的适龄青年，尚未达到发展中国家标准，与大多数发达国家的高等教育入学率相比，差距更大。

印度政府的教育经费约占国民生产总值的4%。其中，大部分教育经费投向小学和成人教育项目。在印度的18 100所高等院校中，仅有30%的高校接受政府援助，其他主要靠教育投资和学生自费。印度已在签署贸易服务总协定协议之后，国外许多大学大举进入印度办学。目前，印度已有来自美国、英国、澳大利亚等国家的100多所国外大学。

### 7．孟加拉国

孟加拉国大多数公立大学遵循英国系统三年制学士（荣誉）课程模式，新的私立大学已经转变为美国四年制本科课程模式。宗教教育在孟加拉国占有重要地位。

孟加拉国教育长期以公立教育为主，直到1990年，大学教育全部由公立大学提供，包括医学、工科和高职院校。该国许可私立大学办学是在1992年《私立大学法案》颁布之后。私立高校的课程设置、教科书及技能训练等类似美国系统。1997年，孟加拉国有31所大学，其中20所属于私立大学。2003年，其大学数量上升到52所，其中31所是私立大学。在同一时期，公立高校人数在增加的同时，私立高校的招生人数也迅速增加，公立大学招生数从74 000人增加到104 700人，而私立高校则从1997年的6 200人增加到44 600人。截至2014年，孟加拉国有国立大学21所，私立大学53所，国立医学院13所，普通学院1 225所，工艺学校77所，伊斯兰学校8 410所，专业培训学院64所。主要高校有达卡大学、孟加拉工程技术大学和拉吉沙希大学等。

孟加拉国主要有两种类型的高等教育机构：一种属于竞争激烈的大学，这类大学包括各种专业学院，可以授予多种学位；一种是面向所有人开放的高等教育机构，如开放大学和国家大学。

孟加拉国公立高等教育实行免费。公共教育财政支出占国民生产总值的 2.4%。其中，高等教育约占政府教育财政总支出的 33%。孟加拉国私立高等教育机构回应市场需求，提供一些短期相关专业课程，但其教育质量面临挑战，因为孟加拉国私立大学的准入只限于那些能够支付高额学费的学生，使只有富裕家庭孩子才可以进入这些大学。其最好的公立大学学生群体越来越多是来自一些城市中学的少部分学生，而只有富有家庭才有能力送他们的孩子去这些学校，私立高等教育主要面向日益增长的中产阶级，因此其存有一定的教育质量问题。

8．斯里兰卡

斯里兰卡实行英式教育制度，现有高等教育院校近 50 所，分为公立大学、开放大学及高等专业学校。其高校普遍实行一学年两学期及课程学分制，大学教育分为两个阶段：第一阶段大学教育为期两年，其后参加高级水平考试，候选人通过这次考试取得第二阶段大学教育资格。斯里兰卡的大学入学具有高度选择性，只有最聪明的学生才可以进入大学学习。因其高等教育招生数量十分有限，大多数学生被排除在公共高等教育机构之外，他们只能选择一个可以授予学位的私立教育机构学习，所以其社会对私立大学有强烈需求；或者选择出国留学深造，出国留学大多选择英国、澳大利亚、马来西亚、美国、新加坡等国的大学。

在斯里兰卡综合大学里，医学和工程学的教学使用英语，其他学校可以使用僧伽罗语、泰米尔语或英语，主要根据教学需要而定。斯里兰卡拥有强大的师范教育体系，为职前和在职教师提供各类文凭课程，国立教育学院授予教育学荣誉证书和教育专业文凭。

为满足在职人员继续教育的需求，斯里兰卡于 20 世纪 80 年代初期成立开放大学，是斯里兰卡唯一被承认的远程教育大学，学生以在职学习方式学习，斯里兰卡开放大学没有设定入学资格要求，只要年龄在 18 岁以上即可注册。斯里兰卡大学教育委员会是 1978 年成立的国家最高级别的高等教育管理机构，负责大学资金分配，教学和研究计划配套，监督大学入学和教学语的国家政策执行情况等。

## 三、南亚知名大学概览

### 1. 印度理工学院

印度理工学院（Indian institute of technology，简称IIT），创建于1951年，在学术界具有世界声誉，被称为印度"科学皇冠上的瑰宝"，是印度最顶尖的工程教育与研究机构。印度理工学院培养的IT人才遍及世界各地，美国硅谷更是这些IT人才的聚集地。

印度理工学院，是印度政府按照美国麻省理工学院模式建立的，通过公平的生源选择，严格的课程设置、有效地寒来暑往合理地投入，现已是具有世界影响的大学。其在全国共设有7所校区，分别是德里理工学院、坎普尔理工学院、卡哈拉格普尔理工学院、马德拉斯理工学院、孟买理工学院、瓜哈提理工学院和卢克里理工学院。7所院校均为政府大学，在教学和经济管理上由直属中央政府的印度理工学院委员会管辖。1963年，IIT被列为国家重点院校，并赋予独立的学术政策、独立的招生及学位授予权。

IIT在印度的7个分校，每年共招收4000多名新生。每年超过30万名成绩优异的中学生参加其入学考试，录取率却不到2%。在印度甚至流行这么一种说法：一流的学生进IIT，二流的才出国念美国名校。可见其在印度的声誉。印度其他大学或理工学院，只能颁发工程学士，IIT却可以单独授予B. Tech.（科技学士）学位，凸显了它在印度的特殊地位。IIT采用近乎"斯巴达式"的教育模式，训练学生理论和实务兼备，学生毕业前要修满180个学分，在学校的安排下，所有学生至少要到一家企业实习。

IIT共有3万多名学生，每年每人需要承担大约700美元的学费、生活费等开支，相当于总开支的20%，其余80%的费用由印度政府补贴。

优秀的生源是IIT成功的主要因素之一。之所以能获得优秀的生源是因为IIT在全印度以统一分数标准公平挑选最优秀的学生，录取过程完全透明。成绩好的学生还有权选择IIT的校园所在地和所学专业。另外，课程要求严格也是 IIT 教育成功的原因。

2．德里大学

德里大学创建于 1922 年，校址位于印度首都新德里。目前，德里大学有 14 个学部，86 个系，79 个学院，分布在整个德里市。德里大学在校学生大约 4 万名，教师 6 000 多名，是一所在国内外享有盛名的综合性大学。该校主要学科领域有 IT、理学、艺术、社会科学、法学、音乐与美术、工学、商业与金融、管理学、医学、教育学等。

1949 年建立的德里经济学院是印度全国闻名的经济学高级教学和研究机构，吸引了印度国内许多知名学者前受聘任教，学生均是印度知识青年中的佼佼者。德里大学已经发展为印度著名的大学之一。

作为印度最高学府的德里大学为印度 IT 行业的发展培养了大量尖端人才。德里大学无论在科学研究还是高科技应用方面都成绩卓著。德里大学建有完善的图书馆系统，为师生提供了便捷的信息检索途径，其图书馆系统拥有 24 个咨询单元，藏书（包括期刊）超过 2 亿 5 千万册。全校有各类图书馆 30 多个。其中，中央科学图书馆建筑面积 22 595 平方英尺，藏书 18 万册。

德里大学还是 Universitas 21 的创建成员之一。该大学和它下属的学院属于联邦式的两级管理制，各学院的行政工作由建校单位参与管理，其主要经费由政府提供。

# 第五章　西亚和北非之教育

## 一、地区概览

西亚因位于亚洲、非洲、欧洲三大洲的交界地带，位于阿拉伯海、红海、地中海、黑海和里海之间，被称为"五海三洲之地"。是联系亚、欧、非三大洲和沟通大西洋、印度洋的枢纽，地理位置十分重要。

黑海出入地中海的门户是土耳其海峡，霍尔木兹海峡是波斯湾的唯一出口，航运十分繁忙。苏伊士运河和红海是亚非两洲的分界线，沟通了印度洋和地中海。该地区气候干旱，水资源缺乏，地形以高原为主。这里的波斯湾及里海沿岸是著名的石油产区，西亚也是局势最动荡的地区之一。西亚包括伊朗高原、阿拉伯半岛、美索不达米亚平原、小亚细亚半岛，包括的国家有伊朗、伊拉克、阿塞拜疆、格鲁吉亚、亚美尼亚、土耳其、叙利亚、约旦、以色列、阿富汗、巴勒斯坦、沙特阿拉伯、巴林、卡塔尔、也门、阿曼、阿拉伯联合酋长国、科威特、黎巴嫩和塞浦路斯等20国。

## 二、西亚北非教育概览

### 1. 伊　朗

伊朗拥有悠久的历史和文化传统，在阿契美尼德王朝时政府就开始大力发展。随着不断地发展进步,伊朗传统教育尤其是高等教育领域逐渐融入世界。

目前,伊朗高等教育机构有 300 多万名学生就读,思想活跃的大学一向是政治运动的温床。近 30 年来,伊朗人口特征和社会结构趋于城市化、知识化、年轻化。伊朗社会经历着政治民主化、自由化和社会文化的解放,伊朗国民也面临着强烈的观念冲突和价值选择。尽管目前伊朗社会的宗教和政治气氛仍然浓厚,但宗教对年轻人的影响力有所下降。受就业形势影响,宗教院校的规模已缩小。

伊朗政府于 1989 年制订高等教育 5 年发展计划,通过提供贷款和给予物质、政策支持等措施鼓励民办高等教育。伊朗目前共有高等院校 346 所,大学生近 340 万人,德黑兰大学是伊朗著名的高等学府。

2．叙利亚

叙利亚自 1946 年宣告成立共和国以来,教育事业取得了长足的发展。叙利亚于 2001 年通过的一项法案开始允许创办私立学校和私立大学。2003 年,叙利亚将政府预算中的约 8.6% 作为教育经费。叙利亚以免费的六年初等教育作为 6~11 岁国民的义务教育,在这一阶段,无论男性或女性的入学率都接近百分之百。其中等教育包括了普通中学和职业中学教育,然而大部分学校都处于班级人数过多,且设施简陋的状况。在高等教育方面,叙利亚目前有大马士革大学、阿勒颇大学、十月大学和复兴大学等 4 所大学。在高等教育政策上,叙利亚较重视工程学和医学,而较少重视艺术、法律和商业等学科。

闻名于阿拉伯世界的大马士革大学被誉为"叙利亚大学之母",其位于叙利亚首都大马士革,是著名的综合性大学和叙利亚高等教育的领头军,也是叙利亚历史最悠久的一所大学。大马士革大学设有艺术学院、人文学院、农学院、经济学院、民用工程学院、教育学院、建筑学院、法学院、伊斯兰学院、牙医学院、药物学院、医学院、信息学院、理学院、机械电子工程学院等 15 个院系以及 8 所附属医院、1 所护士学校和 7 个语言中心。其本科学习一般为 4~6 年。在叙利亚学术界领域,大马士革大学的发展被给予了最高优先权,这使得大马士革大学确立了其在叙利亚教育界领头军的地位。

### 3. 约 旦

约旦的高等教育历史非常短暂。1953 年侯赛因国王加冕,创设了皇家教育委员会,专门为国家教育的发展向皇室提供建议,委员会的首要任务是解决国民基本的文化教育。1955 年约旦教育法案规定了 6 年义务教育制,1964 年制定的教育法案(修订)则把义务教育从 6 年延长到 9 年。约旦义务教育的扩大和中学教育的发展增加了对师范教育的需求,师范学院的招生数从 1952 年的 46 人扩大到 1976 年的 7 000 人。从 1950 年开始,即使在国内高等教育开始发展的情形下,鼓励学生出国深造也一直是约旦政府解决国内高水平人才不足问题的基本策略。

约旦大学是约旦的第一所公立大学,创办于 1962 年。第二所公立大学雅尔穆克大学则创办于 1976 年,随着 1986 年穆塔大学的创建,1995 年哈希姆大学和阿勒贝塔大学相继创建以及从 20 世纪 80 年代约旦北部政治动荡时从雅尔穆克大学分离出来了约旦科技大学,约旦的公立大学得到了一定发展。

约旦的公立大学仅能满足少量中学毕业生继续接受大学教育的学习需求,以致每年大约有 25 000 人到海外学习,大量的年轻人在国外读书,导致了约旦的人才流失。约旦政府于 1990 年开始准许开办私立大学,以缓解国内高等教育供不应求的局面。1990 年,安曼私立大学诞生,第一年招生 1 324 人。1991 年,约旦应用科技大学、阿伊斯拉费城大学、约旦女子大学以及苏玛雅公主大学技术学院相继创办。1992 年,音乐学院成立。1993 年,阿在图那加拉时私立大学和 UNRWA 学院建立。1994 年,爱尔比得国立大学和扎卡私立大学建立。

约旦的私立大学和公立大学按照不同的法律规定运行。公立大学执行 1987 年的约旦大学法案,私立大学执行 1989 年的私立大学法案。因为私立大学可以看做是政府或私人持股的公司,约旦私立大学也适用公司法。根据法律规定,每所公立大学都由校长领衔的院系主任委员会负责大学的工作，院长委员会负责各学院的工作，系委员会负责各系的工作，系委员会由该系的教师组成。每所大学都有大学委员会，由外界代表组成，主要协调大学的外部关系。另外，每所公立大学都有特定的政府师资管理规定，解决诸如学术自由等问题。私立大学最高管理机构则是大学董事会，而不是校长领衔的院系主任委员会。约旦现有对私立高等教育的管理规定是由约旦高等教育委员会制定的，该委员会由教育和高等教育部部长主持，其他成员包括计划与文化部部长、公立大学校长、社区大学代表以及6个外界理事成员。约旦高等教育委员会对私立大学有较大的控制权，委员会负责批准私立大学的各种学科类型和学习领域，设定入学标准，批准接受捐款赠与和基金，通过检查预算和报告来考核学校的业绩表现，批准私立大学和其他大学的文化技术合作协议，制定细致的认证标准和合格办学的规定。而公立大学并没有这样的委员会对其进行认证和检查。

目前，约旦有约旦大学、亚尔穆克大学、约旦科技大学、哈希姆大学、穆塔大学、贝塔大学、侯赛因大学、拜勒卡应用大学等8所公立大学私立大学有12所，在校生70 546名，其中包括7 914名外国留学生。还有52所社区学院（相当于中专学校），在校生22 471名。

### 4．以色列

以色列高等教育实行三级学位制度，即学士、硕士和博士学位。本科学制为3~4年，授予的学士学位包括文学、理学、教育学、设计学、美术、舞蹈学、音乐、法学等学位。硕士学制通常2年，分为研究型和非研究型两类。完成研究型硕士学位学习才有资格申请博士学位，博士教育分为多种学科类型，一般学制为4~6年。攻读博士学位的学生需进行学术研究并完成博士论文。招生的具体要求由各高等学校制定。学生也可通过直博模式获取博士学位。获得学士学位的学生可以直接申请硕博连读课程并获得博士学位。直博项目学制通常为4~6年，在此期间，学生需修读进阶课程、进行学术研究并完成博士论文。

在以色列高等教育机构中，有 67 所学位教育机构，包括大学、学院和师范学院三种类型。学院和师范学院可授予学士和硕士学位（通常为非研究型硕士学位），只有大学才可以授予学士、硕士和博士三种学位。

以色列高等教育委员会依据其《高等教育委员会法》成立，是以色列所有高等教育机构的学术管理机构。所有高等教育机构的设立，须经以色列高等教育委员会批准，其授予学位的资格也需由高等教育委员会授权。其高等教育委员会下设专门的质量保障和评价机构，定期对大学和学院进行教学评估。

### 5．伊拉克

伊拉克有 7 所大学，大多是综合性大学。巴格达大学是 1958 年由几所学院合并成立的，现设有医学院、工学院、农学院、文学院、政法学院等 16 所学院，共 5 万名左右学生。伊拉克高等教育没有入学考试，升学凭高中毕业时的统考成绩，升学率在 75% 左右。

近年来，伊拉克政府十分重视通过各种渠道选派青年学生出国留学。一是经学校推荐由政府公费派出，二是根据文化协定或双边协议享受奖学金待遇，三是利用外国提供的特别奖学金，三是由政府派出带薪在国外学习，四是自费生，国家适当给一定的补贴。目前，伊拉克的留学目的国主要集中为美国、英国、法国、土耳其、罗马尼亚等国家。为防止人才外流，政府采取了一些措施，对获得学位的归国留学生给予物质奖励，提供满意的工作和优厚的生活待遇。

伊拉克也接受外国学生来伊学习。伊大学为他们免费授课，并提供一定的生活费。伊拉克大学对阿拉伯地区的学生尤为重视。每年苏丹、突尼斯、也门、约旦等国都有许多学生来伊学习。但海湾战争后，伊拉克教育经费不足，师资严重匮乏，严重影响了其高等教育发展进程。

### 6．黎巴嫩

黎巴嫩是中东地区对外开放力度极大的阿拉伯国家，国内实行的是自由的市场经济，这决定了黎巴嫩的高等教育以私立和民办为主的特点。

目前，黎巴嫩有 300 万人口，在黎巴嫩的 21 所大学中，综合性大学有 4 所，分别是黎巴嫩大学、贝鲁特阿拉伯大学、贝鲁特美国大学、贝鲁特圣约瑟大学，黎巴嫩大学是唯一的公立大学。由于黎巴嫩高等学校绝大多数为私立大学，其课程设置主要由市场需求决定。黎巴嫩各大学的课程齐全，受世界各国特别是阿拉伯各国青年学生的青睐。黎巴嫩既有自由开放的贝鲁特美国大学，又有传播伊斯兰精髓的伊斯兰法学大学，也有宣传天主教保守思想的圣约瑟大学等。

黎巴嫩高等教育的自由化程度较高，大学每年的招生、课程设置、教学法、毕业生的分配等，不由政府控制，完全由自由的市场经济决定。

黎巴嫩大学是黎巴嫩高等学府中唯一的公立大学，始建于 1953 年。由于有国家拨款及联合国教科文组织的帮助，该校已成为黎收费最低的一所大学。黎巴嫩大学的最大特点是学校不集中在一个校园内，其学院和分部分布在全国各地。学校的行政管理机构位于贝鲁特市中心的一座大楼里，大学的各院、系完全分离。黎巴嫩大学之所以如此分散，主要是由黎巴嫩内战造成的。黎巴嫩大学的另一特点是把阿、法、英三种语言都作为教学语言，部分课程用阿拉伯语教学，另有相当部分的课程则直接使用法语或英语讲授。

贝鲁特阿拉伯大学始建于 1960 年，是一所国际型大学，面向世界各国招生。据统计，该校历年的毕业生中，本国毕业生只占全部毕业生的 20% 左右。在外国毕业生中，约旦学生最多，约占毕业生总数的 40%；其次是巴勒斯坦人，约占 14%；居第三位的是叙利亚人，约占 12.5%。该校的主要课程均用阿拉伯语教授。

贝鲁特美国大学是黎巴嫩历史最悠久的一所大学，是黎巴嫩的骄傲。100 多年前，在一些美国长老会传教士的积极倡导和努力下，该校前身于 1866 年建立，时称"叙利亚耶稣学院"，1920 年改为现名。其办学宗旨是"面向所有家庭和各个阶层的人，而不看他的肤色、民族、种族和宗教。任何人，不管是白人、黑人或黄种人，也不管是基督教徒、犹太教徒、伊斯兰教穆斯林，还是多神论教徒，都可以进入这所学校就读，毕业后他们仍然可以信仰一神教、多神教或无神教"。贝鲁特美国大学采用美式教学法，全部课程使用英语讲授。75%的学生可以享受学校提供的助学金，金额从学费的5%直到全额学费不等，这部分资金的来源主要由美国的一些企业、慈善机构以及其他社会团体及个人的捐助。

1945年在《联合国宪章》上签名的世界领导人中，有十几位毕业于贝鲁特美国大学。由此可见，该校对中东政治、文化发展的影响之大。贝鲁特美国大学的招生不以学生的种族、宗教信仰为条件，它注重的是学生本人的素质。在黎巴嫩，任何人考入这所大学，就如同考入美国的哈佛、英国的剑桥而令人羡慕。尽管该校的学费相当于黎巴嫩大学学费的80多倍，但贝鲁特美国大学仍然是黎巴嫩学生的首选目标。因此，黎巴嫩美国大学的毕业生无论是在本国还是在中东、海湾地区的其他国家都备受青睐。贝鲁特美国大学的毕业生遍布中东、欧洲、南北美洲等地区的各个国家，许多人已身居政界、金融界、工商业界、教育、卫生等领域要职，其中不乏议员、高级外交官、银行行长、大学校长及其他高级政府官员。

黎巴嫩圣约瑟大学创建于1801年，该校基本采用法国教育法，主要课程用法语讲授，全部教材由法国提供。

### 7. 巴勒斯坦

巴勒斯坦现有6所大学，即毕尔宰特大学、纳加赫大学、希伯伦大学、伯利恒大学、加沙大学和耶路撒冷大学。其中毕尔宰特大学为世俗学校，希伯伦大学、加沙大学为伊斯兰学校，伯利恒大学为基督教学校，耶路撒冷大学由彼此独立的3所学院（耶路撒冷伊斯兰学院、阿拉伯医学院和阿布达伊斯科学技术学院）合并组建而成。

纳加赫大学是巴勒斯坦规模最大的大学。其前身为高级中学，1977年升为大学，位于巴勒斯坦最大的城市纳布卢斯。师生来自巴各地各阶层，世俗与宗教兼容，是最能反映巴勒斯坦社会状况的一所大学。该校本科专业有人文、自然学科、商务管理、教育学和工程学，辅修专业有宗教学、医学等。

毕尔宰特大学位于拉姆拉附近，创建于1973年，是巴勒斯坦学术水平最高、设备最好的大学，设有人文、自然学科、商业与经济、工程学、教育学等本科专业，其中教育学有硕士授予权。纳加赫大学教学严谨，学术氛围浓厚，有一批国内外知名的专家学者，享有国际声誉。

希伯伦大学和加沙大学相似，都得到海湾国家的财政支持，具有浓厚的伊斯兰色彩，师资、设备较差，学位尚未得到其他大学的承认。希伯伦大学建于1971年，在校学生几乎全部来自希伯伦地区。该校设有伊斯兰研究、英语、阿拉伯语和历史专业。

加沙大学是加沙唯一的高校，也是巴大学中唯一规定希伯来语为必修课的学校，建于1978年。该校的伊斯兰色彩浓烈，男女生分开上课，所有教职工、女学生均须穿传统的伊斯兰服装。该校还特别规定，除非已在开罗爱资哈尔宗教学院获得过学位，否则所有新生在入校前须参加为期一年的伊斯兰学习班。

伯利恒大学规模较小，1973年由梵蒂冈支持的天主教兄弟会建立，在校生约1/3为基督教徒，其余为穆斯林。主要专业有人文、自然科学、商务管理、护理学、教育学、宾馆与旅游管理。该校的特点是与西方国家联系较紧密，经费主要来自世界各地天主教会的资助。该校与加拿大拉瓦尔大学建有科研合作关系，教师大都聘自世界教师联合会。伯利恒大学与西方国家的密切关系，打破了巴勒斯坦大学的封闭状态。

巴勒斯坦的大学虽均建于以色列占领时期，但以色列并不支持重视巴勒斯坦高等教育的发展。

尽管如此，巴勒斯坦大学还是在巴勒斯坦的社会发展中发挥了重要作用，是巴各组织活动的重要阵地。总的来说，巴大学发展水平还不高。由于受各方因素的制约，巴勒斯坦自治政府目前面临重重困难，尚无力顾及高等教育，因此大学还得自谋发展。

## 8. 埃及

埃及的高等教育体系包括大学教育和非大学型中等后教育（主要为高等职业教育）两部分。埃及的高等教育经费由宪法明文保障，具体运行由《大学组织法》保驾护航。埃及本科学制四年、硕士学制三年、博士学制三年，各级修业期满，均须经考试才能毕业并授予学位。

埃及大学的学位授予资格需获埃及高教部和大学最高委员会认可。高教部和大学最高委员会每学年对各校、各系、各专业的学历授予资质进行审查，不符合相关规定的不予承认其学位教育的合法性。埃政府内阁另设有"教学质量评估、保障与监督局"，与高教部平级，负责对大学的教学质量进行监管。学校内部逐级设有大学委员会、院委员会和系委员会，大学校长担任大学委员会主席，总揽教学、科研、行政、财务等事务。学校内部设有教学委员会、科研委员会、社会服务和环境发展委员会以及纪律委员会，对学校各个方面进行监督。

埃及公立大学经费由国家拨款。私立大学经费主要来自学费，因此收费较高，但硬件相对公立大学较好。所有高校院系和课程设置相仿，授课语言通常为阿拉伯语，部分理科专业有英文授课。著名大学有开罗大学、亚历山大大学、艾因·夏姆斯大学、爱资哈尔大学等。大学平均入学率达32%。

## 9. 土耳其

土耳其1924年颁布实施的《教育统一法》规定，教育完全收归教育部主管，停办所有独立的传统宗教院校，实行单一的世俗教育。同年，在伊斯坦布尔大学设立了一所神学院。该院将办学目标确定为"为世俗的共和国提供一个更加适合时代需要的现代化、科学化的新型宗教教学中心"。设置神学院不是延续传统宗教教育，而是通过兴办专业性、学术性的宗教教育，来实现对传统宗教教育的革新和取代。

目前，土耳其共有约85所大学，主要分为国立大学和私立基金大学。国立大学收取非常低的学费，而私人基金建立的大学则收取较高的学费。15所主要国立大学位于伊斯坦布尔和安卡拉。非义务教育主要由土耳其高等教育委员会负责，并由政府资助。从1998年开始，土耳其大学被赋予更多的自治权，并积极和当地的商业机构合作以增加大学的基金。

### 10. 沙特阿拉伯

1932年建国时，沙特阿拉伯的现代教育几乎尚未起步，全国仅有为数不多的传统伊斯兰宗教院校。自20世纪50年代以来，沙特政府不断加强对各类教育（包括宗教教育）的投入和管理。1953年，王国设立教育部，法赫德亲王担任第一任教育部长，70年代初，一些宗教院校转归教育部管辖。

1975年，沙特正式设立高教部，高等教育在教育体系中的地位不断上升。近年来，沙特增设了多所国立现代综合性大学。据统计，2000年前，沙特国立综合性大学仅8所，到2012年已增至24所。教育投资也不断增加，2004年教育投资为200亿沙亚币，2008年已增加至560亿沙亚币。沙特存在两类大学，即传统宗教大学和世俗化现代大学。传统宗教大学源于宗教教育，办学目标一度侧重于传播瓦哈比学说和伊斯兰文化，推进伊斯兰复兴运动。2012年，沙特宗教大学有3所——乌姆库拉大学、伊斯兰大学、穆罕默德·本·沙特·伊玛目伊斯兰大学。世俗化的现代大学将办学目标定位为培养各类专业性人才，以适应国家经济建设和社会发展的需要,这一类大学中有21所公立大学和9所私立大学。

沙特的教育体系从未与其伊斯兰教根基相分离。宗教学校的课程包括宗教性课程、阿拉伯语，同时也设有世俗课程。多数学生在世俗学校完成学业，但也必须学习宗教课程，如诵经学、法理学、教义学与伊斯兰文化等。即便是现代世俗大学、国立高等教育学院、私立大学和私立学院也具有浓烈的伊斯兰色彩，其教育内容强调传统宗教性与现代世俗性并重，培养兼具伊斯兰信仰与科学知识的专业人才。

目前，沙特拥有综合性大学24所、学院78所、高等宗教大学5所，沙特高校现有教师33.96万人，在校学生约480万人，每年约有

7 000名学生公费出国留学。沙特的综合性大学主要有沙特国王大学和阿布杜勒阿齐兹国王大学等。

沙特国王大学前身为利雅得大学，始建于1957年。1982年进行大规模扩建，以应对沙特专业人才紧缺的状况。沙特国王大学硬件设施一流，师资力量强大。现设有文科院、理科院、管理科学院、药学院、工程学院、食品和农业学院、教育学院、医学院、应用医学院、电脑科技学院、建筑与环境学院、语言学院、护理学院等，学生超过2.4万人。

另一所著名的阿布杜勒阿齐兹国王大学坐落在沙特最大的海港城市吉达。1967年建立之初是私立大学，后在1971年转为公立大学。该大学现设有工程学院、医学院、应用医学院、药学院、理科院、地球科学院、海洋科学院、气象与农业学院、环境与设计学院、人文学院和信息科学等学院，在校生超过3.7万人。

沙特早期建立的大学呈现浓重的"双轨制"色彩，即承袭传统伊斯兰文化和教育方式的宗教大学和强调综合性及应用性的现代大学。这是在现代全球化趋势下沙特政权的世俗性和其王权的伊斯兰性紧密相连的必然产物。近年来，众多新建的公立和私立大学及学院均为现代大学。而且，现代大学的设置模式和开放程度越来越与西方现代大学模式接轨。沙特高等教育体系的世俗化趋势日益明显。

目前，沙特传统宗教大学世俗化趋势明显。学生对于现代大学的需求远远高于宗教大学。沙特宗教大学的专业设置也进行了改革，增设了许多现代专业。如沙特乌姆库拉大学设置了建筑、工程、医学、药学、管理学、社会学等专业。沙特新建大学均为清一色的现代大学，从地理分布上日趋合理。从建立时间上看，从20世纪末开始，沙特大学和学院如雨后春笋般建立起来。沙特公立大学中，21世纪初新建大学达到16所。私立大学和私立学院基本上均为20世纪末以后建立的。从地理位置分布来看，早期建立的大学多分布在利雅得、麦加、麦地那、吉达等宗教文化中心和东部经济发达城市。而新建的大学虽有相当数量仍集中在首都利雅得，但开始注重地理分布的合理性。为促进沙特各地区高等教育的发展，目前其13个行政区域均建有至少1所大学。在沙特焦夫、塔布克、吉赞、纳吉兰和阿尔阿尔这 6 个被列入工业化项目的城市所在地区均设有一所公立大学。从校园建设和专业设置来看，这些新建的大学招生扩张迅猛，校园和设施完全按照现代大学的标准建立，力求现代化和信息化。沙特的公立和私立大学以包括文、理、工、商、医等学科门类齐全的综合性大学为发展方向，旨在提供从本科到博士各个层次的教育；而高等教育学院中开设的专业则以医学和护理学、经济和工商管理、计算机、教育学、法学等沙特社会急需的专业领域为主。

### 11．阿拉伯联合酋长国

阿拉伯联合酋长国（简称阿联酋），于 1971 年 12 月 2 日建国，现已成为发展中的中东石油工业国家。阿联酋由阿布扎比、迪拜、沙加、哈伊马角、阿治曼、富查伊拉和乌姆盖万等七个酋长国组成。

阿联酋国家重视发展教育事业和培养本国的科技人才，实行免费教育。阿联酋大学建于 1977 年，下设社会人文学院、教育学院、经济管理学院、法学院、农学院、工学院、医学院、卫生护理学院等 8 个专科学院。2000 年 6 月，阿联酋大学投入 2.5 亿迪尔汗实施院系整合计划，新建了计算机工程、计算机软件设计、计算机网络、电子商务、信息安全等与现代科技相关专业。截至 2000 年，阿联酋大学已设有技术、教育学、法学、管理等专业的研究生学历教育。

迪拜美国大学成立于 1995 年，坐落于阿联酋的商业中心迪拜，是中东地区首家得到美国教育认证的大学，也是一所非宗教性质的私立高等学府，目前拥有来自 94 个国家的 2 800 余名在校生。该校的工商管理、艺术和新闻专业在中东名列前茅，其学士和硕士学位获得美国南部高校联盟高等教育委员会、阿联酋高等教育部和阿联酋科学研究中心的认证。

### 12．阿　曼

阿曼现代教育始于 20 世纪 40 年代。当时，阿曼全国有 3 所专门为男孩开办的赛义迪亚小学,分别设在马斯喀特、马特拉和萨拉拉三地,学生仅909人,教师不足30名。校舍和教学设施极为简陋,教材也十分有限,常常几名学生共用一本教科书。以致部分学生远赴印度、巴林、埃及等国求学。

阿曼自1970年卡布斯素丹执政后,新政府就民众对教育的渴求迅速做出响应。大批学校在全国各地相继建立。尤其是近年来,阿曼教育事业取得蓬勃发展。1994年1月,卡布斯素丹签署诏令,宣布成立高等教育部。高教部负责制定高等教育政策,监督卡布斯素丹大学和其他所有高等教育机构及科研中心的活动,管理留学生及奖助学金的发放。

阿曼高教部成立以来,取得了卓有成效的成就。一是开办师范学院,培养更多师资队伍。阿曼现有6所高等师范学院,在1995—2000年,共录取学生10 811名,目前每年录取2 000名学生。在阿曼的高等师范学院中,有4所专门培养男教师,分别设在尼兹瓦、苏尔、苏哈尔和萨拉拉;2所专门培养女教师,分别设在鲁斯塔克和伊卜力。二是兴建伊斯兰法理学和法律学院。该学院于1997年9月正式开办,旨在培养阿曼法官和法律专家,促进伊斯兰法和法律的研究,学制为4年。三是为适应社会发展的需要,培养专业化、高技能的人才。高教部通过奖学金总司,监督选送学生赴国外留学,攻读国内急需专业,如医学、工程、科技、农业、经济、商业、法律和教育等,以填补卡布斯素丹大学和师范学院的专业空白。

目前,阿曼留学生主要集中在阿联酋、科威特、巴林、沙特、约旦、埃及、英国、美国和印度等国。其中,人数最多的是英国,其次为美国、约旦、阿联酋和印度。阿曼还根据社会发展的需要,积极争取更多的留学名额和奖学金。1995—2000年,以各种方式到国外留学的阿曼学生达7 067人,其中在国外攻读硕士和博士学位的有705人。

阿曼政府大力扩大教育事业,增加不同专业以适应社会需要,设置了商务管理、计算工程、旅游和医学专业。随着中等教育的发展,阿曼每年约有2.5万名学生从中学毕业,而国立高等教育机构,包括卡布斯素丹大学、师范学院和技术学院只有5 600个录取名额。因此，政府鼓励私营部门在教育和职业培训领域投资，开办私立学院或大学，弥补政府教育力量的不足，以满足各个领域的发展和劳动力市场的需求。1999年，阿曼第一所女子学院——玛祖恩管理和应用科技学院在马斯喀特的胡维尔区正式建立。2003年，阿曼政府批准的第一所私立大学苏哈尔大学建立，在校生1 150名，教师62名。目前，阿曼已拥有14所私立大学和学院。

1998年9月27日，阿曼成立高教理事会，为大学和高等教育机构确定总体方针，指导其依照国家的需要发展，实现国家的文化、社会、经济和科学目标。

卡布斯素丹大学是阿曼目前唯一的大学，于1986年正式成立。最初设5个学院，即教育和伊斯兰学院、医学院、工学院、理学院和农学院。1987年增设艺术学院，1993年又成立商业经济学院。1999年4月，理学院应阿曼国民经济部的要求，开设了学制一年的计算机和信息系统课程，培养了一批技术型人才。

目前，包括国外留学生，阿曼共有1.2万多名在校大学生。其中，卡布斯素丹大学的学生占主要部分。建校初期，卡布斯素丹大学仅有500名学生，现有约8 000名学生，其中约2/3为女生。近年来，卡布斯素丹大学成立了研究生部，可授予硕士学位。该大学自1993年开始在教育和艺术两个学院招生，1995年扩大至环境科学专业，1996年后又扩大到农业经济专业和医学专业。

卡布斯素丹大学虽称不上世界名校，但设施完善，图书馆、计算机中心、英语部和大学医院等一应俱全，并为男女生提供分开的公寓式宿舍。校园像一个大花园，幽雅整洁，井然有序。卡布斯素丹大学医院于1989年对外开放，有500张病床和1 000多名医护人员，其中200名为专业人员，800多名为助理员工。该医院拥有先进的诊疗设施，并设有儿科、妇科、内科、外科、精神病科、心脏病科等，是阿曼主要的医生培训中心。

卡布斯素丹大学还加强与当地国际机构合作，积极参与大量研究开发项目。此外，还与国外大学建立了密切联系，与英国、美国、加拿大、法国、意大利、中国、日本、突尼斯和约旦的大学或研究机构签署了20余个备忘录。

### 13．科威特

1961年独立后，科威特政府十分重视发展教育事业。其内阁通过了五年教育计划，教育经费逐年增加，并逐步实行了免费教育。科威特的高等教育事业兴起于20世纪60年代中期。在此之前，科威特政府只能通过向国外派遣留学生来满足本国的高等教育需求。

科威特大学于1966年10月成立。作为科威特目前唯一的综合性大学，学校的最高行政机构是大学委员会，由教育部长兼任委员会主席。其下共设有7个学院，分别是理学院、医学院、石油工程学院、商业经济学院、文学院、法学院和女子学院，该大学同时还设有研究生院。各学院设有院务部，院务部在大学管理委员会的领导下行使职权。其研究生院自1977年筹建，于1979年开始招收第一批攻读化学、物理和数学硕士学位的研究生。

科威特大学建设之初，大部分男生均被派到国外留学。其各学院招生标准不一，以医学院为最高。科威特大学还每年招收许多外国留学生，其中大部分是巴勒斯坦人和海湾等国学生，还有部分来自非洲、东南亚等地区。美国、英国也有一些学生在科威特大学学习阿拉伯文。为提高学校教学质量，科威特政府不惜重金聘请国外优秀学者前来执教，学校80%的讲师和教授是外籍人，其中绝大部分来自埃及，少数来自伊拉克、叙利亚等国。同时，科威特政府还十分重视本国教师队伍的培养，通过开办师范学院培养本国师资。

### 14．卡塔尔

卡塔尔自1971年独立以来，取得长足发展，教育方面的成就尤其引人瞩目。其首届政府就拨出巨款发展教育，兴办学校，积极制订新的教育方针，发展和普及中、小学及中专技校教育。

独立初期，卡塔尔全国仅有几所学校，数千名学生。时至今日，已发生巨大变化。卡塔尔实行免费教育。目前，共有大中小学生4.57万人，教师4000多名。

卡塔尔十分重视学习国外的先进经验，积极派遣师范学院毕业生出国留学，由政府提供一切费用；引进现代化的教学工具，大力推广电化教学；参考并吸收国外教科书的内容，特别是一些薄弱学科，积极加强学科建设。

作为卡塔尔唯一的高等学府，卡塔尔大学是一所配有现代化设备的综合性大学。学校由男子师范学院和女子师范学院合并而成，目前下设8个学院，分别是教育学院、人文社会科学院、理学院、伊斯兰法律学院、工学院、经济管理学院、技术学院和研究学院。该大学现有6个研究中心：科学和应用研究中心、伊斯兰教法和穆罕默德生平研究中心、教育研究中心、文件档案和人文科学研究中心、全国经济研究中心、海湾研究中心。在校生近6 500名，教师500多名。

发展中的卡塔尔对技术人员的需要日益迫切。近年来，应运而生的中等职业技术学校发展很快，并开设了建筑、电器、木器、汽车修理、测量、绘图、农机、畜牧、园艺、会计、统计等中等职业技术专业。职业技术学校招收初高中毕业生，学制一般为两年，学生毕业后由国家统一分配，享受一般技术人员待遇。同时，联合国发展署还协助卡塔尔政府在全国各地举办一些技工短训班，使学生掌握一门技能，如电工、木匠、电视机修理、打字、缝纫等。现在卡塔尔全国有职业技术学校和短训班十几所，学生数千人。

## 15．巴　林

巴林王国至今已有5 000多年的悠久历史，历来重视教育。1919年建立了第一所正规学校——河达雅男生学校。1928年，建立了第一所女生学校，成为阿拉伯海湾地区第一个建立女生学校的国家。

巴林王国采用"633"的教育制度。其中，基础教育包括6年初级教育和3年中级教育，高级教育由不同专业组成：1~3年级构成基础教育的第一循环，4~6年级构成基础教育的第二循环，7~9年级构成基础教育的第三循环。高级教育有普通、商学、工业、实用业4个专业，其中普通专业分为理科与文学，实用业分为纺织与广告。另外，宗教教育贯穿了巴林整个12年的教育阶梯。

巴林还开办非正式教育，其性质相当于中国的成人教育。教育部把非正式教育和正式教育平行起来，毕业者证书的水平和正式的一样，这一举措给成人读书和继续学习提供了机会。

目前，巴林已拥有巴林大学和阿拉伯海湾大学（由海湾合作委员会资助），分别于1978年和1987年建成开学。此外还设有一所成人教育中心。

## 16. 也  门

也门高等教育始于1970年。在萨那师范学院的基础上创办了萨那大学，创建时仅包括两个学院：教育学院（后改为文学院）和法学院。1973年，萨那大学文学院一分为三——文学院、理学院和教育学院。并于同年开设商业—经济学院。1983年设立工学院和商学院，1984年开办农学院，1985年在塔兹市设立教育学院分院。1983年文学院、理学院、教育学院同商经学院开始招收进修生，1984年文学院、理学院、法学院、教育学院开始招收硕士生，同年理学院开始招收博士生，1985年正式设立研究生院。

在萨那大学建立初期，按照也门当时法律规定，萨那大学直属内阁，具有部级财政预算，有权直接派出研究生和进修生到国外学习。萨那大学还有权为其他国家留学生提供奖学金。目前，萨那大学下设9所学院，1个语言中心，在6个地方设有分院。

也门学生通过高中毕业考试或相当于高中毕业考试的全国统考，即可升入高等院校或出国留学。也门政府重视教育事业，教育经费约占全国预算的16%~20%，尤其重视高等教育，动员各部门发展多层次、多种形式的高等教育。

除萨那大学外，也门高等院校还有中央计划机构主办的全国行政管理和秘书学院，招收政府部门在职干部半脱产学习行政管理、会计秘书等专业，分别授予进修生毕业证书、高级进修生毕业证书和硕士学位。除此之外，交通部所属通讯学院、劳动部所属职业培训学院也设有大专班，司法部还有培训高级法官的学院。

## 三、西亚北非知名大学

1．约旦大学

驰名阿拉伯世界的约旦大学创办于1962年。当时只有162名学生，现已发展到13个学院，共有1.1万名学生。约旦大学最大的特色是独立自主办学，自筹资金。其经费来源主要有三项：（1）大学税。国家规定进口税的4%，各公司所纳税的1%，房地产税的5%，医生、工程人员营业执照税的50%归大学所有，约占约旦大学收入的70%。（2）学费。约占约旦大学收入的20%。（3）各种捐款。约占约旦大学收入的10%。

约旦大学实行民主管理，由校长、副校长、各院院长及在校学生代表组成校委员会，又称大学议会。校长主持委员会工作，定期召开会议，讨论人事、教学及学校预算等重大问题，学生和教师代表可以充分发表意见。学校规定，每周每个系指定1名教师和学生交谈1小时，院长与系主任会见1小时，院长与副院长会见2小时。

约旦大学面向全民开放，有"国民大学"之称。每个系都有基金会，号召学生存款，学校付利息。毕业时，存款可取走，也可捐给学校。对于优秀生实行奖学金，经济困难学生实行贷款，贷款可毕业后偿还。学校的校办工、实验室及图书馆等给学生提供勤工俭学机会，报酬比校外高，是对经济困难的学生的变相补助。

2．开罗大学

开罗大学是埃及和整个阿拉伯世界最古老的高等教育机构之一。

创建于1908年，校址在埃及首都开罗，前身为1825年建立的埃及大学。开罗大学既是埃及的第一所现代化综合大学，也是阿拉伯国家的第一所现代化综合性大学。在100多年的历史里，开罗大学在继承和发扬古埃及文化、阿拉伯伊斯兰文化方面所起的重要作用，至今仍没有其他大学能够望其项背。

开罗大学的学科门类齐全，但最具特色的当属医学类、文学类和法学类学科，这些科类在埃及乃至整个阿拉伯世界都受到极大重视。商学类、工学类和农学类科目在开罗大学也举足轻重。在其众多的学院和分校中，比较著名的有文学院、医学院、口腔与牙科学校、达尔·爱—奥伦学院、法学院、商学院、理学院、药物学院、兽医学院、工程学院、农学院、考古学院、非洲教育与研究学校以及3个分校。

开罗大学现有3个分校，近万名教师和15万名在校生。目前开罗大学设有工程学院、医学院、计算与信息学院、药学院、理学院、农学院、政治经济学学院、新闻学院、考古学院、文学院、商学院、特殊教育学院、护理学院、法学院、物理治疗学院、牙医学院、兽医学院、阿拉伯语言文学与伊斯兰研究学院、幼儿教育学院、统计研究院等27个院系机构。

开罗大学以"通过传播文学和科学知识，提高埃及人的知识和道德水平，而不分其宗教信仰"为宗旨。其具有高度的办学自主权，主要表现在：第一，大学财政独立。大学经费由国家预算直接拨款，受政府监督，而具体支配却完全由大学安排。教学和科研经费不需要政府主管部门逐项检查和批准。第二，教学方针、教学计划和科研计划的制订独立自主。大学根据社会需要和学科发展水平制定和修改教学和科研计划，而不受行政部门干预。

开罗大学从创建伊始，就十分重视师资培养。学校所有任课老师均具有博士学位，且大部分是留学欧美的博士，他们在评为副教授后才允许上台执教。学校绝大部分专业课程使用英语授课。因此，开罗大学学生的英语水平普遍较高。而在一些"贵族"学院，如商学院、财政学院、法学院、新闻学院则完全采用英语教材、英语授课，对学生的要求也就更高。目前，开罗大学的师资结构分为教授、副教授、讲师、助教和留校研究生五个层级。留校研究生必须是本科毕业生并取得本专业学士学位，毕业考试总评成绩为优或良。留校攻读硕士研究生期间兼任助教工作，取得硕士学位后，方可升为助教；助教必须攻读博士研究生，取得博士学位后，方可升为讲师；担任讲师职位5年后，方可申请副教授职称。教师职称的评定由常设学术委员会每年定期审批一次。常设学术委员会由埃及各大学同一专业的正教授组成，评定的主要依据是申请人的学术成就。按照开罗大学及埃及其他大学规定，教授、副教授和讲师为教研室正式成员，助教和留校生为非正式成员。这样严格的规定和审批制度，极大地保证了开罗大学及埃及其他大学的师资质量。

3．亚历山大大学

亚历山大大学是埃及历史悠久的非宗教国立大学之一。目前已成为一所拥有24个专科学院的著名的综合性大学。始建于1938年的法鲁克王朝时期，当时是作为法鲁克大学（即后来的开罗大学）的一部分。1942年独立出来，1952年因埃及七月革命爆发，法鲁克王朝被推翻，而改名为亚历山大大学。

亚历山大大学位于世界闻名的文明古城——亚历山大。学校受埃及国家高等教育最高委员会管辖，招生面向整个阿拉伯世界，为阿拉伯国家的教育发展做出了杰出贡献。亚历山大大学除了在1960年为黎巴嫩开办阿拉伯贝鲁特大学外，还向其他阿拉伯兄弟国家的大学输送了大批教育方面的人才。

亚历山大大学以医学研究，特别是解剖和外科手术而著称，人才济济，先后产生了诸多名动世界的著名学者，如几何学家欧几里得、地理学家托勒密、埃及历史学家马尼通等。亚历山大大学现有教师3 610人，学生9.3万名，下设艺术、法律、商贸、理学、医学、工程、农业、药理、牙科、教育、兽医等学院及公共卫生、医药研究、护理、旅游旅馆业等系所，除此之外，还设有研究生教育科研中心和计算机科学中心。

亚历山大大学的管理体制为校长负责制。校务委员会由校长、4名副校长与24位专科学院的院长组成，校长由政府通过颁布国家令来任命，副校长根据部长会议主席的决定任命，任期2年。校务委员会下设常务秘书处，由秘书长主持，秘书长有权列席校务委员会会议，参与讨论、决定有关事务。

作为埃及重点大学之一，埃及对亚历山大大学投入较多，凡进入该校的学生只需支付象征性的费用，各专科学院设有各种奖助学金。学校除招收埃及学生外，也向世界各国开放招生，但须支付一定学费。亚历山大大学本科学制一般为4年，一学年两学期。工学院、药学院、牙医学院学制为5年，医学院为6年。研究生学制为2年或2年以上。工学院、医学院、药学院、牙医学院、护理学院、科学院教学使用英语，农学院、商学院兼用阿拉伯语和英语，其他学院使用阿拉伯语教学。

亚历山大大学的对外合作主要集中在科研、文化与技术领域。目前该校已与世界各国的大学和国际组织如联合国粮农组织、教科文组织、世界卫生组织等建立起了广泛的合作关系。

# 第六章　独联体之教育

## 一、独联体国家总体情况

### （一）总体概况

独立国家联合体是由苏联大多数共和国组成的进行多边合作的独立国家联合体，简称"独联体"。成立时，除波罗的海三国外，其他12个苏联加盟共和国——阿塞拜疆、亚美尼亚、白俄罗斯、格鲁吉亚、吉尔吉斯斯坦、摩尔多瓦、哈萨克斯坦、俄罗斯、乌兹别克斯坦、乌克兰、塔吉克斯坦和土库曼斯坦均为独联体正式成员国。2005年8月，土库曼斯坦宣布退出独联体。2008年8月14日，格鲁吉亚宣布退出独联体，2009年8月18日正式退出。2014年3月，因为克里米亚独立入俄问题，乌克兰也正式启动退出独联体程序。因哈萨克斯坦、吉尔吉斯斯坦、乌兹别克斯坦、塔吉克斯坦、土库曼斯坦五国的教育情况已在前文介绍，本章不再赘述。

### （二）区位概况

"一带一路"倡议是面向所在地区的所有国家、需要沿线国家共同参与、造福沿线各国人民的伟大事业。"一带一路"沿线各国在人口数量、经济规模、战略位置、辐射能力、安全状况以及参与意愿等方面各不相同，而我国则在人力、物力、财力和精力上都是有限的。在这种情况下，要高效率、高起点、低风险地推进"一带一路"建设，就应该精心选择战略支点国家优先推进，然后以点建线，以线带面。

独联体国家便是"一带一路"沿线战略支点之一。它横亘欧亚大陆，区位优势十分明显，它位于亚欧大陆的心脏地带，是"丝绸之路"经济带的中转站，东连东亚、西接西欧、南贯南亚、西亚及北非，战略地位非常重要，是传统及当代"兵家必争之地"，也是当前美国、欧盟、北约与俄罗斯之间，各大宗教派别之间等势力"角逐"的战略区域。独联体凭借其重要的地理位置、丰富的资源、快速发展的经济以及独特的文化，在世界地缘政治和地缘经济中的作用日益凸显。

以俄罗斯为例，它是"丝绸之路"经济带上的重要环节，横跨欧亚两大洲，地域辽阔，国土面积占欧亚大陆面积三分之一以上，居世界第一位，自然资源非常丰富，堪称地大物博。俄罗斯经济发展潜力很大，2014年其经济总量排名世界第九位。同时它还拥有战略核力量，其常规军事实力也仅逊于美国。同样重要的是俄罗斯是联合国安理会常任理事国之一，在国际事务中亦发挥着不可替代的重要作用。

## （三）经济概况

独联体各国作为曾经苏联的一部分，内部经济联系密切，"一荣俱荣，一损俱损"。这种同步性不论在20世纪90年代的衰退期，还是在近年来的增长期，都表现得十分明显。从21世纪初，独联体各国经济发展出现分化趋势，相互差距拉大。出现分化趋势的主要原因在于各国经济改革的进度不同。过去10年里，独联体一些国家政局相对平稳，可将主要精力用于探寻适合本国国情的发展道路，而一些国家则由于政局不稳，引起经济动荡，投资锐减，从而影响了其经济结构的改造。

从独联体一些具有典型意义国家的情况看，其经济发展还取决于两个方面：首先是对世界市场的依赖。如俄罗斯的出口依赖度接近40%，这种结构使它很容易受到世界市场行情波动的影响。其次是中小企业的活跃程度。经济结构改革是否成功的一个重要标志，是中小企业能否得到较快的发展。大力发展中小企业具有解决就业、繁荣经济的战略意义。

2014年发生的俄罗斯和乌克兰地缘政治紧张局势持续升级,给东欧、中欧、中亚等多国经济复苏产生负面影响。随着西方对俄罗斯经济制裁进一步升级及俄罗斯采取相应反制措施,产生更大溢出效应,并波及欧洲、中亚和其他地区。目前,该地区主要出口商品能源的价格已部分回升,乌克兰紧张局势有所缓和,使得俄罗斯企业和银行所面临的政治风险下降。这些因素对出口创收及缓解地区资本外流产生了积极影响。此外,得益于卢布走强、俄金融市场趋稳及预算措施得当等因素,独联体国家在适应不断变化的外部经济环境方面也取得了一定进展。

该地区经济向好面也在不断加强。如2011年签署的独联体国家自由贸易区条约,这一成果标志着独联体国家在经济一体化进程中迈出了实质性一步,为在新经济环境下发展独联体框架内的经贸合作奠定了基础。欧亚经济联盟正式投入运营,成员国包括俄罗斯、白俄罗斯和哈萨克斯坦。俄罗斯和哈萨克斯坦共同成立的旨在促进成员国市场经济发展,促进经贸关系的国际金融机构——欧亚发展银行,其成员国包括俄罗斯、哈萨克斯坦、白俄罗斯、亚美尼亚、吉尔吉斯斯坦和塔吉克斯坦,也为该地区经济良好发展,创造了良好条件。

## (四)历史文化概况

从传统文化的角度出发,独联体国家是多种文明交互影响的地区,这是由原苏联国家地区复杂的地缘文明分布和宗教文化决定的。随着冷战的结束,独联体地区的文化多元化趋势开始加快,各种非斯拉夫文化不断渗透到这些国家的社会,这为独联体国家历史文化认同增加了许多新的变量。

共同的历史、语言和文化是独联体地区认同得以维系的基础。独立后的原加盟共和国从维护民族国家独立和领土完整的需求出发,努力摆脱原来的苏联认同观念，从历史、文化和宗教等多方面出发，重塑本国的国家认同。尽管这些国家在语言、文化和宗教等方面做了大量的本土化工作，但是俄语和斯拉夫文化的影响力依然十分强大。从19世纪的沙皇俄国开始，一直延续至苏联，以俄语和东正教为标志的斯拉夫文明在独联体地区影响仍然发挥着主导作用。原苏联国家以斯拉夫文化为纽带在地区政治、安全和经济一体化保持持续的合作。目前，俄语仍然是多数独联体国家交际语言之一，俄文报纸和广播电视依然是这些国家的主要媒体语言之一，特别是政治精英阶层对俄语和斯拉夫文化的认同成为独联体国家交流的文化基础。

文化多元化导致的地区认同碎片化。首先表现为西方文明与斯拉夫文明的竞争。作为西方文明载体的政治制度、文化和宗教等在原苏联国家得到广泛传播，西方生活方式也成为社会主流人群追求的目标，西方文明与斯拉夫文明的竞争在独联体国家中表现尤为突出。其次表现这伊斯兰文明在中亚和外高加索国家的复兴。伊斯兰教是中亚和外高加索地区的传统文化，对这些国家的政治造成深厚影响，并影响中亚与外部世界的关系。苏联解体后，中亚和外高加索国家开始寻找自己的文化渊源，以实现"本土化"的回归。

## （五）社会风险概况

按照最广义的定义，"一带一路"倡议涉及的沿线国家有64个。每个国家都有不同的国情，如何更好地与当地政府沟通、防范潜在的风险是"一带一路"能否成功的关键。

独联体有关国家与格鲁吉亚中东欧的处境类似，是俄罗斯与北约之间的战略缓冲地带，在夹缝中求生存，地缘影响显得更为直接。作为"一带一路"向西延伸的一个重要节点，东西方都希望以该地区为跳板，向对方"进军"。独联体国家是促进欧亚地区国家之间相互融合、建立紧密经济联系的核心区域，对"一带一路"建设持欢迎态度，如格鲁吉亚积极改善外商投资环境，简化税收程序和减少税收种类，税目已减少至 5 种，对超过 80% 的进口商品实行免税；阿塞拜疆是独联体国家中对数字化经济投入最多的国家，计划于 2017 年将政府电子政务的普及率提高 80%。

该地区各国虽政局都相对稳定，该地区中，阿塞拜疆实行的是大国平衡外交，但其与亚美尼亚在纳卡问题上分歧严重，存在较大武装冲突的可能性；格鲁吉亚因为南奥塞梯冲突，其对俄政治外交安全问题是影响最大的不确定因素；摩尔多瓦受乌克兰危机影响，德涅斯特左岸地区分离活动有可能激化。白俄罗斯能源需求严重依赖俄罗斯，对俄罗斯依存度高，经济体制结构落后，管理落后，投资不足，财政压力大；格鲁吉亚经济结构单一，工业基础薄弱，依赖进口，尽管制定不少优惠政策，但外资投入依然有限；乌克兰危机短期内严重影响双边经济合作，政府瘫痪，货币贬值，影响双边合作协议的执行，社会治安状况难以改善，人员和财产安全缺乏必要保障，但临时政府十分关心中乌经济合作，在乌克兰政局不稳的情况下，仍按时完成了合作项目；亚美尼亚虽政治长期平稳，但自身条件薄弱，经济发展受制约，缺乏能源、充足的资金、技术和人才储备，对外依赖程度高，与俄罗斯经济关系紧密，经济方面遭到阿塞拜疆、土耳其等国的经济封锁，对外经济合作受较大影响。

## 二、独联体国家高等教育概览

### （一）俄罗斯

1992 年以前，俄罗斯绝大部分高校都是国立大学，只有极少数的俄罗斯高等教育机构是私立的。1992 年以后，俄罗斯开始实行国立与私立大专院校并举的教育体制，各类私立高校蓬勃发展。十年左右，俄罗斯高校数量就增加了近三倍，达 1 327 所，其中私立大学的数量达到了 700 多所，而俄罗斯国立高等教育机构数量还是保持在 560 多所。但是俄罗斯国立大学的教育质量相对稳定,而私立教育机构的教育质量则良莠不齐。

俄罗斯高等教育的教育体制目前仍处于调整、改革之中,单就学制来讲,则新旧体制并存。

第一,旧学制。

俄罗斯旧学制的学期为 5~5.5 年,学生经过考试,获得高等教育毕业证书,同时获得如电子学、建筑学工程师,经济师,农艺师等专家称号,这些人被称为"持文凭的专业人才"。获得此项证书后,通过考试或推荐,可以攻读副博士学位,时间一般为 3~4 年,答辩通过后获科学副博士学位证书,该学位是科学学位,相当于西方国家的哲学博士。获得副博士学位者经过一段时间的工作,通常 5~10 年成为某一学科学术带头人之后,有权申请科学博士学位答辩,通过可获得科学博士学位证书。

第二,新学制。

新学制的产生主要是因为 20 世纪 80 年代末、90 年代初,苏联经济状况的急剧恶化使高校陷入困境,政府开始考虑允许学校招收自费留学生以改善学校经济状况,但由于苏联高等教育的体制与西方国家体制不合,缺乏吸引力,所以根据实际情况首先对外国留学生教育采取新体制,现在逐步扩大了实施范围,但对大部分本国学生,俄罗斯高校依然愿意采用老体制进行培养。新学制是将高等教育和大学后教育分为 4 个阶段进行。

一是不完全高等教育。这是高等教育的初级阶段,由高等院校按照学习专业基础知识大纲实施教育,学制为 2 年。完成这一阶段的学习任务并考试合格的学生可以继续接受教育,也可以根据个人意愿领取不完全高等教育毕业证书后就业。本阶段毕业生大概相当于我国的大专或略低水平。

二是基础高等教育。这是高等教育的中间阶段,由高校按照专业基础教育大纲实施,学制为 4 年,其中开始 2 年系不完全高等教育阶段,后 2 年系系统专业知识教育,是前 2 年基础上的继续,按我国习惯可称为"2+2"学制。学生毕业后可获得高等教育毕业证书，同时获得学士学位，并可以继续接受下一阶段教育。学士学位仅限于人文、社会、经济、理科等专业。

三是完全高等教育。这是高等教育的完成阶段，由高校按教学大纲在基础高等教育的基础上对学生再实施2年的专业培养，学制为6年，即"4（2+2）+2"，学生毕业并经过答辩后获高等教育毕业证书，同时获得硕士学位。

四是大学后教育（高等教育后教育）。此阶段则几乎完全与老学制相同。

## （二）白俄罗斯

白俄罗斯的高等教育由其教育部统一主管。

白俄罗斯全国有45所国立高等教育机构和10所私立高等教育机构，按照15个学科培养专业人才。白俄罗斯高等教育包括以下两个阶段：第一阶段（本科阶段）：设有高等教育专业438个，主要培养具有基本专业知识、技术、能力，熟练掌握技能的专业人才，颁发高等教育毕业证书（专家证书），并有资格按照所掌握专业技能就业或进入硕士研究生学习。第二阶段（硕士研究生阶段）：设有高等教育专业192个，主要是加深对专业人才的培养，完善知识、能力、技能，并进行科教和科研工作，完成硕士研究生阶段学习并颁发硕士学位证书后，有进入博士研究生学习及按照所学专业技能就业的资格。

白俄罗斯即将实施新的教育标准以尽快融入欧洲一体化教育进程，届时将普遍采取"4年本科+2年硕士"的学制。

白俄罗斯的格罗德诺分布众多高校，主要有格罗德诺州立医科大学、格罗德诺州立农业大学、格罗德诺州州立大学和5所私立高等院校。格罗德诺州立医科大学是白俄罗斯最好的医科大学之一。格罗德诺州州立大学是白俄罗斯最大的地方大学之一，学生与教职工总数超过2万人。

## （三）乌克兰

乌克兰的高等教育分 4 个阶段，现共有 177 所高等教育机构。教学语言是乌克兰语和俄语。

在乌克兰，进入高等学校学习需持有中学毕业证书并通过大学入学考试，各学校对入学考试的内容要求各有不同。

第一阶段或基础阶段是学士学位阶段。学生在大学、高等专科学校或学院里完成 3.5～4 年的课程学习并通过毕业考试后被授予学士学位。课程一般设有人文学科、基础学科及工艺学科几大类，便于学生将来继续攻读专业技术人员证书或硕士学位。

第二阶段是专业技术人员（如工程师、教师、医生等）任职资格证书阶段。在大学、高等专科学校、学院或者公立艺术学校学完全部课程后可获得这种文凭。对中学毕业生来说，学习年限为 5～6 年，这取决于学校的类型；而对学士学位持有者，学习年限则为 1～2 年。

第三阶段是硕士学位阶段。硕士阶段的课程由 2～3 个阶段组成，学生通过相应阶段的学习也可以获得学士学位或专业技术任职资格，但学生必须通过毕业考试和国家学位评定委员会主持的某一专业领域的科研论文答辩，才能获得硕士学位。

第四阶段是最高阶段。在乌克兰的研究生教育体系中，高等教育机构也承担对从事科学或教育科学的人员培训，可授予高级学位——科学副博士、科学博士学位。申请者经过 3～4 年独立的研究工作，完成论文，并通过由特别科学委员会组织的答辩后，可获得科学副博士学位。科学副博士由乌克兰最高证书委员会颁发。

高级科学博士学位是乌克兰的最高学位。它由特别科学委员会组织对申请人所独立从事的科学项目进行公开答辩，由乌克兰最高证书委员会认可。这一学位的培养形式之一是让学生在某一特定领域或学科进行全日制的博士课程学习，如教育学专业。申请者须以高级研究人员身份工作 2 年，但现在主要的方式是进行独立研究。

## （四）格鲁吉亚

格鲁吉亚现有公立高校 19 所，其中 11 所在第比利斯市。格鲁吉亚高等教育在苏联时期即建立了完整的学科体系并达到很高的水平。近几年又对一些院校和学科进行了改建以适应社会政治、经济发展的需要。如新建丁巴统海洋学院、国际关系学院、国际经济学院，在多所学校中设立了商业经济、管理等专业。格鲁吉亚高等学校的财政来源有三类：教育部、主管部委、地方（主要是州）。19 所高校中，约 10 所高校经费由国家预算支付，其余来自地方财政。

近几年来格鲁吉亚大学人数减少较多，教师人数也逐年减少。为改善财政状况，多数高校会招收自费生或部分自费生（即收部分学费）。各校自费生所占比例及收费标准差别很大。收费标准主要取决于学校知名度和专业性质。对外国留学生的收费标准，是上述标准的 1~5 倍，收费较高的是第比利斯音乐学院，本科生 8 000 美元/年，副博士 4 500 美元/年。

## （五）阿塞拜疆

阿塞拜疆教育体制分为学前教育、普通中小学教育、职业技术教育、中等专业教育和高等教育。现有国立高等院校 28 所，学生 10.69 万人；私立高等院校 14 所，学生 2.23 万人。著名高等学府有阿塞拜疆国家石油学院和国立巴库拉苏尔扎德大学等。

阿塞拜疆国家石油学院位于阿塞拜疆首都巴库市。这座坐落在首都市中心的高等学府，成立于 1920 年，迄今已有近百年历史。目前这所学校有来自俄罗斯、中国、美国、加拿大、伊朗、土耳其、哈萨克斯坦、土库曼斯坦、也门、叙利亚等国的留学生、学术研究者以及进修人员。在将近百年的历史发展中，阿塞拜疆国家石油学院为世界培育了无数的优秀石油人才，为国际石油行业的发展做出了巨大贡献。

该校共设 7 个专业系（地质勘探系、石油工程系、化工技术系、石油机械系、能源系、生产过程自动化系、工程经济系）、1个预科系，设有29个本科专业。学校科研水平很高，科研力量也非常强大，建有18个科学研究实验室，2个科学研究所，1个学历提高、专家再培训和共和国国内经济管理专家研究院。经过近百年的发展，学校获得众多科研成果，仅发明专利就达1 300多项，其斜井钻井技术更是居世界前列，1965年已打出1 150米的斜井。学校有专任教师892人，其中教授86人，副教授462人。著名科学家门捷列夫教授是该校校友，并曾在该校任教。

## （六）亚美尼亚

亚美尼亚普通中小学实行免费教育，大学对国家计划内的学生实行免费教育。其教育体制包括学前教育、普通中小学教育、职业技术教育、中等专业教育和高等教育。现有高等学校16所，在校生4.5万人。另有29所非国立学校，学生9 000人。主要院校有埃里温国立大学、国立布留索夫语言大学等。

埃里温国立大学，成立于1919年5月16日，是亚美尼亚全国规模最大的大学。有3 150名教职员工，其中包括25名院士、130名教授、700副教授和360名助理讲师。学校设有生物学系、化学系、信息学与应用数学系、地理系、地质学院、数学与力学学部、物理学院、无线电物理学系、IT教育与研究中心、亚美尼亚语言学系、经济学院、历史学院、法律系、国际关系学院、社会学系、东方学部、哲学系、心理学、日耳曼语言文学系、俄罗斯语言文学系等院系、学部及研究中心。

埃里温国立布留索夫语言大学的前身是埃里温国立俄语教育学院，1935年2月正式成立。目前埃里温国立布留索夫语言大学的外语系开设了英语、俄语、德语、意大利语、西班牙语和语言学专业。其东方语言教研室开设的作为第二外语的语言课程有韩语、阿拉伯语、波斯语，作为第三外语的语言课程有汉语、日语、印度语、格鲁吉亚语、希腊语等。其他系还开设了波兰语、荷兰语等18种外语课程。

## （七）摩尔多瓦

摩多尔多瓦实行免费义务教育，教育结构分为学龄前教育、初级教育、中等教育和高等教育。主要高等院校有国立大学、经济学院、自由国际大学、国立理工大学、国立医科大学、农业大学、基希讷乌国立师范学院、艺术学院、音乐学院等。2011～2012学年，摩尔多瓦共有高等院校34所，其中19所为国立大学。

摩尔多瓦国立大学成立于1957年，其前身是1931年成立的摩尔多瓦国立师范学院。学校共有学生2.7万人，教师1720名。该校设有数学、物理、化学、生物技术、地理、历史、法学、区域管理、新闻学、文学、社会工作、医疗事务、图书馆管理、商业与借贷、会计统计与审计、管理、统计学、企业能源保证、机器生产工艺、金属切削机床与工具、光学技术和光源、计量学和计量学保证、微电子和半导体仪器、工业电子学、无线电学、电子仪器生产、自动化系统信息处理和保证、道路和机场、农学、畜牧学、兽医学、农业生产工艺和农业经济机械化等专业。

摩尔多瓦国立农业大学，成立于1992年，是摩尔多瓦国内知名的农业大学。现有教师384名，学生6 000名，该校设有农学系、园艺系、动物学系、兽医系、机械和农业机械自动化系、水利灌溉和土地测量系和经济系。

摩尔多瓦理工大学，成立于1964年，是摩尔多瓦国内著名的理工科大学。现有教师734名，学生1.3万多名，主要教学系9个：能源系、汽车工程系、机械系、计算机和信息电子系、无线电学系、建筑系、工艺学系、工民用建筑系和城市建筑设计系。

摩尔多瓦经济学院，成立于1991年，是摩尔多瓦国内著名的经济学院。现有教师440名，学生6 662名，共有6个系：经济管理系、市场管理系、国际经济管理系、财会系、金融系、经济控制论、统计和信息系。

# 第七章　中东欧之教育

中东欧地区"一带一路"沿线共有 16 国，分别为波兰、捷克、斯洛伐克、匈牙利、斯洛文尼亚、克罗地亚、罗马尼亚、保加利亚、塞尔维亚、黑山、马其顿、波黑、阿尔巴尼亚、爱沙尼亚、立陶宛和拉脱维亚，面积约 130 多万平方千米，人口约 1.23 亿。其中，波兰、斯洛文尼亚、克罗地亚、罗马尼亚、保加利亚、黑山、波黑、阿尔巴尼亚、爱沙尼亚、立陶宛、拉脱维亚为临海国，捷克、斯洛伐克、匈牙利、塞尔维亚、马其顿为内陆国。除塞尔维亚、黑山、马其顿、波黑、阿尔巴尼亚外，其余 11 国为欧盟成员。斯洛文尼亚、斯洛伐克、爱沙尼亚、拉脱维亚已经加入欧元区。

## 一、十六国概况

### （一）波　兰

波兰位于中欧东北部，西与德国为邻，南与捷克、斯洛伐克接壤，东邻俄罗斯、立陶宛、白俄罗斯、乌克兰，北濒波罗的海。海岸线长 528 千米。面积约 31.3 万平方千米。人口 3 849 万（2015 年 6 月），其中波兰族约占 98%，此外还有德意志、白俄罗斯、乌克兰、俄罗斯、立陶宛、犹太等少数民族。官方语言为波兰语。全国约 90% 的居民信奉罗马天主教。

1949 年 10 月 7 日，中国和波兰建立大使级外交关系。中波两国有着传统的友好关系,早在 1950 年两国就签署了第一个政府间贸易协定。双边关系总体发展顺利,2011 年底中波建立战略伙伴关系,各领域务实合作全面快速发展,波连续 7 年保持中国在中东欧地区最大贸易伙伴地位。

### (二)立陶宛

立陶宛位于波罗的海东岸,北接拉脱维亚,东连白俄罗斯,南邻波兰,西濒波罗的海和俄罗斯加里宁格勒州。国境线总长为 1 644 千米,海岸线长 92 千米。面积 6.53 万平方千米。人口 289.1 万(2015 年 12 月),立陶宛族占 84.2%,波兰族占 6.6%,俄罗斯族占 5.8%。此外还有白俄罗斯、乌克兰、犹太等民族。官方语言为立陶宛语,多数居民懂俄语。主要信奉罗马天主教,此外还有东正教、新教路德宗等。

1991 年 9 月,中国与立陶宛建立大使级外交关系。2008 年以来,中立关系发展顺利,双方各级别往来密切。

### (三)爱沙尼亚

爱沙尼亚位于波罗的海东岸,东与俄罗斯接壤,南与拉脱维亚相邻,北邻芬兰湾,与芬兰隔海相望,西南濒里加湾,边界线长 1 445 千米,海岸线长 3 794 千米。面积 45 339 平方千米。人口 131.3 万(2015 年 1 月)。主要民族有爱沙尼亚族、俄罗斯族、乌克兰族和白俄罗斯族。官方语言为爱沙尼亚语,英语、俄语,也被广泛使用。主要信奉基督教路德宗、东正教和天主教。

1991 年 9 月 11 日,中爱两国建立外交关系。1992 年初,中国在爱设立使馆。1993 年 2 月,中国向爱沙尼亚派驻大使。爱沙尼亚于 1997 年在华设立使馆并派驻临时代办。2002 年 4 月,爱沙尼亚向中国派驻首任大使。

## （四）拉脱维亚

拉脱维亚位于波罗的海东岸，北与爱沙尼亚，南与立陶宛，东与俄罗斯，东南与白俄罗斯接壤。国界线总长1 862千米。面积64 589平方千米，其中陆地面积62 046平方千米，内水面积2 543平方千米。人口228万（2014年），拉脱维亚族占62%，俄罗斯族占26%，白俄罗斯族占3%，乌克兰族占2%，波兰族占2%。此外还有犹太族、爱沙尼亚族等民族。官方语言为拉脱维亚语，通用俄语。主要信奉基督教路德教派和东正教。

1991年9月12日，中拉两国建立外交关系。1992年1月4日，中国在拉设立大使馆。同年1月底，拉政府与台湾当局签署所谓"建立领事关系的联合声明"，于2月上旬允许台在里加开设"总领事馆"。中国政府决定从拉撤出大使馆。1994年7月，拉政府代表团前往北京，承诺断绝同台湾的领事关系，双方签署了中拉两国关于实现关系正常化的联合公报。同年8月，中国大使馆恢复在里加工作。

## （五）捷　克

捷克地处欧洲中部。东靠斯洛伐克，南邻奥地利，西接德国，北毗波兰。面积78 866平方千米。人口1 056万（2016年），其中约90%以上为捷克族，斯洛伐克族占2.9%，德意志族占1%，此外还有少量波兰族和罗姆族（吉卜赛人）。官方语言为捷克语。主要宗教为罗马天主教。

捷克系北约、欧盟成员国，奉行经济靠欧盟、安全靠美国的对外政策，积极参与欧盟共同外交和安全政策及北约行动，并将"经济外交"和"人权外交"作为重点。1993年1月1日，中国承认捷克共和国为独立国家并与其建立大使级外交关系。建交以来，中捷两国一直保持着良好的关系。

## （六）斯洛伐克

斯洛伐克是欧洲中部的内陆国。东邻乌克兰，南接匈牙利，西连捷克、奥地利，北毗波兰。面积 49 037 平方千米。人口 539.7 万人（2014 年），斯洛伐克族占 85.8%，匈牙利族占 9.7%，罗姆（吉卜赛）人占 1.7%，其余为捷克族、乌克兰族、日耳曼族、波兰族和俄罗斯族。官方语言为斯洛伐克语。居民大多信奉罗马天主教。

1993 年 1 月 1 日，中国承认斯洛伐克为独立的国家并同其建立大使级外交关系。2003 年 1 月，斯洛伐克总统舒斯特对中国进行国事访问，中斯两国签署联合声明。2005 年 12 月，温家宝总理对斯洛伐克进行正式访问。2009 年 6 月 18 日，胡锦涛主席对斯洛伐克进行国事访问，双方一致同意，以中斯建交十六周年为契机，巩固传统友谊，丰富合作内容，推动两国友好合作关系进一步发展。

## （七）匈牙利

匈牙利东邻罗马尼亚、乌克兰，南接斯洛文尼亚、克罗地亚、塞尔维亚，西靠奥地利，北连斯洛伐克，边界线全长 2 246 千米。面积 93 030 平方千米。人口 987.7 万（2014 年），主要民族为匈牙利（马扎尔）族，约占 90%，少数民族有斯洛伐克、罗马尼亚、克罗地亚、塞尔维亚、斯洛文尼亚、德意志等族。官方语言为匈牙利语。居民主要信奉天主教（66.2%）和基督教（17.9%）。

1949 年 10 月 4 日，匈牙利宣布承认中国，10 月 6 日与中国建立大使级外交关系。匈牙利是最早承认中国的国家之一。

## （八）斯洛文尼亚

斯洛文尼亚位于欧洲中南部，巴尔干半岛西北端。西接意大利，北邻奥地利和匈牙利，东部和南部与克罗地亚接壤，西南濒亚得里亚海。海岸线长46.6千米。面积20 273平方千米。人口206.3万（2015年），主要民族为斯洛文尼亚族，约占83%，少数民族有匈牙利族、意大利族和其他民族。官方语言为斯洛文尼亚语。居民主要信奉天主教。

1991年6月25日，斯洛文尼亚宣布脱离南斯拉夫独立。1992年4月27日，中国正式承认斯洛文尼亚。5月12日两国签署建交公报，正式建立外交关系。1996年10月，两国签署《中斯联合公报》。

## （九）克罗地亚

克罗地亚位于欧洲中南部，巴尔干半岛的西北部。西北和北部分别与斯洛文尼亚和匈牙利接壤，东部和东南部与塞尔维亚、波黑、黑山为邻，南濒亚得里亚海，岛屿众多，海岸线曲折，长1 880千米。面积56 594平方千米。人口423.8万（2014年），主要民族有克罗地亚族（90.42%），其他为塞尔维亚族、波什尼亚克族、意大利族、匈牙利族、阿尔巴尼亚族、斯洛文尼亚族等，共22个少数民族。官方语言为克罗地亚语。主要宗教是天主教。

1992年4月27日，中国承认克罗地亚共和国，同年5月中克两国建交。2005年5月，克罗地亚总理萨纳德来华访问，两国签署建立全面合作伙伴关系的联合声明。

## （十）波　黑

波黑位于巴尔干半岛中西部。南、西、北三面与克罗地亚毗连，东与塞尔维亚、黑山为邻。大部分地区位于迪纳拉高原和萨瓦河流域。南部极少部分濒临亚得里亚海，海岸线长约21.2千米。面积5.12万平方千米。人口382万（2014年），其中波黑联邦占62.5%，塞尔维亚族共和国占37.5%。主要民族为波什尼亚克族（即原南时期的穆斯林族）（43.5%），塞尔维亚族（31.2%），克罗地亚族（17.4%）。三族分别信奉伊斯兰教、东正教和天主教。官方语言为波什尼亚语、塞尔维亚语和克罗地亚语。

1995年4月3日,中国和波黑建立大使级外交关系。两国政府同意在互相尊重主权和领土完整、互不侵犯、互不干涉内政、平等互利、和平共处的原则基础上,发展两国之间的友好合作关系。

## (十一)黑　山

黑山位于欧洲巴尔干半岛中西部,东南与阿尔巴尼亚、东北部与塞尔维亚相连,西北与波黑和克罗地亚接壤。西南部地区濒临亚得里亚海东岸,海岸线长293千米。面积1.38万平方千米。人口62.5万(2014年),黑山族占44.98%,塞尔维亚族占28.73%,波什尼亚克族占8.65%,阿尔巴尼亚族占4.91%。官方语言为黑山语。主要宗教是东正教。

中国和黑山两国人民之间有着传统友谊。2006年6月14日,中国外交部长李肇星复信黑山共和国外长米奥德拉格·弗拉霍维奇,表示中国政府决定自即日起承认黑山共和国,并强调中方愿在和平共处五项原则基础上发展同黑山共和国的友好合作关系。同年7月6日,李肇星和黑山外交部长米奥德拉格·弗拉霍维奇在北京签署了《中华人民共和国和黑山共和国建立外交关系联合公报》。建交后,两国关系发展良好,不断增强政治互信。双方在经贸、文化、旅游等各领域交流与合作成效显著。

## (十二)塞尔维亚

塞尔维亚位于巴尔干半岛中北部,东北与罗马尼亚,东部与保加利亚,东南与马其顿,南部与阿尔巴尼亚,西南与黑山,西部与波黑,西北与克罗地亚相连。面积8.83万平方千米。人口713万(不含科索沃地区,2014年)。官方语言为塞尔维亚语。主要宗教为东正教。

1955年1月2日，南斯拉夫与中国建交。2006年6月14日，中国外交部欧洲司司长孔泉约见塞尔维亚共和国驻华大使乌多维契基，通知塞方自即日起，中华人民共和国驻塞尔维亚和黑山特命全权大使转任中华人民共和国驻塞尔维亚共和国特命全权大使，中华人民共和国驻塞尔维亚和黑山大使馆更名为中华人民共和国驻塞尔维亚共和国大使馆。

## （十三）阿尔巴尼亚

阿尔巴尼亚位于东南欧巴尔干半岛西部，北部和东北部分别与塞尔维亚和黑山及马其顿接壤，南部与希腊为邻，西临亚得里亚海，隔奥特朗托海峡与意大利相望。面积2.87万平方千米。人口288.6万（2016年），其中阿尔巴尼亚族占82.58%。少数民族主要有希腊族、马其顿族等。官方语言为阿尔巴尼亚语。56.7%的居民信奉伊斯兰教，6.75%信奉东正教，10.1%信奉天主教。

中阿于1949年11月23日建交。两国于1954年互派大使。中阿两国于1954年签署了政府间文化合作协定，此后双方陆续签署了八个年度交流计划。1991年，两国签署政府间文化教育、科技合作协定。

## （十四）罗马尼亚

罗马尼亚位于东南欧巴尔干半岛东北部。北和东北分别与乌克兰和摩尔多瓦为邻，南接保加利亚，西南和西北分别与塞尔维亚和匈牙利接壤，东南临黑海。海岸线245千米。面积238 391平方千米。人口1994万（2014年），罗马尼亚族占89.5%，匈牙利族占6.6%，罗姆族（吉卜赛人）占2.5%，日耳曼族和乌克兰族各占0.3%，其余民族为俄罗斯、塞尔维亚、斯洛伐克、土耳其、鞑靼等，占0.8%。城市人口所占比例为55.2%，农村人口所占比例为44.8%。官方语言为罗马尼亚语，主要少数民族语言为匈牙利语。主要宗教有东正教（信仰人数占总人口数的86.7%）、罗马天主教（4.7%）、新教（3.2%）。

中国与罗马尼亚自1949年10月5日建交以来，一直保持着友好合作关系。罗历届政府均奉行对华友好政策，坚持一个中国的原则立场。两国高层交往频繁，相互了解与信任不断增强，在联合国及其他国际组织中合作良好，各领域的交流与合作富有成果。

### （十五）保加利亚

保加利亚位于欧洲巴尔干半岛东南部，北与罗马尼亚隔多瑙河相望，西与塞尔维亚、马其顿相邻，南与希腊、土耳其接壤，东临黑海，海岸线长378千米。面积111 001.9平方千米。人口715.37万人（2015年）。其中保加利亚族占84%、土耳其族占9%，罗姆族（吉卜赛人）占5%，其他（马其顿族、亚美尼亚族等）占2%。保加利亚语为官方和通用语言，土耳其语为主要少数民族语言。居民主要信奉东正教，少数人信奉伊斯兰教。

中国与保加利亚于1949年10月4日建交。20世纪50年代，两国关系发展顺利。60年代起，双边交往一度减少。自80年代起两国各领域的交流与合作逐步增多，两国关系平稳发展。

### （十六）马其顿

马其顿位于欧洲巴尔干半岛中部。西邻阿尔巴尼亚，南接希腊，东界保加利亚，北部与塞尔维亚接壤。面积25 713平方千米。人口209.6万（2015年），主要民族为马其顿族（64.18%），阿尔巴尼亚族（25.17%），土耳其族（3.85%），吉卜赛族（2.66%）和塞尔维亚族（1.78%）。官方语言为马其顿语。居民多信奉东正教，少数信奉伊斯兰教。

1993年10月12日，中马建立大使级外交关系。建交后，两国关系发展平稳。

## 二、十六国教育简况

### （一）波　兰

从1999年9月1日起，波兰实行新的教育体制。新体制分为小学6年、初中3年、高中3年。高等教育一般为四或五年。其高等教育机构依据《高等教育法》（2005年颁布实施）设立。根据该法规定，波兰公立高等教育机构的设立、撤销、合并或更名，须经国会法案批准；非公立高等教育机构的设立和学位授予，则须经主管高等教育的科学和高等教育部长批准。波兰认证委员会负责对波兰高等教育机构的教学质量进行监督。

波兰高等教育包括三个阶段的学习，第一阶段为本科教育，学制6~8个学期，授予学士学位；第二阶段为硕士教育，学制3~4个学期，授予硕士学位；第三阶段为博士教育，学制6~8个学期，授予博士学位。还有一种长周期学习，即本硕连读项目，学制为10~12个学期，授予硕士学位。著名的高等学府有克拉科夫雅盖隆大学、华沙大学、波兹南密茨凯维奇大学、华沙工业大学等。

### （二）立陶宛

立陶宛教育管理机构主要是教育和科学部、议会教科文委员会和国家科学委员会。重大教育问题由议会或政府与国家科学委员会协商决定。采取10年基础教育制度，即初等小学（1~4年级）、基础中学（5~10年级）。基础中学毕业后，学生可选择进入高级中学（2年）、职业学校（3~4年）、音乐学院（6年）或职业教育中心。高级中学毕业后可进入高校进行为期4~5年的本科学习。此外，立还设立强化高中（通常为私立中学，4年）、特殊教育学校（为残疾儿童而设）和青年学校等。

近年来,立陶宛高等教育管理体制逐渐由苏联时期的国家统一管理转变为地方管理,呈现权力下放,由中央集权向分权方向发展。立陶宛《高等教育法》规定,高等教育机构拥有自治权、学术自由权和经费支配权等,并对社会负责。目前,立陶宛已建立较为完善的高等教育体制,分为学院和大学两种类型。国内著名的大学有维尔纽斯大学、维尔纽斯师范大学、维尔纽斯科技大学、考纳斯大学和立陶宛农业大学等。

## (三)爱沙尼亚

爱沙尼亚实行9年制义务教育。2014年,共有学前教育机构653所,各类中小学校528所,各类技术职业学校48所,高等教育机构33所。其中有大学9所(6所国立、3所私立),各类职业高等教育机构20所。

爱沙尼亚高等教育体系包括高等专业教育和高等职业教育,主要由大学和其他专业高等教育机构提供。对于高等专业教育,本科阶段的学习通常为3年。本科阶段顺利完成学业,可以授予学士学位。高等职业教育第一阶段的学习通常为3~4年,顺利完成学业将获得职业高等教育毕业文凭。第一阶段的专业教育或职业教育顺利结束后,可继续攻读硕士与博士学位,硕士阶段的学习通常为1~2年,博士阶段通常为3~4年。

## (四)拉脱维亚

拉脱维亚实行9年制义务教育,允许私人办学。其高等教育由教育与科学部主管。拉脱维亚已加入博洛尼亚进程,高校普遍实行学士、硕士和博士三级学位制度和欧洲学分转换系统。其大学实行公费和自费两种制度。一般情况下,无论是大学还是其他高等教育机构大都同时开设学术课程和专业课程。通常本科毕业生可继续攻读学术和专业型的硕士学位,硕士毕业生无论是学术型还是专业型均可继续攻读博士课程。

拉脱维亚高校主要用拉脱维亚语教学，大多数高校也能够提供英语和俄语两种外语课程。主要高校有拉脱维亚大学、里加工业大学、拉脱维亚农业大学、波罗的海俄罗斯学院、拉脱维亚医学院等。其中创办于1919年的拉脱维亚大学是拉建校最早的大学。

## （五）捷 克

捷克实行9年制义务教育。高中、大学实行自费和奖学金制，但国家对学生住宿费给予补贴。根据其1990年颁布的有关法律，允许成立私立和教会学校。高等教育机构包括公立高校、国立高校和私立高校。公立大学和国立大学均依法设立，其中国立大学是隶属于捷克国防部（国防大学）或内政部（警察学院）的国家机构；私立大学办学形式则相对新颖，但申请人及学校法人必须获得教育青年体育部授予的许可方可办学。

捷克高等教育包括三个阶段，第一阶段为本科教育，学制 3~4 年，学生毕业后通过国家考试获得学士学位。第二阶段为硕士教育，学制 1~3 年或 4~6 年。其中已获得学士学位的学生学制为 1~3 年，长硕士学位课程学制为 4~6 年。设立长硕士学位的专业有医学、兽医、药学、法律等。第三阶段为博士教育，学制 3~4 年。捷克的高等教育分两种形式，一种为由大专和职业学校所提供的专业导向课程，学制为 3 年，毕业生可获得毕业证，但不获得学位。捷克的大专和职业院校约有 175 所。另一种为高等教育机构提供的高等教育课程。捷著名大学有布拉格查理大学、捷克技术大学、马萨里克大学、布拉格经济大学和帕拉茨基大学等。

## （六）斯洛伐克

斯洛伐克实行 10 年制义务教育，国家对食宿给予补贴。其教育结构分为学前教育、初等教育、中等教育和高等教育。学前教育提供给2~6岁的儿童；初等教育面向6~15岁的少年儿童；中等教育由中学、中专、专门学校和基础艺术学校等组成。著名的高等院校有考门斯基大学、斯洛伐克技术大学、艺术学院等。

## （七）匈牙利

匈牙利实行12年制义务教育，幼儿免费入托，小学教育免费。学制为小学8年，中学（包括职业中学）4年，大学4~6年，医科大学7年。除公办学校外，还有教会学校、私立学校和基金会学校。1986年9月，匈牙利实施新教育法，扩大各类学校的办学自主权，推动学校生活民主化。1993年，通过了第一部高等教育法。

匈牙利高等教育由公立和非公立两类院校提供。目前，匈牙利教育部认可的国立大学有19所、国立学院有9所。在进行博洛尼亚改革之后，匈牙利实施学士——硕士——博士三级学位制度。学士学位通常需要3~4年，硕士学位需要1~2年，博士学位至少需要3年，但医学、法律等少数专业还延续传统的学制。匈牙利各高校的强势学科大多能用外语开课，主要语种有英语、德语和法语。

## （八）斯洛文尼亚

斯洛文尼亚实行12年制义务教育。学制为小学8年，中学4年，大学4~6年。2012年，斯洛文尼亚共有国立综合性大学4所，中学127所，小学451所。

斯洛文尼亚重视高等教育，67%的适龄人口都在接受高等教育。大学非常依赖政府拨款，全国高等教育支出占公共总支出的比例约1.25%。全日制本科生不交纳学费，非全日制及部分研究生需交纳学费。其高等教育遵循平等主义原则，公立大学都负有研究使命。学生中学结业考试取得优异成绩，即可进入大学学习。条件不够的学生则可以选择夜校或其他非全日制教育项目，并交纳一定费用。

## （九）克罗地亚

克罗地亚实行 8 年制义务教育，具备较为完整的教育体系，包括学前教育、初等教育、中等教育、职业教育、高等教育、成人教育和特殊教育等。

1991 年，克罗地亚成为独立主权国家，对教育体制、课程内容和教育机构的行政管理进行了改革。根据 1996 年通过的高等教育法规，克罗地亚科技部决定将大学教育同职业教育分开。高等学校（大专）学制为 2 年，学生毕业后可继续本科学习。通常大学学习时间为 8 个学期，研究生为 4~6 个学期不等。

尽管克罗地亚独立后在高等教育改革、学科建设方面取得了一定成绩。但总体来说，其居民受教育水平低于欧洲标准，仅约 15% 的人口受过高等教育。目前共有萨格勒布大学、里耶卡大学、奥西耶克大学、斯普利特大学、扎达尔大学、杜布罗夫尼克大学和普拉大学等 7 所高等学府。

## （十）波　黑

2014~2015 年度，波黑学校设置和在校师生情况为：小学 1 812 所，学生 296 819 人，教师 24 062 人；中学 311 所，学生 143 881 人，教师 12 774 人。全国有高校 202 所，学生 109 259 人。主要高校有萨拉热窝大学、巴尼亚卢卡大学、莫斯塔尔大学和图兹拉大学等。

## （十一）黑　山

黑山实行 8 年制义务教育，具有完备的教育体系，包括学前教育、初等教育、中等教育、高等教育、成人教育和特殊教育等，

黑山大学是黑山唯一的国立大学，1974 年成立。设有 15 个学院，其中实力较强的专业有法学、经济学、语言学等，在校生约 1 万名。

各学院分布在全国 5 个主要城市，总部位于首都波德戈里察。

## （十二）塞尔维亚

塞尔维亚实行 8 年制义务教育。其大学收费较低，全国受过高等教育的人口约占总人口的 18.1%。主要大学有贝尔格莱德大学、诺维萨德大学、尼什大学、克拉古耶瓦茨大学和普里什蒂纳大学。

## （十三）阿尔巴尼亚

阿尔巴尼亚实行 9 年制义务教育。2014 年，阿尔巴尼亚教育支出占国家年度预算的 10.4%，占国内生产总值的 3.3%。2013～2014 学年，阿尔巴尼亚全国共有公立高校 15 所，私立高校 43 所。其中，地拉那大学是阿最好的综合性大学。

## （十四）罗马尼亚

罗马尼亚现行教育体制分学龄前、小学、初中、高中、职业教育、高等教育和大学后教育等几个阶段。全国已普及 10 年制义务教育。目前，罗马尼亚全国共有小学 7 023 所，中学 1 413 所，大学 117 所。

罗马尼亚高等院校办学历史悠久，许多在百年以上。强项优势专业主要集中在国立大学，一般设学士、硕士、博士三级学位。本科学制为 3 年（学士学位的学制因专业而异：自然科学、人文学科、社会和经济学、法学、政治科学、美术、体育等学科学制为 3 年；技术科学、工程学、技术工程学、农学、林学等学科学制为 4 年；全科医学、牙医学、兽医学、建筑学等学科学制为 6 年），硕士学制为 2 年，博士学制为 3 年。全国著名高等学府有布加勒斯特大学、布加勒斯特理工大学、布加勒斯特经济学院、克卢日——纳波卡巴贝什·博尧伊大学、雅西大学等。

## （十五）保加利亚

保加利亚实行 12 年制义务教育。2014~2015 年，有各类教学机构 4 975 所，在校生 1 284 910 人，教师 102 799 人。其中，中小学校 2 087 所，中等专业技术学校及职业技术培训中心 843 所，高等学校 54 所。著名高等学府有索非亚大学、普洛夫迪夫大学、大特尔诺沃大学、新保加利亚大学、国民和世界经济大学等。

## （十六）马其顿

马其顿实行 9 年制义务教育。2013 年，马其顿教育经费占其国内生产总值的 3.6%。2013~2014 学年，共有初级学校（小学和初中）在校学生 190 541 人，中等学校（高中、职业学校）在校学生 85 876 人，高等学校在校学生 56 697 人。主要高校有斯科普里大学、比托拉大学、泰托沃大学等。

# 三、十六国知名大学

## （一）中欧最古老大学——布拉格查理大学

布拉格查理大学（Charles University in Prague），由神圣罗马皇帝查理四世创立于 1348 年，是欧洲最古老的大学之一，是神圣罗马帝国建立的德语区第一所大学，是中欧地区和捷克最古老、规模最大的大学，也是欧洲顶尖大学科英布拉集团和欧洲大学联盟成员。

布拉格查理大学现已发展成一所世界闻名的综合性高等学府，拥有天主教神学学院、新教神学学院、胡斯教派神学学院、法律学院、医学院、哲学学院、自然科学学院、数学和物理学院、教育学院、社会科学学院、体育运动学院、人文科学学院等 17 个学院。根据 2016 年上海交通大学世界大学学术排名，布拉格查理大学名列世界大学300强。2016年QS世界大学综合排名302名。知名校友有阿尔伯特·爱因斯坦（1905年诺贝尔物理学奖获得者）、卡尔·斐迪南·科里（1947年诺贝尔生理学或医学奖获得者）、格蒂·特蕾莎·科里（1947年诺贝尔生理学或医学奖获得者）、雅罗斯拉夫·海罗夫斯基（1959年诺贝尔化学奖获得者）、格哈德·根岑（数学家，逻辑学家）、尼古拉·特斯拉（发明家，物理学家，交流电之父，无线电之父）、恩斯特·马赫（物理学家，哲学家）、杨·斯基（医学家，血型的发现者）、弗兰兹·卡夫卡（被誉为20世纪最具影响力的作家）、米兰·昆德拉（作家）、托马斯·马萨里克（哲学家，捷克斯洛伐克首任总统）。

## （二）爱沙尼亚的启蒙圣母——塔尔图大学

塔尔图大学（University of Tartu）是爱沙尼亚最大、最古老的国立大学，也是北欧乃至全欧洲最古老的大学之一，在整个欧洲享有盛誉。学校建于1632年瑞典国王阿道夫·古斯塔夫二世统治时期，是瑞典王国历史上继乌普萨拉大学之后的第二所大学，时称古斯塔夫学院。1919年爱沙尼亚取得独立后，学校改称塔尔图大学，被尊为"爱沙尼亚的启蒙圣母"。爱沙尼亚许多政要和知名人士多毕业或曾任教于该校。

塔尔图大学是欧洲著名的科英布拉集团成员，科英布拉集团素有"欧洲常春藤联盟"之称。该校的符号学全球排名第一，临床医学在全欧排名前五，学校综合排名位居欧洲前100位。学校设有神学、法律、医学、哲学、生物和地理、物理和化学、教育、体育、经商管理、数学和信息科学、社会学等11个学科。该校高分子和临床医学研究院被欧盟评为欧洲最佳研究院。

## （三）行走在全球信息科学的前沿——波兰华沙大学

华沙大学（University of Warsaw）位于波兰首都华沙，是波兰最大的国立大学，也是欧洲著名大学和世界 500 强大学。学校建于 1816 年，由 1766 年建立的华沙军校、1808 年建立的法律学校和 1809 年建立的医学院合并而成。18 世纪沙皇俄国、普鲁士及奥地利瓜分波兰，亚历山大一世授旨建立华沙大学。学校校徽上有一只古老的头戴皇冠的波兰鹰，校徽上的五颗星分别代表当时建校的五大科系——神学、法学、医学、哲学及自由艺术。1830～1856 年，沙皇政府关闭了华沙大学，1870 年又重开。

华沙大学是世界主要的学术中心，开创了世界两大顶级的考古学派。学校现有 20 个学院、30 个教学研究中心，涵盖自然科学、社会科学、人文科学等 32 个学科。建校 200 年来，华沙大学培养了世界钢琴演奏家肖邦、波兰多位总统和政要以及以色列前总理梅纳赫姆·贝京等众多人物，并有 5 位校友获得诺贝尔奖。华沙大学在 2016 年 QS 世界大学综合排名为 366 位。

## （四）立陶宛培养民族精英的摇篮——维尔纽斯大学

维尔纽斯大学（Vilnius University），1579 年按照立陶宛大公旨意创办，是当时东欧地区的最高学府，享有盛誉。维尔纽斯大学最初设哲学与神学两系，1641 年增设法学系，1775 年开设医学系。17 世纪中叶，因天主教徒的反改革运动，学校曾一度衰落。18 世纪下半叶，随着启蒙主义和重农学派思想在立陶宛传播，维尔纽斯大学新增了天文学、矿物学、植物学、动物学等学科，并开始派遣留学生赴国外深造。

历经 400 多年发展，维尔纽斯大学现设有历史、经济、物理、化学、数学和信息科学、自然科学、医学、交通、哲学、法律、考纳斯人文科学以及国际关系和政治等 12 个学院，成为立陶宛最大的科研中心。目前，学校拥有 3 600 余名教工。维尔纽斯大学在 2016 年 QS 世界大学综合排名 481～490 位。

# 第八章 "一带一路"沿线国家的大学区域合作

## 一、"一带一路"沿线国家大学区域合作组织概况

"一带一路"沿线国家大学之间为加强合作，组建了区域合作平台，多以大学联盟为主，以下作简要概括。

### （一）阿拉伯联盟教育、文化和科学组织

阿拉伯联盟教育、文化和科学组织（简称 ALECSO），又称阿拉伯联盟教科文组织。1964 年 5 月 25 日在开罗成立，1970 年 7 月 25 日举行第一次大会后开始活动。其宗旨是：通过开展教育、文化和科学活动，达到统一；通过提高阿拉伯国家人民的文化程度，以赶上世界进步；通过开发智力、文化和道德，以积极参与阿拉伯社会的建设和促进阿拉伯文明和人类文明的发展；创造条件，引进现代技术，造福阿拉伯人民。组织机构包括：（1）权力机关。包括阿拉伯教科文组织大会（每两年召开一届）和理事会（每财政年度至少召开 3 次会议）。(2) 执行机关。设 1 名总干事（由阿拉伯教科文组织大会选出，任期 4 年，可连任一届）和 1 名副总干事。(3) 行政技术机关。包括总干事办公室、理事会和大会秘书处、教育计划署、文化和通讯计划署、科学和科研计划署、文件和信息署以及行政和财务署。(4) 附属机构。

包括阿拉伯调查与研究学院、阿拉伯手稿研究院、阿拉伯化协调局、喀土穆国际阿拉伯语学院和阿拉伯翻译、著作、出版和阿拉伯化中心。

该组织自成立以来为发展阿拉伯国家文教科学事业,先后制订了多项战略计划,主要有阿拉伯教育发展战略、阿国扫盲战略、阿拉伯文化全面战略、阿国信息高速公路建设战略、阿国成人教育计划、阿拉伯环境多样化战略等。近年来该组织主持召开多起阿国部长会议,主要有阿国高教和科研部长会议、阿国教育部长会议、阿国文化部长会议等。

## (二)伊斯兰世界大学联合会

1987年12月1日,在伊斯兰教育、科学和文化组织的主持下,伊斯兰世界大学联合会在摩洛哥拉巴特成立。其宗旨是:通过交流信息和参与双边和多边项目,为加强伊斯兰大学间的合作创造有利条件;安排交流教师、讲师和学生以加强共同思想、意见和文化的交流;对伊斯兰世界的教育、科学和文化进行深思熟虑的思考;制定特殊的伊斯兰政策,为发展一个更平衡的文明作出贡献。

其组织机构包括:大会、执行理事会、执行局和秘书处。主要负责人为主席、副主席、秘书长、总干事。该组织每3年召开一次大会,每年召开一次执行理事会,成员包括22个伊斯兰国家的大学。

## (三)喜马拉雅大学联盟

喜马拉雅大学联盟(Himalayan University Consortium,简称HUC),创建于2007年,包括了该地区的33个成员单位(以国际山地综合发展中心为秘书处),以及区域外的10个联系成员单位。

喜马拉雅大学联盟区域内的高等教育研究机构拥有专属于山地的相关知识产出,开发出具有鲜明山区特色的课程,并培养为此区域的可持续发展做出有效贡献的学生。

秘书处——国际山地综合发展中心（International Centre for Integrated Mountain Development，简称 ICIMOD），总部位于尼泊尔的加德满都，是一个区域性的政府间组织，服务于兴都库什——喜马拉雅地区国家。通过知识集成与知识交流，为区域内的 8 个国家（阿富汗、孟加拉国、不丹、中国、印度、缅甸、尼泊尔和巴基斯坦）服务。

## （四）金砖国家网络大学

金砖国家网络大学是金砖国家高等教育多边合作的一大机构，由俄罗斯主导，秘书处设在俄罗斯乌拉尔联邦大学。创立该合作机制是为了联合金砖国家的主要大学开展共同研究及联合培养高端人才，以发挥高等教育在国家战略决策和新兴经济体发展中的作用。

2015 年 7 月，中国、俄罗斯、巴西、南非和印度"金砖五国"参会国家领导人在俄罗斯举行第七次会晤，俄方所提出的成立"金砖国家网络大学"的倡议被写入《乌法宣言》。2015 年 11 月，第三届金砖国家教育部长会议在莫斯科举行，五国教育部代表签署了《关于建立金砖国家网络大学的谅解备忘录》。备忘录指出，在创立阶段，每个金砖国家网络大学参与方的数量不超过 12 个。参与学习学生的学习成果，按国家标准被每个网络大学参与方所认可。各金砖国家教育部负责确定网络大学参与方的名单。

成员国网络大学在以下六个领域优先开展合作：能源、计算机科学和信息安全、金砖国家研究、生态和气候变化、水资源和污染治理、经济学。

## （五）环太平洋大学联盟

环太平洋大学联盟（Association of Pacific Rim Universities，简称 APRU），是环太平洋地区各国顶级研究性大学的联合学术组织，创立于 1997 年。该联盟的宗旨是：发展（会员学校间的）教育、研究和创新的合作，为亚太地区的经济、科技和文化的进步做出贡献。

APRU联盟目前共有37所会员学校，斯坦福大学、新南威尔士大学、加州理工学院、悉尼大学、东京大学、庆应义塾大学等世界超一流大学均为其成员校。其中，中国共有6所会员大学，分别为北京大学、清华大学、复旦大学、南京大学、中国科学技术大学和浙江大学。其组织委员会和秘书处均设在新加坡国立大学，主要活动包括治理论坛、战略提议、网络合作和国际项目等。

APRU旨在为太平洋地区的综合研究型大学的校长们建立一个相互交流思路以协同发展的平台，推动环太平洋地区经济体在科学、教育和文化方面的合作。联盟的活动极大推进了该地区的教育、经济和技术合作关系。在它的目标和纲领中，APRU体现出对全球学术和研究标准的承诺。它致力于推动环太平洋地区学术机构的对话与合作，帮助它们成为全球知识经济中强有力的参与者。

APRU对于成员大学的要求包括：学术优异、重视研究、有全球视野和创新动力；联盟成员必须为本国居于领先地位的大学，教育质量优异，以发展研究为学校宗旨，具有强烈的国际化和创新取向。

## （六）欧亚——太平洋大学联盟

欧亚——太平洋大学联盟是一个高校的学术交流系统，建立于2000年，并得到奥地利联邦科研部和奥地利教育和研究国际合作机构的大力支持。该机构旨在在欧洲、亚洲的综合性大学、技术性大学、其他研究机构以及东亚、中亚、南亚和太平洋地区的成员机构之间建立合作关系。现有来自奥地利、中国、蒙古、俄罗斯、哈萨克斯坦、吉尔吉斯斯坦、塔吉克斯坦、乌兹别克斯坦、尼泊尔、不丹、印度、朝鲜、韩国的140个成员机构。开展项目有：为博士后和博士生赴奥地利学习研究提供奖学金、项目、暑期班；为成员机构的学术研究、政府部门、教育机构和公司间的联系、跨文化专家的集中项目和授课提供支持。

### （七）东盟大学联盟

1995年11月，东盟各国高等教育部长会晤并签署"东盟大学联盟"宪章，各参会大学签署建立"东盟大学联盟"的协议，并成立董事会，东盟大学联盟（ASEAN University Network，简称AUN）正式成立。

AUN的所有活动都在AUN宪章和AUN协议框架下开展。AUN成立时有11所成员大学，分别来自印度尼西亚、马来西亚、菲律宾、新加坡、泰国和文莱。之后，陆续有其他高校加入AUN。目前，成员已包括东盟十国最好的26所高校。

## 二、"一带一路"沿线国家高校联盟

"一带一路"倡议提出后，获得了沿线国家高等教育机构的积极响应。中外大学密切合作，纷纷联盟，在推动沿线国家和地区高校之间的教育、科技、文化等领域的交流与合作，服务沿线经济社会发展中发挥了积极作用。

### （一）新丝绸之路大学联盟

2015年5月22日，来自英国、澳大利亚、巴基斯坦等22个国家和地区的大学校长和相关代表共同发表了《西安宣言》，由西安交通大学发起的"新丝绸之路大学联盟"正式成立。该联盟包括西安交通大学、陕西师范大学、西北大学、哈尔滨工业大学等我国知名大学，同时包括来自韩国、新加坡、泰国、哈萨克斯坦、吉尔吉斯斯坦、塔吉克斯坦、巴基斯坦、俄罗斯等丝路沿线国家的近百所高校。

作为一个由海内外多所大学结成的非政府、非营利性的开放性、国际化高等教育合作平台，新丝绸之路大学联盟以"共建教育合作平台，推进区域开放发展"为主题，致力于推动新丝绸之路沿线国家和地区大学之间在校际交流、人才培养、科研合作、文化沟通、政策研究、医疗服务等方面的交流与合作，培养具有国际视野的高素质、复合型人才，服务"新丝绸之路经济带"沿线及欧亚地区的发展建设。该联盟会址永久落户于西安交通大学。

## （二）"一带一路"高校战略联盟

2015年10月17日，丝绸之路（敦煌）国际文化博览会筹委会文化传承创新高端学术研讨会在甘肃敦煌举行。复旦大学、北京师范大学、兰州大学和俄罗斯乌拉尔国立经济大学、韩国釜庆大学等46所中外高校参加，并在当日达成《敦煌共识》，联合建设"一带一路"高校国际联盟智库。

《敦煌共识》就联盟高校合作理念、内容和形式等达成了一致。联盟高校将秉承"互联互通、开放包容、协同创新、合作共赢"的理念，共同打造"一带一路"高等教育共同体，推动"一带一路"沿线国家和地区大学之间在教育、科技、文化等领域的全面交流与合作，服务"一带一路"沿线国家和地区的经济社会发展。"一带一路"高校战略联盟设立理事会，对联盟事务进行决策。理事会成员由各联盟高校校长组成，理事长由理事会会议通过协商的方式轮流担任，任期为一年。

2016年9月，"一带一路"高校联盟理事会会议审议并通过了中国科技大学、东南大学、英国斯旺西大学、香港科技大学等79所高校为联盟新成员。联盟高校由最初的47所增加至126所，涵盖了亚、欧、非、北美、南美等6大洲的23个国家，联盟迈上了一个新的发展台阶。

## （三）中国——中亚国家大学联盟

2016年9月27日，中国、中亚及"丝绸之路经济带"沿线7个国家的51所高校，在新疆乌鲁木齐成立"中国——中亚国家大学联盟"。在当日召开的"中国——中亚国家大学校长论坛"上，7个国家的51所高校发表《中国——中亚国家大学联盟宣言》，表示将落实中国与中亚地区国家间有关教育合作的内容，建立相对稳定的论坛办会机制，同时在中国和中亚国家之间开展学生互换、学分互认等联合培养项目，对互换学生提供多项优惠政策，颁发双方学历证书，以促进优势互补及实质性合作办学，培养"一带一路"国际化人才。这51所高校包括俄罗斯、哈萨克斯坦、吉尔吉斯斯坦、蒙古、塔吉克斯坦、土库曼斯坦等国家的20多所高校，以及清华大学、中国人民大学、北京师范大学、中山大学、新疆大学、新疆财经大学、新疆农业大学、喀什大学等国内高校。

"中国——中亚国家大学联盟"是一个开放性、国际化的互动平台，目的是深化中国——中亚国家高等教育的开放合作与持续共融发展。联盟成立后，将积极响应"一带一路"合作倡议，落实中国与中亚地区国家间有关教育合作的内容，同时倡导中国与中亚地区国家的大学积极推动联合培养与合作办学，开展学生互换、学分互认等联合培养项目，对互换学生提供各种优惠政策，鼓励各高校开展本科、研究生层次合作办学项目，并颁发双方学历证书。同时，提升共建孔子学院的内涵式发展，支持建设新的孔子学院。另外，将支持中国与中亚地区国家高校及其科研机构在各领域开展多层次的交流与合作。传承中国与中亚地区青年之间的友谊，利用不同高校的学科培养优势，实施中国与中亚国家师生长短期交流与互访的项目及合作机制等。

## 三、"一带一路"沿线国家大学区域合作之大学案例

### （一）独联体网络开放性大学计划

在独联体国家人文合作委员会倡议下，实施了"独联体网络开放性大学计划"。目前参与该计划的有白俄罗斯国立大学、俄罗斯人民友谊大学等16所独联体国家的重点高校。

该计划的主要方向是组织和实施高质量的硕士联合培养大纲，强化高等技能专家的联合培养，促进研究生交流，为培养副博士进行合作性学术研究。参与该计划的学生有机会在以上所有大学学习，并取得相应学位证书。

### （二）阿卜杜拉国王科技大学

阿卜杜拉国王科技大学在与区域内外大学之间开展广泛合作方面，对"一带一路"沿线国家大学有重要启示。

阿卜杜拉国王科技大学（KAUST）成立于2009年9月，是沙特首所国际性、研究型大学，拥有世界顶尖的科研设备和实验室。其创办宗旨是促进沙特和全球的科技研究水平，建校时的捐赠总额达400亿美元，是继哈佛大学后受捐赠资金最多的大学。该校目前不招收本科生，只面向全球招收研究生。

在学科建设方面阿卜杜拉国土科技大学已与多所大学签订卓越大学联盟项目，签订这些项目的缘由是沙特有建立世界大学的想法。沙特国王的特使找到了 Stanford Research Institute 和 The Washington Advisory Group 两家知名咨询公司。在充分了解了国王的愿景以及决心后，两家咨询公司经调研后给出了结论：若想如国王所愿，建成一所世界一流大学，阿卜杜拉国王科技大学必须：一是只招收研究

生、博士生。二是摒弃传统的学院等部门制度，建立一个个高精尖的跨学科中心。三是学校必须提供世界范围内最好的实验室和科学研究设备。四是学校必须建立西方式的章程，并且必须由国际知名的学者、教授组成的独立董事来管理大学，而不是沙特教育部。最终，沙特国王同意了全部要求。很快，阿卜杜拉国王科技大学的相关筹备与宣传工作在全世界展开。

"KAUST 将在 10 年内成为世界前 20 强的科技大学，显然，目前为止还没有大学达到过这样一个速度。"来自伯克利大学的 Rothblatt 说道。伯克利用了 40 年成为了一流大学，斯坦福用了 60 年。对一所新型的大学而言，吸引世界顶尖学者和学生，需要一段时间，特别是对于一所科技大学而言，最重要的就是快速与世界顶尖大学建立合作，编织"学术交流网"，让学者和学生在各大学之间频繁流动，并打破垄断。

阿卜杜拉国王科技大学与世界顶级高校建立了合作联盟关系。阿卜杜拉国王科技大学大学全部的 11 个专业方向都与世界顶尖一流大学签署了深度联盟合作协议。虽然其并未透露目前在和其他大学前期签署的联盟合作中投入多少，不过从不同的消息源显示，目前与世界顶尖的大学联盟合作中，阿卜杜拉国王科技大学大概投入了 5 亿美元，其余的 5 亿美元则正在投入中。其中相应联盟高校合作专业及资助奖金如下。

**联盟高校合作专业及资助资金简表**

| 联盟高校 | 合作专业 | 资助资金（美元） |
|---|---|---|
| 斯坦福大学 | 计算机科学 | 6 000 万 |
| 加州大学伯克利分校 | 机械工程 | 3 600 万 |
| 剑桥大学 | 生物科学 | 3 500 万 |
| 慕尼黑工业大学 | 化学、数学 | 暂无数据 |
| 新加坡国立大学 | 应用化学 | 暂无数据 |
| 康奈尔大学 | 环境科学 | 暂无数据 |

## 四、"一带一路"沿线国家大学区域合作之组织案例

东盟大学联盟是"一带一路"沿线国家大学区域合作组织典型案例,下面将详细分析介绍。

### (一)概 况

1995年11月,东盟各国高等教育部长会晤并签署"东盟大学联盟"宪章,各参会大学签署建立"东盟大学联盟"协议,并成立董事会,"东盟大学联盟"(ASEAN University Network,简称AUN)正式成立。AUN的所有活动都在AUN宪章和AUN协议框架下开展。

AUN成立时有11所成员大学,分别来自印度尼西亚、马来西亚、菲律宾、新加坡、泰国和文莱。之后,陆续有其他高校加入。目前,成员已包括东盟十国最好的26所高校。

### (二)组织机构

AUN内部机构分为董事会(决策层面)、成员大学(执行层面)和秘书处(协调和监督机构)三个层级构成。

第一,董事会。AUN董事会作为决策机构,由以下个人、单位构成:一是从每个东盟国家(东盟10国)政府指定的10位大学代表;二是东盟秘书长(当然成员);三是AUN董事会主席(泰国高等教育委员会办公室的秘书长兼任,当然成员);四是教育资深官员会议主席(SOM-ED,当然成员);五是东南亚教育部长组织主任(SEAMEO,当然成员);六是AUN秘书处执行主任秘书。

董事会的职能是:制定政策;核准项目,包括预算分配,工作方案和执行活动的建议;任命秘书处执行主任和工作人员;定期审查和

评估正在进行的项目等。董事会还设立了一个筹款委员会，负责为 AUN 的项目和活动筹集资金。

第二，成员大学。在实施执行层面，AUN 成员大学参加 AUN 的具体执行方案和活动。当前，东盟大学联盟成员大学已经超过 30 个，部分院校如下：

**东盟大学联盟部分成员大学简表**

| 序号 | 大学名称 | 国家 |
|---|---|---|
| 1 | 文莱达鲁萨兰大学（Universiti Brunei Darussalam，UBD） | 文莱 |
| 2 | 金边皇家大学（Royal University of Phnom Penh，RUPP） | 柬埔寨 |
| 3 | 法律和经济学皇家大学（Royal University of Law and Economics，RULE） | |
| 4 | 艾雅蓝加大学（Universitas Airlangga，UNAIR） | 印度尼西亚 |
| 5 | 加札马达大学（Universitas Gadjah Mada，UGM） | |
| 6 | 印度尼西亚大学（Universitas Indonesia，UI） | |
| 7 | 万隆科技学院（Inisitut Teknologi Bundung，ITB） | |
| 8 | 老挝国立大学（National University of Laos，NUOL） | 老挝 |
| 9 | 马来西亚北方大学（Universiti Utara Malaysia，UUM） | 马来西亚 |
| 10 | 马来亚大学（Universiti Malaya，UM） | |
| 11 | 马来西亚理工大学（Universiti Sains Malaysia，USM） | |
| 12 | 马来西亚国民大学（Universiti Kebangsaan Malaysia，UKM） | |
| 13 | 马来西亚博特拉大学（Universiti Putra Malaysia，UPM） | |
| 14 | 曼德勒大学（University of Mandalay，UM） | 缅甸 |
| 15 | 仰光大学（University of Yangon，UY） | |
| 16 | 仰光经济学院（Institute of Economics，Yangon，IEY） | |
| 17 | 菲律宾德拉萨大学（De La Salle University，DLSU） | 菲律宾 |
| 18 | 菲律宾大学（University of the Philippines，UP） | |
| 19 | 马尼拉雅典耀大学（Ateneo de Manila University，ATMU） | |

续表

| 序号 | 大学名称 | 国家 |
|---|---|---|
| 20 | 南洋理工大学（Nanyang Technological University，NTU)) | 新加坡 |
| 21 | 新加坡国立大学（National University of Singapore，NUS） | |
| 22 | 宋卡王子大学（Prince of Songkla University，PSU） | 泰国 |
| 23 | 泰国布拉帕大学（Burapha University，BUU） | |
| 24 | 泰国朱拉隆功大学（Chulalongkorn University，CU） | |
| 25 | 清迈大学（Chiang Mai University，CMU） | |
| 26 | 玛希隆大学（Mahidol University，MU)) | |
| 27 | 河内越南国家大学（Vietnam National University，Hanoi，VNU-HN） | 越南 |
| 28 | 越南胡志明市国家大学（Vietnam National University-Ho Chi Minh，VNU-HCM） | |
| 29 | 越南芹苴大学（Can Tho University，CTU） | |

第三，秘书处。AUN 秘书处作为协调和监测机构，设在泰国朱拉隆功大学内，经费由泰国政府负担。其主要功能包括规划、组织、协调、监测和评价 AUN 方案和活动。秘书长的任务主要包括：提出促进联盟成员大学合作的发展思路、创意和建议；建立用于 ANU 自给自足、自我维持运作的资源、资金筹措计划与制度；与本地区和其他地区的高等教育机构合作，提升东盟的能力建设。AUN 秘书处与东盟秘书处协调和执行关于高等教育的区域合作活动。秘书处由执行主任领导，任期四年，可以连任。

### （三）主要功能

AUN 的总体目标是通过促进东盟各国确定的优先发展领域的交流学习与合作研究，加强东盟高校之间的合作。具体目标是促进各国科学家、学者之间的合作；加强该地区的学术与专业人才的人力资源开发；创造和传播科学知识和信息。核心目标是促进学术流动、提升东盟意识、增进东盟学生之间的了解。为了实现上述目标，AUN 确定了四个战略领域，即开展学生、教师交流，开发东盟研究项目，鼓励合作研究，建立信息网络。AUN 将东盟各国的学术优势整合起来，确定优先合作的领域，以此深化东盟的学术活力，强化区域特征和巩固区域团结。

## （四）合作伙伴

AUN 致力于和全世界有关组织国家开展广泛交流与合作，其合作伙伴如下：

东南亚国家联盟（Association of Southeast Asian Nations，简称 ASEAN）。马来亚（马来西亚前身）、菲律宾和泰国于 1961 年 7 月 31 日在曼谷成立东南亚联盟。东南亚联盟并非东南亚国家联盟，而是其前身，在此基础上成立的东南亚国家联盟简称"东盟"，于 1967 年 8 月 8 日成立。"东盟"的宗旨和目标是本着平等与合作精神，共同努力促进本地区的经济增长、社会进步和文化发展，为建立一个繁荣、和平的东南亚国家共同体奠定基础，以促进本地区的和平与稳定。

德意志学术交流中心（Deutscher Akademischer Austausch Dienst，简称 DAAD）。DAAD 成立于 1925 年，代表德国 231 所高校和 128 个大学生团体，是目前全球最大的教育交流机构之一。DAAD 的经费由德国政府提供，是德国文化和高等教育政策的对外执行机构。作为德国高等院校的联合组织，德意志学术交流中心的主要任务是扶持德国和其他国家大学生、科学家的交换项目以及国际科研项目，并以此来促进德国大学同国外大学的联系。

亚欧基金（Asia-Europe Foundation，简称 ASEF）。ASEF 成立于 1997 年 2 月，是亚欧会议框架下开展文化、学术和人员交流的机构，旨在促进亚欧间相互理解与合作，秘书处设在新加坡。ASEF 与相关机构开展了多项活动，主要包括亚欧文化与文明对话、亚欧青年摄影家论坛、亚欧青年领导人论坛、亚欧年轻议员会议、亚欧大课堂、亚欧大学等系列，直接参与者达1万多人次。

联合国教育、科学及文化组织（United Nations Educational, Scientific and Cultural Organization，简称UNESCO）。UNESCO是联合国旗下专门机构，1945年11月，战争刚刚结束，根据盟国教育部长会议的提议，在伦敦举行了旨在成立一个教育及文化组织的联合国会议，约40个国家的代表出席了这次会议。在饱经战争苦难的两个国家——法国和联合王国的推动下，会议代表决定成立一个以建立真正和平文化为宗旨的组织。按照设想，这个新的组织应建立"人类智力上和道义上的团结"，从而防止爆发新的世界大战。

欧洲大学协会（European University Association，简称EUA）。EUA成立于2001年，总部位于比利时布鲁塞尔，旨在为欧洲超过850所大学提供一个研究和教育的交流合作平台。

日本国际协力机构（Japan International Cooperation Agency，简称JICA）。JICA成立于2003年10月1日（前身是日本国际协力事业团，该事业团成立于1974年8月1日），是直属日本外务省的政府机构。它以培养人才、协助发展中国家开发经济及提高社会福利为目的实施国际合作。

日本国际交流基金（Japan Foundation，简称JP）。JP是日本外务省下辖的一个文化推广组织，成立于1972年，在全球20多个国家和地区设有海外事务所，主要负责日本文化艺术交流、日语教育等，主要运营东京国际电影节、日本语能力测试等。

此外，还有东盟基金会（ASEAN Foundation）、日本文部科学省（MEXT）、韩国教育部（Ministry of Education, South Korea）、韩国性别平等与家庭事务部（Ministry of Gender Equality and Family, Republic of Korea）、中国国家留学基金管理委员会（China Scholarship Council）、马来西亚大学亚欧研究所（Asia-Europe Institute, University of Malaya）、韩国外交部（Ministry of Foreign Affairs, Republic of Korea）、亚洲开发银行（Asian Development Bank）等政府部门和国际组织的合作。

## （五）合作形式

ANU 与一系列组织机构开展了系列合作，主要是以合作备忘录或协议的形式为主，有关合作备忘录或协议如下：

(1)《六个国立大学间的伙伴关系声明网络/国际教育与研究系统，日本与东盟大学伙伴关系》(Partnership Statement between Six National Universities Network （SUN）/International Education & Research System （Six ERS）, Japan and ASEAN University Network （AUN））。

(2)《东盟——中国学术合作的谅解备忘录和交流方案：为加强东盟——中国学术伙伴关系》(Memorandum of Understanding ASEAN-China Academic Co-operation and Exchange Programme Towards an Enhanced ASEAN-China Academic Partnership)。

(3)《光州科学技术研究所与东盟大学联盟之间的合作协定》(Agreement for Cooperation between Seoul Cyber University and ASEAN University Network)。

(4)《首尔网络大学和东盟大学联盟之间的合作协议》(Agreement for Cooperation between Seoul Cyber University and ASEAN University Network)。

(5)《东盟大学联盟（AUN）和京都大学一般学术合作与交流备忘录》(General Memorandum for Academic Cooperation and Exchange between ASEAN University Network （AUN） and Kyoto University)。

(6)《东盟质量保证组织、东南亚教育部长组织区域高等教育与发展中心（高等教育发展区域组织），东盟大学联盟（AUN）间伙伴关系声明》(Partnership Statement between ASEAN Quality Assurance Network （AQAN）, Southeast Asian Minister of Education Organisation Regional Center for Higher Education and Development （SEAMEO-RIHED）, ASEAN University Network （AUN））。

# 第九章　中国与"一带一路"沿线国家的大学合作

## 一、合作概况

### 1. 与蒙古教育合作概况

我国与蒙古的教育合作呈良好发展态势。为促进双方在教育领域的交流与合作，1998年，中国和蒙古签署《中华人民共和国政府和蒙古国政府关于相互承认学历、学位证书的协定》。2011年，中蒙两国宣布建立战略伙伴关系。2013年，双方签署《中蒙战略伙伴关系中长期发展纲要》（简称《纲要》）。《纲要》指出，在教育合作方面，未来5年，中方将通过多种渠道每年向蒙方提供不少于1 000个中国政府奖学金名额，其中本科生名额不少于200个；中方支持在蒙的汉语教学，愿向蒙方增派汉语教师志愿者，愿同蒙方合作在蒙大专院校内开设汉语教师课程或预科班，在教材提供、编写等方面提供支持。2014年，中蒙发表联合宣言，将中蒙关系提升为全面战略伙伴关系。

### 2. 与东南亚各国教育合作概况

进入21世纪，我国与东南亚各国形成了全方位、多层次的合作机制。中国已与柬埔寨、泰国、新加坡、越南等东南亚国家签署了教育合作或学位学历互认协议，并在此基础上开展了一系列影响深远的教育合作。在2004年签署的《落实中国——东盟面向和平与繁荣的战略伙伴关系联合宣言的行动计划》中，"教育合作"成为计划内容。2006

年发布的《中国——东盟纪念峰会联合声明》指出,"我们同意加强社会文化合作,鼓励扩大双方中等和高等教育机构之间的合作,设立中国——东盟名誉奖学金,加强学术交流等教育方面的合作"。在 2007 年 1 月生效的中国——东盟自由贸易区《服务贸易协议》上,东盟明确表示将包括教育在内的多个行业向中国开放市场。在 2007 年第十次中国与东盟领导人会议上,中国政府表示要加强在学历和学位互认、派遣教师、留学生以及青年志愿者等方面与东盟的合作。2008 年 7 月,在我国贵阳举办了首届"中国与东盟教育交流周",来自东盟国家的 27 所高校和联合国教科文组织、东盟秘书处以及我国 38 所高校的 400 多名代表参加了会议。会议期间,来自东盟国家的 21 所大学与我国 16 所大学签署了 50 多份合作意向书。随着我国高等教育的发展和教育质量的提高,加之我国政府对东南亚国家政府学生的奖学金资助力度的加大,东盟国家来华留学生人数持续增加。从 2010 年起未来 10 年内,我国还将积极推动"双十万学生流动计划",面向东盟国家提供 1 万个政府奖学金名额,实现 2020 年东盟来华和我国赴东盟留学生都达到 10 万人左右。我国也十分重视开展东南亚国家语言的语言教学。目前,北京外国语大学、北京大学、上海外国语大学、云南民族大学等国内十余所高校已开设了泰语、柬埔寨语、老挝语、越南语、缅甸语、马来语、印尼语等语言专业。

**3. 与西亚北非各国教育合作概况**

目前,我国已与西亚北非大多数沿线国家签署了教育交流与合作协议,并与埃及签署了相互承认学历、学位证书协议。我国高校也与西亚北非沿线国家许多大学建立了校际合作关系。其中,有阿拉伯语专业的高校分别与埃及、约旦、伊拉克、巴林、阿曼、也门等国大学及阿拉伯教科文组织建立了合作关系,并与沙特、阿联酋、卡塔尔、科威特等国的大学开展互访和互赠图书等交流活动。在语言交流方面,北京大学、北京外国语大学、上海外国语大学、北京语言大学以及我国部分西北高校等开设了阿拉伯语言、文化和历史相关专业。

## 4. 与南亚各国教育合作概况

我国与大部分南亚国家相邻，有着共同的国界线，两国边境经济、社会、文化交往频繁。1985年12月，南亚国家政府领导人齐聚孟加拉国达卡，共同商讨成立南亚区域合作联盟，并一致通过了《南亚区域合作宣言》和《南亚区域合作宪章》。从此，南亚区域合作开始了新里程。2004年，随着区域内贸易协定的签署和中国的加入，"南盟"开始进入新的发展期。中国作为与南亚紧密相连的最大的发展中国家，2005年11月正式成为南亚区域合作联盟的观察员。近年来，我国与南亚各国在教育领域的合作富有成效，高校互访与人才交流频繁。印度和巴基斯坦一直位列来华留学生源国前十位。我国也已成为巴基斯坦热门留学目的国之一。2005年4月，为吸引更多的巴基斯坦留学生，中巴签署了《中国国家留学基金管理委员会与巴基斯坦高等教育委员会关于巴基斯坦政府奖学金来华研究生项目谅解备忘录》。2010年4月，我国与马尔代夫两国教育部签署了教育合作协议。2012年6月，阿富汗总统卡尔扎伊访华期间，两国签署建立战略合作伙伴关系的联合宣言。宣言提出，中阿双方将大力促进文化和教育领域的交流与合作，开展形式多样的人文交流。

## 5. 与中亚各国教育合作概况

我国与中亚国家建交以来开展了广泛的教育交流与合作，已与哈萨克斯坦、土库曼斯坦、塔吉克斯坦等中亚国家签署了多项教育合作协议，并与乌兹别克斯坦和吉尔吉斯斯坦签署了互相承认学历、学位协议。从20世纪末开始，我国与中亚高校就开展了汉语教学合作。国内尤其是新疆高校，与中亚地区高校普遍建立了校际合作。新疆大学、新疆师范大学、新疆农业大学、新疆财经学院、新疆医科大学等成为中亚学生学习汉语较集中的高校。近年来，中亚国家来华留学人数持续增加。据教育部统计数据，2015年仅哈萨克斯坦来华留学人数就达1.3万人，位列全球来华留学生源国前十位，同比增长超过10%。

## 6．与独联体国家教育合作概况

苏联解体后，中俄两国教育合作的规模迅速扩大。1995年6月，中俄两国签署相互承认学历、学位证书的协议。2000年，中俄在两国总理定期会晤机制框架下建立了中俄教文卫体合作委员会，两国教育合作高层磋商机制更加规范化。2005年11月，中俄签署《中华人民共和国政府和俄罗斯联邦政府关于在俄罗斯联邦学习汉语和在中华人民共和国学习俄语的合作协议》，进一步提升了在俄学习汉语和在华学习俄语的重要性。近年来，中俄留学生交流的数量和规模都有所提高，俄罗斯一直居我国留学生源国前列。据相关数据显示，2014年在俄中国留学生近2.5万人。1998年，我国与白俄罗斯和乌克兰签署相互承认学历、学位证书协议。随着我国与格鲁吉亚经贸合作的不断加深，2014年10月，中格两国正式签署《中格教育合作协议议定书》，双方教育合作日益规范化。2012年和2014年，我国分别与阿塞拜疆和摩尔多瓦签署教育合作协议，共同扩大互派留学生规模，发展高校校际合作。

## 7．与中东欧各国教育合作概况

1990年、1995年和1997年，我国分别与保加利亚、罗马尼亚和匈牙利签署了相互承认学历学位的协议。近年来，我国与中东欧国家教育交流日益频繁。2014年，中国——中东欧国家高校联合会在天津启动。来自中东欧10个国家的12所高校与17所中方高校签署了《中国——中东欧国家高校联合会成立宣言》。联合会旨在通过搭建中国与中东欧高校间的合作伙伴关系与合作平台，发挥成员高校的主动性与积极性，整合与共享资源，深化中国与中东欧各国教育交流与合作。2014年6月，首届中国宁波——中东欧国家教育合作交流周在宁波拉开帷幕。来自宁波的高校和中小学与中东欧地区7个国家的13所院校签署了20余项教育合作协议。会上，宁波宣布设立宁波市政府中东欧留学生专项奖学金，吸引中东欧学生来华留学。在2015年举办的第二届中国（宁波）——中东欧国家教育合作交流会期间，来自波兰、爱沙尼亚、保加利亚、罗马尼亚等8个中东欧国家的教育机构和中方高校代表围绕建立中国——中东欧国家教育联盟进行深入磋商,达成共识,共同发布《宁波宣言》。宣言指出,今后双方将在博士生培养、双向合作办学、留学生交流等方面开展广泛合作。同时表示,在各国法律框架内,根据各国教育政策,实现高校之间、高校与科研机构之间的双边与多边教育交流与合作。

## 二、合作形式

2014年,厦门大学中外合作办学研究中心课题组首次提出我国教育领域涉外办学主要存在中外合作办学、境外办学、孔子学院、国际联合培养、国际交换生(访学项目)、留学预科班、短期文化体验项目、海外实习项目、语言强化项目、海外远程教育、外籍人员子女学校等16种形式。目前成规模的涉外办学主要有中外合作办学、孔子学院和国际联合培养等形式。下文将对我国高等教育机构与"一带一路"沿线国家在留学生交流、中外合作办学和孔子学院建设等领域的合作情况进行梳理。

### (一)留学生交流

据教育部统计数据显示,2015年度我国出国留学人员总数为52.37万人,连续多年保持世界第一留学大国地位。据中国与全球化智库《中国留学发展报告(2015)》对2012~2014年主要留学接收国中国留学生人数统计,目前最受中国留学生欢迎的留学目的国仍是北美和英联邦等英语国家,主要集中于北美、欧洲和澳洲的发达国家。在传统英语国家(美、英、澳、加),中国留学生成为最重要的留学生群体,占各国留学生总人数的比例超过20%。在其他国家,尤其是汉语影响大的国家,中国留学生也占据了很大比例,特别是在日本、韩国、新加坡等亚洲国家。截至 2014 年,中国是美国、英国、澳大利亚、加拿大、日本、韩国、新加坡、德国、瑞典和新西兰等国家的最大留学生来源国。

随着"一带一路"倡议的提出,中国企业将更多地到"一带一路"沿线国家投资。既熟悉当地情况,又了解中国文化的人才极为短缺,这将刺激中国留学生向相关国家的分散。同时,"一带一路"沿线也汇集了一批优质的高等教育资源。据 2016~2017 年 QS 世界大学排名,世界综合排名前 200 位的高校中,"一带一路"沿线如新加坡(2 所)、俄罗斯(1 所)、马来西亚(1 所)、以色列(1 所)、印度(1 所)等国均有高校榜上有名。随着中俄两国政治、经济关系的持续发展,近年赴俄留学的中国学生呈不断增长趋势。据相关数据显示,2013 年,在俄中国留学生约 2 万人,2014 年已接近 2.5 万人。新加坡、马来西亚等沿线国家也采取更加开放的留学政策吸引中国留学生。如新加坡政府为留学生提供高达 50%~70% 的学费补贴。同时,留学生只要签署毕业后留新工作至少三年的保证协议就可接受新加坡国家助学金。马来西亚政府为进一步拓展在中国留学生中的影响,推出系列优惠政策。如放宽中国留学生在马来西亚留学期间的打工时间限制,鼓励马来西亚的企业和院校设置面向中国留学生的奖学金项目等。

近两年,随着"一带一路"倡议的提出,传统来华留学国的来华留学生增长趋缓,而东南亚、南亚、中亚等沿线国家来华留学生明显增加。据教育部统计数据显示,2015 年共有来自 202 个国家和地区的 397 635 名各类外国留学人员在我国 31 个省(自治区、直辖市)的 811 所高等学校、科研院所和其他教学机构中学习[1]。2015 年留学生生源国家和地区数与 2014 年相比基本持平,来华留学生生源国按国别排序排列,前 15 位为韩国(66 672 人)、美国(21 975 人)、泰国(19 976 人)、印度(16 694 人)、俄罗斯(16 197 人)、巴基斯坦(15 654 人)、

---

[1] 该统计数据未包含港、澳、台高校统计数据。

日本（14 085 人）、哈萨克斯坦（13 198 人）、印度尼西亚（12 694 人）、法国（10 436 人）、越南（10 031 人）、德国（7 536 人）、蒙古（7 428 人）、老挝（6 918 人）和马来西亚（6 650 人）。其中，印度、巴基斯坦和哈萨克斯坦同比增长均超过 10%。前 15 位留学生源国家中，"一带一路"沿线国家占了 10 位。哈萨克斯坦、塔吉克斯坦、吉尔吉斯斯坦等中亚国家，作为陆上"丝绸之路"沿线国家，来华留学升温更为明显。特别是哈萨克斯坦，2005 年到 2015 年来华留学人数从 781 人增加到 13 198 人，增长近 16 倍。据陕西省教育厅统计，2013 年来自中亚的留学生占该省外国留学生人数的近 1/10。近年来，临近东南亚国家的云南、广西两省（区）也成为吸引"一带一路"沿线国家留学生的重要基地。在"南线"的"丝绸之路"沿线国家中，泰国、印度、巴基斯坦等国家的来华留学生近两年也明显增长。2013 年，泰国来华留学生开始超过日本。2015 年，泰国来华留学生人数已超日本近 6 000 人，稳居来华留学生源国第 3 位。"一带一路"沿线国家正成为来华留学的发力点。

但就目前总体来看，我国赴"一带一路"沿线国家留学的人数和沿线国家来华留学人数均相对较少，加强我国与"一带一路"沿线留学生的双向往来，尤其是加强来华留学生的培养势在必行。2015 年，国家发改委等部门发布《推动共建丝绸之路经济带和 21 世纪海上丝绸之路的愿景与行动》，提出中国每年向沿线国家提供 1 万个政府奖学金名额，以扩大相互间的留学生规模、带动区域文化交流。未来，中国留学生群体中将出现更多"一带一路"沿线国家留学生的面孔。

## （二）中外合作办学

改革开放 30 多年来，我国教育的国际合作与交流快速发展，教育对外开放初步形成了全方位、多层次、宽领域的格局。中外合作办学作为教育国际合作与交流的一种重要形式，对推动我国办学体制改

## 第九章 中国与"一带一路"沿线国家的大学合作

革,拓宽人才培养途径,促进教育对外开放发挥了积极作用,一定程度上满足了人民群众多样化的教育需求,引起了社会广泛关注。2003年3月,国务院发布《中外合作办学条例》(简称《条例》)。《条例》进一步明确中外合作办学属于公益性事业,是中国教育事业的组成部分。国家对中外合作办学实行"扩大开放、规范办学、依法管理、促进发展"的方针,鼓励引进优质教育资源进行合作办学。根据《中外合作办学条例》和《中外合作办学条例实施办法》的有关规定,中外合作办学是指中国教育机构与外国教育机构依法在中国境内合作举办以中国公民为主要招生对象的教育教学活动。中外合作办学有合作设立机构和合作举办项目两种形式。考虑到我国中外合作办学的实际,国家规定,中外合作办学也包含我国教育机构采取与相应层次和类别的外国教育机构共同制订教育教学计划,颁发中国学历、学位证书或者外国学历、学位证书,在中国境外实施部分教育教学活动的方式依法举办的中外合作办学项目。

在我国教育涉外办学的十几种形式中,中外合作办学是唯一以国务院法规形式规范的办学形式。经过一段时期的快速发展,中外合作办学已初具规模、布局更加合理,学科专业结构逐步优化,进入快速、平稳和高质量发展阶段。截至2016年3月,全国经审批机关批准设立或举办的中外合作办学机构和项目有2 403个。其中,本科及以上中外合作办学项目有1 109个,具有法人资格高等教育中外合作办学机构有11个(含筹),不具有法人资格中外合作办学机构有66个(含筹)。如把高职高专中外合作办学机构和项目计算在内,高等教育中外合作办学机构、项目数约占总数的90%。

根据教育部教育涉外监管信息网的公布数据,由教育部审批和复核及由地方审批报教育部备案的中外合作办学项目(机构)中,"一带一路"沿线国家参与开展项目183个,机构7个。沿线国家教育机构参与合作项目分布情况见表1。

**表 1 "一带一路"沿线国家参与中外合作办学项目（机构）分布表**
**（截至 2016 年 3 月 9 日）**

| 序号 | 所在地区名称 | 外方所在国家名称 | 合作本科及以上项目数 | 合作本科及以上机构数 | 合作专科项目数 | 合作专科机构数 |
|---|---|---|---|---|---|---|
| 1 | 东南亚 | 新加坡 | 4 | 0 | 23 | 2 |
| 1 | 东南亚 | 马来西亚 | 0 | 0 | 10 | 0 |
| 1 | 东南亚 | 泰 国 | 0 | 0 | 1 | 0 |
| 2 | 南亚 | 印 度 | 0 | 0 | 1 | 0 |
| 3 | 独联体 | 白俄罗斯 | 2 | 0 | 7 | 0 |
| 3 | 独联体 | 乌克兰 | 2 | 0 | 4 | 0 |
| 3 | 独联体 | 俄罗斯 | 116 | 1 | 5 | 3 |
| 4 | 中东欧 | 波 兰 | 4 | 1 | 4 | 0 |
| 合 计 | | 8 | 128 | 2 | 55 | 5 |

由表 1 可知，"一带一路"沿线共有新加坡、马来西亚、泰国、印度、白俄罗斯、乌克兰、俄罗斯、波兰等 8 个国家的高等教育机构与我国教育机构合作开展了中外合作办学项目（机构），办学层次涉及专科、本科和硕士等。其中，硕士层次项目 7 个，本科层次项目 121 个，专科层次项目 55 个；硕士及本科层次机构 1 个，本科层次机构 1 个，专科层次机构 5 个。参与项目（机构）最多的地区是独联体国家，蒙古、中亚和西亚北非地区尚未有国家参与项目（机构）合作。其中，俄罗斯的高等教育机构与我国合作开展的项目（机构）数量最多。"一带一路"沿线国家参与建设的中外合作办学项目（机构）见附表 2。

由附表 2 可知，沿线国家教育机构参与合作的项目（机构）涉及多个学科专业门类。其中，本科及以上项目涉及 10 个学科和 62 个专业方向，其学科分布情况见表 2。

表 2 "一带一路"沿线国家参与本科及以上中外合作办学项目学科分布表

| 序号 | 学科 | 数量 | 构成（%） |
| --- | --- | --- | --- |
| 1 | 工学 | 32 | 25 |
| 2 | 艺术学 | 23 | 18.0 |
| 3 | 管理学 | 22 | 17.2 |
| 4 | 理学 | 15 | 11.7 |
| 5 | 经济学 | 11 | 8.6 |
| 6 | 医学 | 9 | 7.0 |
| 7 | 文学 | 7 | 5.5 |
| 8 | 法学 | 4 | 3.1 |
| 9 | 教育学 | 4 | 3.1 |
| 10 | 历史学 | 1 | 1 |

由表 2 可知，在本科及以上层次中外合作办学项目中，举办最多的学科是工学，占 25%；其次是艺术学和管理学，分别占 18% 和 17.2%；举办最少的是历史学，占 1%。根据厦门大学中外合作办学研究中心公布的《中外合作办学发展报告（2010~2015）》，全国本科及以上中外合作办学项目学科分布情况为：工学占 36.7%，管理学占 26.4%，经济学占 9.1%，艺术学占 7.6%，医学占 4.8%，理学占 4%，文学占 4%，教育学占 3.5%，法学占 1.9%，农学 1.9%，历史学占 0.1%。"一带一路"沿线国家参与合作项目的学科分布与总体分布情况基本一致，并出现了船舶与海洋工程等国家急需和配合国家重大战略需求的合作专业。

"一带一路"沿线国家教育机构参与合作的专科层次项目共计 55 个，机构 5 个，涉及 40 个专业。根据《普通高等学校高等职业教育（专科）专业目录（2015 年）》，这 40 个专业分属 12 个专业大类，其专业分布情况见表 3。

表3 "一带一路"沿线国家参与专科中外合作办学项目专业大类分布表

| 序号 | 专业大类名称 | 数量 | 构成（%） |
| --- | --- | --- | --- |
| 1 | 财经商贸大类 | 27 | 34.2 |
| 2 | 装备制造大类 | 12 | 15.2 |
| 3 | 交通运输大类 | 9 | 11.4 |
| 4 | 土木建筑大类 | 7 | 8.9 |
| 5 | 旅游大类 | 7 | 8.9 |
| 6 | 电子信息大类 | 5 | 6.3 |
| 7 | 文化艺术大类 | 5 | 6.3 |
| 8 | 教育与体育大类 | 3 | 3.8 |
| 9 | 能源动力与材料大类 | 1 | 1.3 |
| 10 | 生物与化工大类 | 1 | 1.3 |
| 11 | 水利大类 | 1 | 1.3 |
| 12 | 新闻传播大类 | 1 | 1.3 |

由表3可知，沿线国家教育机构参与合作的专科层次项目专业大类中，财经商贸、装备制造与交通运输等专业大类居多，能源动力与材料、生物与化工、水利及新闻传播等专业大类偏少，均为1个。其40个专业又分属26个专业类别，分布情况如表4所示。

表4 "一带一路"沿线国家参与专科中外合作办学项目专业类别分布表

| 序号 | 专业类别名称 | 数量 | 构成（%） | 序号 | 专业类别名称 | 数量 | 构成（%） |
| --- | --- | --- | --- | --- | --- | --- | --- |
| 1 | 财务会计类 | 11 | 13.9 | 6 | 建筑设计类 | 4 | 5.1 |
| 2 | 铁道运输类 | 9 | 11.4 | 7 | 自动化类 | 4 | 5.1 |
| 3 | 经济贸易类 | 7 | 8.9 | 8 | 物流类 | 4 | 5.1 |
| 4 | 旅游类 | 7 | 8.9 | 9 | 艺术设计类 | 4 | 5.1 |
| 5 | 计算机类 | 5 | 6.3 | 10 | 建设工程管理类 | 3 | 3.8 |

续表

| 序号 | 专业类别名称 | 数量 | 构成（%） | 序号 | 专业类别名称 | 数量 | 构成（%） |
|---|---|---|---|---|---|---|---|
| 11 | 教育类 | 2 | 2.5 | 19 | 市场营销类 | 1 | 1.3 |
| 12 | 道路运输类 | 2 | 2.5 | 20 | 水利工程与管理类 | 1 | 1.3 |
| 13 | 工商管理类 | 2 | 2.5 | 21 | 化工技术类 | 1 | 1.3 |
| 14 | 城市轨道交通类 | 2 | 2.5 | 22 | 铁道装备类 | 1 | 1.3 |
| 15 | 金融类 | 2 | 2.5 | 23 | 机械设计制造类 | 1 | 1.3 |
| 16 | 汽车制造类 | 1 | 1.3 | 24 | 语言类 | 1 | 1.3 |
| 17 | 船舶与海洋工程装备类 | 1 | 1.3 | 25 | 文化服务类 | 1 | 1.3 |
| 18 | 电力技术类 | 1 | 1.3 | 26 | 广播影视类 | 1 | 1.3 |

由表4可知，在具体的专业分类中，财务会计类数量最多，占比13.9%；其次是铁道运输类，占比11.4%；经济贸易和旅游类占比均为8.9%。

中外合作办学可以是国外高校"引进来"，也可以是我国高校"走出去"。截至2015年12月31日，全国经审批机关批准设立或举办的我国教育机构境外办学机构和项目共有103个，其中机构5个，项目98个。5个机构分别是老挝苏州大学、厦门大学马来西亚分校、云南财经大学曼谷商学院、北京语言大学东京学院和北京师范大学——英国卡迪夫大学中文学院。2016年2月，厦门大学马来西亚分校举行首批新生开学典礼，标志着我国知名大学第一所海外分校正式开始办学。我国目前有35所高校赴境外开展办学活动。根据《中外合作办学发展报告（2010~2015）》，我国高等教育机构境外办学活动在"一带一路"沿线国家和地区的分布情况见表5。

表 5 我国高等教育机构在"一带一路"沿线境外办学分布表

| 序号 | 所在地区名称 | 所在国家名称 | 境外办学数量 |
| --- | --- | --- | --- |
| 1 | 东南亚 | 新加坡 | 13 |
| | | 泰 国 | 8 |
| | | 越 南 | 6 |
| | | 马来西亚 | 6 |
| | | 菲律宾 | 2 |
| | | 印度尼西亚 | 1 |
| | | 老 挝 | 1 |
| 2 | 西亚北非 | 伊 朗 | 1 |
| 3 | 南 亚 | 斯里兰卡 | 7 |
| 合 计 | | 9 | 45 |

由表 5 可知，我国高等教育机构境外办学涉及沿线 9 个国家，合作项目（机构）45 个，占境外办学总数的 45%。

高校境外办学标志着我国高等教育向"引进来"与"走出去"相结合的战略转型。但总体上看，目前我国高校境外办学还处于起步和探索阶段，规模较小，数量较少，并且由于地域相邻、文化相近等因素，办学活动还主要集中在亚洲地区。

## （三）孔子学院

进入 21 世纪后，伴随着中国综合国力和国际地位的提高，汉语的国际推广面临新的机遇和挑战。面对国外汉语学习持续升温，以及国内外已有汉语推广机构与机制的不足，自 2002 年开始，中国教育部和国家对外汉语教学领导小组开始酝酿在借鉴世界各国推广本民族语言的经验基础上，在海外设立中国语言推广机构。2004 年 3 月，国务委员陈至立将中国设在海外的语言推广机构正式定名为"孔子学院"。2004 年 11 月 21 日，全球第一所孔子学院在韩国首尔揭牌。

孔子学院致力于适应世界各国（地区）人民对汉语学习的需要，增进世界各国（地区）人民对中国语言文化的了解，加强中国与世界各国教育文化交流合作，发展中国与外国的友好关系，促进世界多元文化发展，构建和谐世界。孔子学院所提供的服务主要包括：开展汉语教学；培训汉语教师，提供汉语教学资源；开展汉语考试和汉语教师资格认证；提供中国教育、文化等信息咨询；开展中外语言文化交流活动。

截至 2015 年 12 月 1 日，全球 134 个国家（地区）建立了 500 所孔子学院和 1 000 个孔子课堂。孔子学院设在 125 个国家（地区）。其中，亚洲 32 国（地区）110 所，非洲 32 国 46 所，欧洲 40 国 169 所，美洲 18 国 157 所，大洋洲 3 国 18 所。孔子课堂设在 72 国（科摩罗、缅甸、马里、突尼斯、瓦努阿图、格林纳达、莱索托、库克群岛、欧盟等只有课堂，没有学院）。其中，亚洲 18 国 90 个，非洲 14 国 23 个，欧洲 28 国 257 个，美洲 8 国 544 个，大洋洲 4 国 86 个。

历经十余年发展，各地孔子学院利用自身优势，开展丰富多彩的教学和文化活动，成为各国学习汉语言文化、了解当代中国的重要场所，受到当地社会各界的欢迎。

根据《孔子学院章程》，孔子学院为非营利性教育机构，申办机构应为所在地合法注册的法人机构，有从事教学和教育文化交流并提供公共服务的资源。当前，孔子学院大多依托中外高校设立，"一带一路"沿线国家孔子学院的建设情况将在本书第十章详细介绍。

# 第十章 "一带一路"沿线国家的孔子学院

## 一、发展历程与现状

1. 蒙古的孔子学院概况

2008年5月,蒙古首所孔子学院——蒙古国立大学孔子学院正式揭牌,中方合作院校是山东大学。截至2015年年底,蒙古已发展有3所孔子学院和1所孔子课堂。

2. 东南亚各国的孔子学院概况

在诗琳通公主等人的大力倡导下,孔子学院在泰国获得蓬勃发展。2006年6月,孔敬大学孔子学院在泰国首先揭牌成立,这也是南亚地区最早启动运行的孔子学院。2006年11月,全球首所孔子课堂——岱密中学孔子课堂在泰国揭牌。2007年3月,诗琳通公主出席朱拉隆功大学孔子学院揭牌仪式,并用中文题写"任重道远"以示鼓励。2014年12月,诗琳通公主还出席了孔敬大学孔子学院专用教学楼落成典礼。菲律宾于2006年10月成立首所孔子学院——亚典耀大学孔子学院。截至2015年年底,菲律宾已发展有4所孔子学院。2009年7月,马来亚大学孔子汉语学院揭牌,由北京外国语大学和马来亚大学共同建设。2015年11月,马来西亚第二所孔子学院——马来西亚世纪大学孔子学院揭牌。2010年适逢中国同印尼建交60周年,为推进中、印尼两国教育交流与合作,印尼教育部高教总司推出6所大学拟建设孔子学院。2010年6月,印尼教育部副部长法斯里率6所大学校长访问国家汉办,并在北京正式签署阿拉扎大学孔子学院、丹戎布拉大学孔子学院、哈山努丁大学孔子学院、玛拉拿达基督教大学孔子学院、玛琅国立大学孔子学院、泗水国立大学孔子学院等6所学院合作协议。2013年10月,国务院总理李克强与越南总理阮晋勇共同见证越南第一所孔子学院——河内大学孔子学院合作协议签订。截至2015年年底,东南亚共设立了30所孔子学院和19所孔子课堂,分布在9个国家。

3. 西亚北非各国孔子学院概况

西亚北非地区的孔子学院起步稍晚。该地区最早启动运行的孔子学院是位于黎巴嫩的圣约瑟夫大学孔子学院,由圣约瑟夫大学与沈阳师范大学合建,于2007年2月正式运营。2007年3月,中国驻埃及大使吴思科代表中国国家汉语国际推广领导小组办公室(国家汉办)与埃及开罗大学在开罗签署协议,共建埃及第一所孔子学院。2008年4月,埃及第二所孔子学院——苏伊士运河大学孔子学院揭牌。2007年5月,以色列第一所孔子学院——特拉维夫大学孔子学院获批。2013年5月,在两国总理的见证下,孔子学院总部与以色列希伯来大学签署了以第二所孔子学院合作协议。2008年11月,土耳其首所孔子学院——中东技术大学孔子学院揭牌。截至2015年年底,土耳其已发展有4所孔子学院和1所孔子课堂,成为该地区孔子学院设立数量最多的国家。2009年1月,伊朗第一所孔子学院落户德黑兰。截至目前,德黑兰大学孔子学院依然是伊朗唯一的一所孔子学院。2009年4月,约旦首家孔子学院——安曼TAG孔子学院在首都安曼揭牌。2010年7月,阿联酋首所孔子学院——扎耶德大学孔子学院获批成立。2011年3月,阿联酋另一所孔子学院——迪拜大学孔子学院揭牌。2013年9月,国家主席习近平与巴林国王哈马德共同见证孔子学院总部与巴林大学签署合作设立巴林大学孔子学院协议。截至2015年年底,西亚北非沿线国家共设立了15所孔子学院和2所孔子课堂,分布在8个国家。

### 4. 南亚各国孔子学院概况

2005年4月，中国教育部与巴基斯坦国立现代语言大学在伊斯兰堡签署关于合作建立伊斯兰堡孔子学院的协议。伊斯兰堡孔子学院也是伊斯兰世界和南亚地区成立的第一所孔子学院。2013年5月，李克强总理与巴基斯坦总统扎尔达里共同见证孔子学院总部与卡拉奇大学签订设立孔子学院合作协议。2014年2月，习近平主席与巴基斯坦总统马姆努恩·侯赛因共同见证孔子学院总部与费萨拉巴德农业大学合作设立孔子学院协议的签署。截至2015年年底，巴基斯坦已开办4所孔子学院和1所孔子课堂，成为南亚沿线国家开办孔子学院（课堂）数量最多的国家。2006年2月，孟加拉国第一所孔子学院——南北大学孔子学院在首都达卡成立。截至2015年年底，孟加拉国已开设2所孔子学院，中方合作机构均为云南大学。2007年2月和4月，中国分别与尼泊尔加德满都大学和印度韦洛尔科技大学签署了合作建设孔子学院的协议。截至2015年年底，尼泊尔和印度分别开设了1所和2所孔子学院。2007年5月，斯里兰卡首所孔子学院——凯拉尼亚大学孔子学院落户凯拉尼亚大学。2014年9月，国家主席习近平和斯里兰卡总统拉贾帕克萨共同见证孔子学院总部与斯里兰卡科伦坡大学合作设立孔子学院协议签署。截至2015年年底，斯里兰卡已开办2所孔子学院和1所孔子课堂。截至2015年年底，南亚沿线国家共设立了12所孔子学院和5所孔子课堂。

### 5. 中亚各国孔子学院概况

创办孔子学院的序幕最早是从中亚拉开的。2004年6月，时任国家主席胡锦涛出席了乌兹别克斯坦塔什干孔子学院协议的签字仪式，从此拉开了我国在全球合作创办孔子学院的序幕。2005年5月，塔什干孔子学院正式揭牌。随后哈萨克斯坦、吉尔吉斯斯坦、塔吉克斯坦纷纷创办孔子学院和孔子课堂。2013年9月，国家主席习近平与乌兹别克斯坦总统卡里莫夫共同见证孔子学院总部与乌兹别克高等和中等专业教育部签订合作设立撒马尔罕孔子学院协议。2014年9月，习近平主席与塔吉克斯坦总统拉赫蒙共同见证孔子学院总部与塔吉克斯坦冶金学院合作设立孔子学院协议的签署。截至2015年年底，该地区已设立11所孔子学院和12所孔子课堂，其中设立孔子学院最多的国家是哈萨克斯坦（4所）。

### 6. 独联体国家孔子学院概况

2006年7月，国家汉办与白俄罗斯国立大学签署合作建设孔子学院的协议，由此拉开了独联体国家创办孔子学院的序幕。2006年12月，俄罗斯第一所孔子学院在远东国立大学揭牌。截至2015年年底，俄罗斯有17所孔子学院和4所孔子课堂运转。俄罗斯成为全球仅次于美国、英国和韩国设立孔子学院数量最多的国家。2007年6月，乌克兰首家孔子学院在卢甘斯克国立师范大学揭牌。截至2015年年底，乌克兰已开办5所孔子学院和1所孔子课堂。2009年2月，亚美尼亚首家孔子学院——埃里温"布留索夫"国立语言与社会科学大学孔子学院启动运行。2009年9月，西北师范大学与摩尔多瓦自由国际大学合办的自由国际大学孔子学院在首都基希讷乌揭牌，这是在摩落户的首家也是目前唯一的一所孔子学院。2010年5月和6月，阿塞拜疆和格鲁吉亚两国相继签署合作建设孔子学院的协议。截至2015年年底，独联体国家已开办30所孔子学院和10所孔子课堂。

### 7. 中东欧国家孔子学院概况

2006年6月，国家汉办与保加利亚索非亚大学签署了关于建立索非亚孔子学院的协议。索非亚孔子学院是东欧地区创办的第一所孔子学院，也是全球最早确立的14家示范孔子学院之一和欧洲第一家正式启用的示范孔子学院。截至2015年年底，中东欧沿线已开办29所孔子学院和8所孔子课堂，遍布16个国家。其中，该地区创办孔子学院最多的国家是波兰（5所）。

截至2015年12月，"一带一路"沿线已创办130所孔子学院和57所孔子课堂，沿线国家孔子学院（课堂）设立情况见表1。

## 表1 "一带一路"沿线国家孔子学院（课堂）设立情况一览表
（截至 2015 年 12 月）

| 序号 | 地区名称 | 国家名称 | 孔子学院数量 | 孔子课堂数量 |
|---|---|---|---|---|
| 1 | 东亚 | 蒙古 | 3 | 1 |
| 2 | 东南亚 | 新加坡 | 1 | 2 |
| | | 马来西亚 | 2 | 0 |
| | | 柬埔寨 | 1 | 3 |
| | | 老挝 | 1 | 0 |
| | | 印度尼西亚 | 6 | 0 |
| | | 泰国 | 14 | 11 |
| | | 菲律宾 | 4 | 0 |
| | | 缅甸 | 0 | 3 |
| | | 越南 | 1 | 0 |
| | | 文莱 | 0 | 0 |
| | | 东帝汶 | 0 | 0 |
| 3 | 西亚北非 | 黎巴嫩 | 1 | 0 |
| | | 巴林 | 1 | 0 |
| | | 阿联酋 | 2 | 0 |
| | | 土耳其 | 4 | 1 |
| | | 伊朗 | 1 | 0 |
| | | 以色列 | 2 | 0 |
| | | 约旦 | 2 | 0 |
| | | 埃及 | 2 | 1 |
| | | 伊拉克 | 0 | 0 |
| | | 叙利亚 | 0 | 0 |

续表

| 序号 | 地区名称 | 国家名称 | 孔子学院数量 | 孔子课堂数量 |
| --- | --- | --- | --- | --- |
| 3 | 西亚北非 | 巴勒斯坦 | 0 | 0 |
| | | 沙特阿拉伯 | 0 | 0 |
| | | 也门 | 0 | 0 |
| | | 阿曼 | 0 | 0 |
| | | 卡塔尔 | 0 | 0 |
| | | 科威特 | 0 | 0 |
| 4 | 南亚 | 阿富汗 | 1 | 0 |
| | | 巴基斯坦 | 4 | 1 |
| | | 孟加拉国 | 2 | 1 |
| | | 尼泊尔 | 1 | 2 |
| | | 斯里兰卡 | 2 | 1 |
| | | 印度 | 2 | 0 |
| | | 马尔代夫 | 0 | 0 |
| | | 不丹 | 0 | 0 |
| 5 | 中亚 | 哈萨克斯坦 | 4 | 0 |
| | | 吉尔吉斯斯坦 | 3 | 12 |
| | | 塔吉克斯坦 | 2 | 0 |
| | | 乌兹别克斯坦 | 2 | 0 |
| | | 土库曼斯坦 | 0 | 0 |
| 6 | 独联体 | 白俄罗斯 | 3 | 4 |
| | | 阿塞拜疆 | 2 | 0 |
| | | 格鲁吉亚 | 1 | 0 |
| | | 亚美尼亚 | 1 | 0 |

续表

| 序号 | 地区名称 | 国家名称 | 孔子学院数量 | 孔子课堂数量 |
|---|---|---|---|---|
| 6 | 独联体 | 摩尔多瓦 | 1 | 1 |
| | | 乌克兰 | 5 | 1 |
| | | 俄罗斯 | 17 | 4 |
| 7 | 中东欧 | 阿尔巴尼亚 | 1 | 0 |
| | | 爱沙尼亚 | 1 | 0 |
| | | 保加利亚 | 2 | 0 |
| | | 波黑 | 1 | 0 |
| | | 波兰 | 5 | 1 |
| | | 黑山 | 1 | 0 |
| | | 捷克 | 1 | 0 |
| | | 克罗地亚 | 1 | 0 |
| | | 拉脱维亚 | 1 | 1 |
| | | 立陶宛 | 1 | 0 |
| | | 罗马尼亚 | 4 | 1 |
| | | 马其顿 | 1 | 0 |
| | | 塞尔维亚 | 2 | 0 |
| | | 斯洛伐克 | 2 | 0 |
| | | 斯洛文尼亚 | 1 | 2 |
| | | 匈牙利 | 4 | 2 |
| 合计 | | 64 | 130 | 57 |

由表 1 可知，截至 2015 年年底，"一带一路"沿线 64 个国家中

的 51 国已设立孔子学院（课堂），表明 79.7% 的沿线国家已设立孔子学院（课堂）。其中，缅甸只开办课堂，未设立学院。"一带一路"沿线国家中尚未设立孔子学院（课堂）的国家有 13 个，分别是东南亚的文莱、东帝汶，西亚北非的伊拉克、叙利亚、巴勒斯坦、沙特阿拉伯、也门、阿曼、卡塔尔、科威特，南亚的马尔代夫、不丹和中亚的土库曼斯坦。与全球孔子学院（课堂）整体开办情况相比，"一带一路"沿线开办孔子学院的国家比率（79.7%）高于全球水平（60%）。沿线开办孔子学院（课堂）国家占全球已创办孔子学院（课堂）国家（地区）总数的 40%，但创办的孔子学院数量占全球开办总数的 26.4% 和孔子课堂总数的 5.8%，低于全球整体水平。

## 二、发展特色

作为中外合作建立的非营利性教育机构，孔子学院致力于开展汉语教学和中外教育、文化等方面的交流与合作，所提供的常规服务包括：开展汉语教学；培训汉语教师，提供汉语教学资源；开展汉语考试和汉语教师资格认证；提供中国教育、文化等信息咨询；开展中外语言文化交流活动。孔子学院一般依托中外大学而建，采取"大学对大学"的办学模式。"一带一路"沿线国家孔子学院与中方合作机构情况见附表 2。

由附表 2 可知，"一带一路"沿线国家孔子学院的中方合作机构均为大学，外方合作机构除约旦安曼 TAG 孔子学院（外方合作机构为约旦塔勒利·阿布·格扎拉国际集团）和泰国勿洞市孔子学院（外方合作机构为勿洞市政府）外，其余也全部依托国外大学而建。

开展汉语教学和培训汉语教师是孔子学院的基础业务。由附表 2 可知，"一带一路"沿线孔子学院的中方合作机构中有 22 所孔子学院的中方合作机构为语言类大学。其中，北京外国语大学共参与承办沿线9所孔子学院，北京语言大学参与承办4所孔子学院。另有28所孔子学院的中方合作机构为师范类大学。其中，广西师范大学和新疆师范大学各承办3所孔子学院。2015年，国家汉办启动南亚国家汉语师资班项目，首期招收印度、孟加拉、尼泊尔、斯里兰卡、巴基斯坦、马尔代夫、阿富汗等7国本土师资378人。

除开展汉语教学和培训汉语教师等常规业务外，"一带一路"沿线孔子学院还充分利用自身优势，逐步形成了各具特色的办学模式，部分孔子学院还走上了特色发展之路，成为各国学习汉语言文化、了解当代中国的重要场所，受到当地社会各界的欢迎。

2014年10月，白俄罗斯第3所孔子学院——国立技术大学科技孔子学院举行揭牌仪式。这是世界上首所科技型孔子学院，由我国东北大学同白俄罗斯国立技术大学共同建设。白俄罗斯政府副总理托济克、中国驻白俄罗斯大使崔启明、白俄罗斯国立技术大学校长赫鲁斯塔廖夫以及我国东北大学校长赵继共同为学院揭牌。托济克总理表示在白俄罗斯第三所孔子学院建成后，白俄罗斯拥有了比较完整的孔子学院教研和学术体系，第一所孔子学院——白俄罗斯国立大学孔子学院注重中国问题研究，第二所孔子学院——明斯克语言大学孔子学院注重中国古典文化研究，而科技孔子学院则将成为白中科技合作的桥梁。赫鲁斯塔廖夫校长说，孔子学院落户白俄罗斯国立技术大学是两国科技交流进一步加深的重要步骤。白俄罗斯国立技术大学同我国方面的合作已有20多年历史，随着科技孔子学院的成立，该校同中方在学术研讨、科技项目、人员交流方面的合作将更加紧密。

2015年3月，匈牙利佩奇大学与华北理工大学合建的中医特色孔子学院揭牌仪式在匈牙利佩奇市举行。佩奇大学中医孔子学院是欧洲大陆首所、全球第7所中医孔院，也是继罗兰大学孔子学院、塞格德大学孔子学院和米什科尔茨大学孔子学院之后在匈成立的第4所孔子学院。学院致力于促进中匈两国中医药领域的交流合作，为两国人文交流注入新的活力，同时满足匈西南地区民众学习汉语、了解中国文化的需求。

全球其他地区还设立了旅游孔子学院、音乐孔子学院、舞蹈和表演孔子学院、饮食文化孔子学院、茶文化孔子学院等特色孔子学院。特色孔子学院的发展走出了传播中华文化和促进中外交流合作的新途径，使得孔子学院的发展呈现多元化和专业化的发展趋势。

## 三、孔子学院与"一带一路"

2014年4月，为响应"21世纪海上丝绸之路"的合作倡议，推动中泰教育文化交流取得新发展，国家汉办与泰国隆财基金会理事长赵昆通猜大师密切合作，由泰国博仁大学和天津师范大学牵头，筹办海上丝路孔子学院。2015年6月，由泰国27家教育机构联合申办的"海上丝路孔子学院"揭牌仪式在泰国博仁大学隆重举行。海上丝路孔子学院的成立，旨在为更好地发展和提升作为海上丝路枢纽的泰国的汉语教育水平，为促进中泰两国各领域交流服务。海上丝路孔子学院是在"一带一路"沿线国家设立的第130所孔子学院，也是唯一一所以"一带一路"命名的孔子学院。学院将重点面向曼谷及周边地区开展本土汉语师资培养和高等职业技术培训，致力于成为"一带一路"国家孔子学院的"火车头"，为全球孔子学院树立样板和典范。

2015年9月，欧洲部分孔子学院联席会议在保加利亚首都索非亚举行。会议期间，来自欧洲22个国家的50所孔子学院和孔子课堂的100多位代表讨论了孔子学院的未来发展、如何促进中国与世界其他国家交流与合作，特别是如何促进"一带一路"倡议实施等诸多议题。与会者认为，大力开展文化交流与合作是"一带一路"重中之重的基础建设，而孔子学院的宗旨正是帮助世界各国人民学习汉语、了解中华文化、增进中外人民之间的友谊。发展孔子学院与实施"一带一路"之间存在许多契合点，"一带一路"倡议的实施会为沿线国家带来诸多发展机会，这些国家的孔子学院也应当努力促进这一战略的实施。2015年12月，在第十届全球孔子学院大会期间，来自11个国家的13位大学校长及孔子学院院长发言并同与会代表围绕"一带一路"为孔子学院发展带来的机遇和挑战、孔子学院服务"一带一路"的实践和计划等议题进行交流探讨，与会代表们一致认为，"一带一路"将进一步凸显孔子学院在人文交流方面的桥梁作用，同时有效促进中外经贸合作。代表们表示，经贸发展离不开文化与语言，孔子学院是语言和文化交流的平台，可以创造与其他国家共赢的局面。大家认为实施"一带一路"倡议，真正受益方还在人民，孔子学院能够促进各国的有效沟通，融合不同的国家机制，有利于大家寻找共同利益。

"一带一路"倡议提出后，沿线国家孔子学院纷纷发挥各自优势，主动融入"一带一路"倡议，并开展了积极探索。

柬埔寨王家学院孔子学院由时任国家副主席习近平与柬埔寨王国副总理索安亲自揭牌，也是目前柬埔寨唯一的一所孔子学院。截至2015年年底，该孔子学院在柬各学校、政府和军事部门共开设了3所孔子课堂和25个教学点，为当地社会各界输送了大量汉语人才。"一带一路"倡议提出以来，该学院统筹项目资源，举办了形式多样的主题论坛和文化活动，积极出版书籍、拍摄视频，为"一带一路"进行舆论造势。2015年7月，该孔子学院还承办了由柬埔寨参议院主办的"'一带一路'——柬埔寨与中国的连接通途"座谈会，围绕如何充实和完善"一带一路"构想、中柬如何在共建"一带一路"倡议框架下开展更多务实合作等积极献言献策。未来，柬埔寨王家学院孔子学院还将继续发挥智库作用，为柬政府实施"一带一路"项目献计献策。

作为地处欧亚大陆腹地、沟通东西方的重要"走廊"，乌克兰是全面支持"一带一路"倡议的第一个欧洲国家。近年来，基辅国立语言大学孔子学院除开展语言教学、文化活动、各类比赛等常规项目外，还为乌克兰国际航空公司开设"航空汉语"，与乌克兰中国商会和乌克兰工商会开展"订单式合作"等创新项目外，同时还重点推出"孔子学院学员走进中国在乌企业""全乌汉语学习者'一带一路'主题征文及获奖者赴华游学""中乌各界代表共话'一带一路'研讨会"等特色项目,推动"一带一路"倡议在乌克兰落地生根。

乌兹别克斯坦自古以来就是"丝绸之路"沿线的重要国家。"丝绸之路"在中亚的许多重镇,如撒马尔罕、布哈拉、希瓦等就位于乌兹别克斯坦境内。"一带一路"倡议提出后,在包括乌兹别克斯坦在内的中亚国家引起强烈反响。中国到乌兹别克斯坦投资贸易的企业越来越多,汉语在当地持续升温,孔子学院的学员也越来越多。除教授汉语外,当地孔子学院还举办了各类特色文化活动,如2015年11月举办了"乌兹别克汉学与'一带一路'"第十二届汉学研讨会,并成为中乌文化领域的重要合作项目。随着中乌共建"丝绸之路经济带"合作的不断深入,两国语言教学和研究领域合作将面临大好机遇。孔子学院将成为促进两国人文合作、增进两国传统友谊的重要平台。

在俄罗斯,"一带一路"倡议得到了广泛响应。2015年11月,"'一带一路'框架下中俄二十一世纪战略协作关系论坛"在俄罗斯新西伯利亚国立技术大学孔子学院举办。与会者就中俄关系在教育领域的发展、语言在中俄协作中的重要作用、"一带一路"对中国与俄罗斯战略合作的重要意义等进行了探讨。随着中俄地区劳动力市场对懂汉语的工程技术人员、法律专家和服务行业人员需求的增多,孔子学院可根据市场需求编制新的教学计划,开设实用课程,在较短时间内培养学员必需的语言能力,以便在工作中的沟通交流。同时,依托语言文化交流职能,孔子学院可为当地提供政策沟通与咨询,开展针对交通、通讯、经贸、旅游、金融等专业人才的语言培训。孔子学院将使"一带一路"背景下的中俄交流更加顺畅。

国之交在于民相亲,民相亲在于心相通。"一带一路"倡议的内涵是"五通"(政治沟通、设施联通、资金融通、贸易畅通、民心相通),"三同"(利益共同体、命运共同体、责任共同体),而"民心相通"尤为关键。孔子学院客观上为沿线国家的民心相通做了铺垫。

"一带一路"倡议强调共商、共建、共享理念，与孔子学院的发展理念一脉相承。"一带一路"拓展和深化了中国与有关国家的合作与友谊，极大提升了中国的国际影响力，为孔子学院持续发展带来强大动力。在新的时代背景下，孔子学院与"一带一路"可以携手同行，相辅相成。传播丝路文化，讲好丝路故事、阐明丝路精神，正成为沿线孔子学院的新使命。

# 第十一章 "一带一路"背景下的大学改革

## 一、"一带一路"倡议中的教育使命

2016年,教育部发布《推进共建"一带一路"教育行动》,在宏观层面提出"一带一路"中的教育使命——教育为国家富强、民族繁荣、人民幸福之本,在共建"一带一路"中具有基础性和先导性作用。教育交流"一带一路"为沿线各国民心相通架设桥梁,人才培养为沿线各国政策沟通、设施联通、贸易畅通、资金融通提供支撑。沿线各国唇齿相依,教育交流源远流长,教育合作前景广阔,大家携手发展教育,合力推进共建"一带一路",是造福沿线各国人民的伟大事业。中国将一以贯之地坚持教育对外开放,深度融入世界教育改革发展潮流。推进"一带一路"教育共同繁荣,既是加强与沿线各国教育互利合作的需要,也是推进中国教育改革发展的需要,中国愿意在力所能及的范围内承担更多责任义务,为区域教育大发展做出更大的贡献。但具体贯彻到教育系统内部,"一带一路"倡议中教育的使命还需更加微观和具体。

既然教育在"一带一路"倡议中的地位和作用突出,那么其所承担的历史使命和社会责任就相应重大。其中,最重要的使命和责任就是人才培养和培训。

专业技能人才培养。"一带一路"的实施涉及政治、经济、文化、法律、民族、宗教等诸多领域,这些领域都需要教育提供专业技能人才支撑。为此,教育将为大规模的基础设施建设培养一大批不同领域的工程技术、项目设计与管理、质量控制与保障等方面的专业技能人才,为经贸活动培养一大批商贸、金融、交通、物流、能源等方面的专业技能人才,为人文交流培养一大批宗教、文化、法律、旅游等方面的专业技能人才。

小语种人才培养。随着我国与"一带一路"沿线国家合作与交流的增加,我国将急需大量通晓沿线国家语言,熟知当地政治、经济、文化、宗教等国情的专门人才。"一带一路"沿线有65个国家,还会不断有国家和地区参与进来,它们所使用的语言各不相同,我们急需大量英语以外的各种小语种人才,以及一大批适应与沿线国家交流的优秀人才。届时,教育的功能又将得以最大限度地发挥。

技术人员和工人劳务培训。"一带一路"倡议不仅需要大批的专业技能人才和语言、文化专门人才,而且需要外派更大数量的技术人员。因此,我国迫切需要对外派技术人员和工人进行必要的派遣国国情教育和语言、文化、习俗培训,需要围绕工程项目对当地人员进行技术、技能培训。

高层次青年人才培养。"一带一路"沿线国家大都是发展中国家,高层次人才匮乏。设立高端学历项目,将为发展中国家培养一批高层次人才,为"一带一路"的可持续发展奠定基础。

开展对"一带一路"沿线国家研究。传统上,我国的国际问题和国别区域研究主要聚焦在欧美发达国家和地区,对发展中国家和地区研究比较薄弱。虽然2012年教育部设立了一批国别区域问题研究基地,以加强国别区域问题和国际问题的研究,但是由于时间尚短,对发展中国家和地区研究不足的局面并没有根本改变,这给"一带一路"倡议的实施带来了局限。因此,高等院校应加强对沿线国家的历史、政治体制、地缘政治、法律、文化、语言、宗教、地理、民族、经济、商贸、交通、旅游、外交、能源的进行全方位的研究,将为实现"五通"提供必要的知识储备。

"一带一路"倡议中高等学校的智库作用。一是为国家政策制定提供决策咨询服务。高等学校能发挥的作用就是积极配合"一带一路"倡议需要,就"一带一路"中的重大战略问题、政策问题开展研究,为国家战略决策提供咨询建议。二是积极探索国际合作以及全球治理新模式。"一带一路"倡议要打造政治互信、经济融合、文化包容的利益共同体、命运共同体和责任共同体，实际上是要建立一个全新的、和谐的区域治理体系甚至全球治理模式，这种体系和模式不同于现在西方国家主导的世界体系和治理模式，应该是平等合作、和谐包容、互利共赢、共同发展、共同繁荣的新体系和新模式。高等学校拥有智力优势、知识优势，可以为新的区域治理体系甚至全球治理模式的建立献计献策。三是协助相关行业制定质量标准。在"五通"之中，设施联通、贸易畅通尤为关键。高等学校可尝试与行业企业的专家一道，共同参与制定有关铁路、公路、港口、通信、电力等重要设施和贸易商品的质量标准。四是为社会提供咨询服务。高等学校还可以面向社会各界和市场，做好"一带一路"知识普及工作，并就所涉及的问题提供咨询服务。

人文交流是人类沟通情感和心灵的桥梁，是不同国家和地区之间加深理解和信任的纽带，是不同文明之间加强对话和交流的渠道。"一带一路"沿线国家众多，文化差异大，存在着文明多样性。因此，要推动和扩大双边、多边和地区间人文交流，相互增进理解和信任。这对促进沿线国家共建"利益共同体""命运共同体"和"责任共同体"至关重要。各级各类学校要通过多种途径拓展和深化沿线国家的人文交流，担当人文交流的平台和使者。

## 二、"一带一路"倡议中的大学角色

"一带一路"建设，需要先进科学技术作为强大的推动力，任何时候都离不开高素质的"人"的参与。高校作为教书育人与学术研究之所，决定了高校在国家"一带一路"倡议中肩负着不可推卸的伟大历史使命。

## （一）"一带一路"倡议中的高校作用

我国作为"一带一路"倡议的倡导者，必须承担起世界经济大国的责任与义务，团结沿线各国互惠互利、共同发展，在"一带一路"建设中起到主体与引领作用，这一点是毋庸置疑的。对未来可能面临的重大政治、经济等问题或困难必须想在前面，提前谋划应对之策。因此，如何在"一带一路"建设中起到主体与引领作用，有必要从战略和战术上加以全面和深入的研究，找到一种符合我国当前国情与发展现状，与自身国力相适应的和平发展之路，既要循序渐进、量力而行，又要发挥自身的主体性，通过互利合作、共同发展的现实成果吸引沿线国家和地区积极参与到"一带一路"建设中来，并切切实实起到引领作用。高校是知识与文化传承和人才培养的基地，同时也是知识与文化的主要生产基地和创造基地，可以从理论研究和基础建设两个方面参与到"一带一路"的伟大事业中去，并在理论研究和基础建设中积极开展知识与文化传播活动，发挥自身独特的作用。

知识与文化传播涉及不同国家、不同民族，这其中存在跨文化传播的问题。在经济全球化进程中，虽整体势头良好，但霸权主义和强权政治依然存在，贸易保护主义有所抬头，发端于宗教极端主义的恐怖活动日益猖獗等问题亦需重视。"一带一路"建设需要正视文化传播在不同国家和不同民族之间引发的各种矛盾，采取积极应对策略，不断吸收外来文化精华并结合本土文化优势，在和谐、友好的氛围中，找到适宜扎根的肥沃土壤，寻求更广阔的生存与发展空间。

高校在"一带一路"建设中起到的不可替代作用，主要原因在于知识与文化的不同属性。知识以物为本，具有客观性、科学性、专业性。而文化以人为本，求善求美，具有主观性、经验性、历史性、社会性。物以类同，决定了知识无国界，具有通用性；人以群分，决定了文化有异同，具有民族性。不同国家、不同民族具有各自的发展历史与传统文化，它植根在人的内心，潜移默化地影响着人的思想与行为方式。在"一带一路"建设中，高校除了教育与科研国际合作或直接投身于基础建设实践活动，其特点与学科优势决定了其可以在知识与文化传播方面发挥独特的作用，特别是在传播知识的同时，把知识与文化作为密不可分的整体，统一布局，积极开展文化交流。

## （二）"一带一路"倡议中的高校角色定位

国际学术论文的产出情况，在很大程度上反映了一个国家高等教育与学术研究的水平，以及高端人才的产出情况。通过对国际学术论文状况的分析，可以进一步把握中国与发达国家以及"一带一路"国家与地区科技合作的特征与整体态势，有助于正确理解高校在"一带一路"建设中的角色定位，从而明确自身所应承担的责任与义务，以及如何履行所承担的责任与义务完成国家"一带一路"倡议赋予自己的历史使命。

中国科学技术信息研究所 2015 年度发布的《中国科技论文统计结果》表明，2014 年中国 SCI 收录的科技论文为 26.35 万篇，连续第六年排在世界第 2 位，占世界份额的 14.9%，排在美国之后（美国 2014 年 SCI 论文数量为 48.66 万篇，是我国的 1.8 倍，占世界份额的 27.5%）。2005 年至 2015 年 9 月，我国科技人员共发表国际论文 158.11 万篇，排在世界第 2 位，论文被引用 1 287.6 万次，排在世界第 4 位，单篇论文平均引用次数 8.14，排在第 15 位，低于世界平均值 11.29 次/篇。EI 数据库 2014 年收录中国论文为 17.29 万篇，占世界论文总数的 31.6%，数量比 2013 年增长 5.8%，所占份额增加 9 个百分点，排在世界第 1 位。2014 年 SSCI 数据库收录中国论文为 10 952 篇，占世界论文总数的 4%，居世界第 6 位，居我国之前的国家为美国、英国、澳大利亚、加拿大和德国。其中，收录美国论文 10.94 万篇，占世界论文总数的 39.9%。在发表 SSCI 论文的机构中，我国高校发表论文 5 934

篇，占88.2%，研究院所发表论文530篇，占7.9%。在国际合作方面，据SCI数据库统计，2014年收录的中国论文中，国际合作产生的论文为6.5万篇，国际合作论文占我国发表论文总数的24.7%。其中，中国作者为第一作者的国际合作论文共计44 415篇，占我国全部国际合作论文的67.9%，合作伙伴涉及144个国家（地区）。

我国科学技术虽取得巨大进步，但与国外发达国家相比还存在较大差距，主要表现在高水平论文数量较少、篇均引用次数明显低于世界主要发达国家、科技成果转化为实际生产力的能力薄弱。我国学者吴建南等的研究成果表明，中国与"一带一路"国家的合作论文的绝对数量、总被引频次都远远不如中国与发达国家的合作论文，中国与发达国家的合作论文无论是在数量还是质量上都远远超过了中国与"一带一路"国家的合作论文。从中，我们不难看出我国高校的教育、科研水平，从而不难确定我国高校在"一带一路"建设中的角色与定位：各高校在"一带一路"建设的对外交往中，一方面，应当正视与发达国家在科技发展水平上的差距，虚心学习、消化先进科学技术，争取迎头赶上，在教育、科研国际合作方面做好文化与知识传播的桥梁、纽带，这既是我国经济、社会发展水平所决定的，也是我国具备而发达国家不具备的能够承"上"启"下"的中间优势；另一方面，也不能忽视我国高校在教育、科研方面取得的巨大成就，某些方面已经达到或接近世界先进水平，必须本着相互理解、互通有无、互惠互利、共同发展的原则，充分利用自身特色和学科优势，加强以国家战略为依托和导向的智库建设，开展"一带一路"建设的总体规划与策略研究，通过教育与科研国际合作在国际化人才培养、在知识与文化传播和提升科技创新能力等方面，为"一带一路"建设提供智力支持和人才储备，积极参与沿线国家与地区的基础建设，促进沿线国家与地区的经济、文化与社会的和谐发展，从而在"一带一路"建设的教育、科研领域起到团结、引领与主导作用。

## 三、"一带一路"倡议视角下我国大学改革

"一带一路"倡议是新中国成立以来我国在发展对外关系中的新阶段,是我国对外开放领域的里程碑事件。改革与开放"双轮驱动",创造了中国发展奇迹。开放倒逼改革,改革推进开放。作为新一轮中国对外开放大战略的"一带一路"倡议,必将开启中国全面深化改革的新局面。大学作为人才第一资源和科技第一生产力的重要结合点,在"一带一路"倡议中发挥着基础性、独特性和引领性作用,大学的改革必将是新时期全面改革的重要组成部分,大学改革对推进"一带一路"倡议具有巨大促进作用,以下对我国"一带一路"倡议视角下我国大学改革进行概述。

从现有研究来看,"一带一路"背景下大学改革主要涉及人才培养、科学研究、社会服务与文化传承与创新等方面。

### (一)人才培养

1. 建立完整的人才培养体系

推动"一带一路"倡议需要对相应国家、地区的综合、深入了解,掌握相关的外语仅仅是第一步。要改变现状,除了新设相应的专业外,还要从更高的层次上考虑人才的培养问题,需要建立一个完整的人才培养体系,综合性大学更有条件发挥学科专业齐全的优势。

2. 深化课程教学改革

推进"一带一路"的人才建设,需要根据国家战略和现实需求深化开展课程教学改革。一方面,需要积极探索不同类型高校和不同学科在人才培养方面的协作。对于专业人才培养,应建立跨学校、跨区域的人才教育平台,以适应和满足"一带一路"倡议下不同区

域、不同领域、不同行业需求的"走出去"的国际化专业人才。另一方面，对于复合型人才的培养，应加强不同学科的交叉和融合，敢于打破现有学科的分类布局，整合语言、文学、宗教、历史、地理、政治、经济及理工农医等已有学科专业，开发出跨专业的"一带一路"学科，实现"一带一路"人才的多视角培养，尝试探索"外语+X"人才培养模式，以体制制度的改革创新促进各类复合型人才的培养。

### 3．增强国际意识与能力

为实现"一带一路"倡议，高校必须要培养学生运用知识与能力去分析与之直接接触环境以外的世界，能够使学生认识到自己和他人看问题的角度，能够使学生与不同的听众进行有效的交流，并将其理念转化为适当的行动。与此同时，高校还应积极培养学生从事国际交往所必须具备的爱国正直、专业精神和尊重多样性等核心价值观，互相交流、团队合作、计划组织、承担责任、考虑客户、不断创造、持续学习和更新及时等核心胜任力，以及富有远见、领导力、赋权、绩效管理、建立信任和决策能力等管理胜任力。

### 4．加强质量保证

人才培养的质量直接关系到"一带一路"建设目标的实现，需要从人才培养全流程加强教育质量保证。在"一带一路"背景下，应着重从专业教育国际认证的维度加强高等教育质量保证。"一带一路"建设所紧缺的工程、建筑、金融、医学、法学、会计、管理等领域的专业人才，恰恰也是专业教育国际认证最为成熟的领域。参与国际认证可以倒逼高校按照相关领域专业教育质量的国际标准和基本要求进行改革，使其改善教学条件、加大教学经费投入，促进教师队伍的建设和专业化发展，建立科学规范的教学质量管理和监控体系。

## （二）科学研究

大力支持开展跨国科研项目合作。在 2015 年国家社科基金年度立项名单中，有关"丝绸之路经济带""一带一路"倡议的研究多达 40 多项，分散在国际关系、政治学、经济学、民族学、管理学、法学、文学、历史、宗教、考古等多个领域，其中不乏能够为"丝绸之路经济带"建设直接提供研究成果的重要科研项目。

科学研究要体现学术导向与国家发展目标的统一，围绕"丝绸之路经济带"建设国家战略目标的推进，打破过去仅依靠自身力量开展科学研究的传统做法，切实加强国际交流与合作，以建设学术研究交流平台、产业技术研发平台等措施为先导，进一步拓宽科研合作的国际视野，以此推动沿线国家的重点高校、科研机构开展跨国科研项目合作。

## （三）社会服务

### 1．要加强高校与产业界合作

设施联通、贸易畅通和资金融通是"一带一路"建设的重点，而这些领域人才的培养离不开工商业界相关企业、商会和行业协会与高校的密切合作。事实上，加快复合型人才培养目前已纳入部分央企"一带一路"规划中。例如，自 2014 年起，中交集团开始实施"11711 人才计划"，即在五年内培养 100 名企业领军人才、1 000 名青年骨干、7 000 名优秀项目管理人才、1 万名骨干专业技术人才、1 万名高技能人才。身处"一带一路"建设第一线的产业界最清楚沿线国家的经济需求以及与之相匹配的人才需求。因此，加强两者间的合作既要求产业界要及时向高校传递人才需求信息，也要求高校主动与产业界协同制定人才规格标准，联合开展人才培养培训。

### 2. 建设可以指导实践的智库

面对复杂多变的国内外环境，需要不断总结国内外的历史和现实实践中的经验和教训，创造和储备适应新环境的系统知识。高校应该主动出击，研究和总结"一带一路"沿线国家的历史、文化以及当代的政治、经济和社会特征，形成比较系统的知识体系，用于指导"走出去"和"引进来"的实践。

### 3. 推进高校国际技术转移

创新高校国际技术转移新模式，大力推进技术国际转移。建立"技术+资本"的国际技术转移模式，高校国际科技成果转移转化，在于组织模式的创新管理，利用国内的高技术资本和国际金融资本融合，一起撬动"一带一路"国家的技术市场，进而使国内技术或成果有效转移转化。这就要求高校国际技术转移机构积极带动社会、国家间资本的活力，为技术、资本、市场三方搭建有效桥梁，进而为技术的最终转化落地提供强有力的保证。建立科学完善的国际技术转移评价体系，可以客观评价我国科技成果转移转化情况，进一步使我国参与到国际技术转移转化竞争中。此外，还应建立技术转移起点前移的技术全流程跟进模式、全方位合作伙伴关系体系和覆盖产业化全过程的国际技术转移平台等。

## （四）高校对外开放

### 1. 鼓励出国留学和海外实践

"一带一路"沿线国家社会发展模式各异、历史文化传统多样，要想保障人才培养的适切性和实效性就应向沿线国家派遣愿意了解、有志学习、积极投身于"一带一路"建设的留学生与访问学者，只有在沿线国家和地区长期生活和学习，才能接地气，才能深入了解当地的社情民意、风土人情，才能更好地服务"一带一路"倡议。此外，加强为青年学生提供到各种政府间和非政府间国际组织实习锻炼的机会也是促进青年人才熟悉国际组织运作、理解国际规则以及促进其专业成长的重要途径。

**2. 加强来华留学教育**

近年来,我国来华留学人员呈现快速发展的势头。就来华留学生规模而言,已占全球留学生份额的 8%,成为继美国和英国后的世界第三大留学生输入国。而在这种发展趋势中,"一带一路"沿线国家具有巨大的来华留学需求。仅 2014 年在来华留学生源地排前十位的国家中,就有泰国、俄罗斯、印度尼西亚、印度、巴基斯坦和哈萨克斯坦等 6 个"一带一路"沿线国家。目前,我国高校需要抓住时机乘势而上,落实好首届"中国——东盟教育部长圆桌会议"上提出的"双十万计划",以及在《愿景与行动》中提出的"每年向沿线国家提供 1 万个政府奖学金名额"的目标,扩大留学生教育规模。同时,高校还应注重教育服务和产品的开发与提供。

**3. 开展多层次海外办学**

"一带一路"建设为我国高校"走出去"开展多层次海外办学提供了难得的历史机遇。高校在扩大吸收沿线国家留学人员的同时,还应利用好我国高等教育的各种资源和渠道,加大境外办学力度,在沿线国家共建大学或开办分校,同国外学府合作授予双重学位,传播中国文化,扩大中国高校的影响力。此外,高校还要重视"一带一路"沿线国家高层人才的交流培养。

**4. 推动"一带一路"人文交流机制建设**

提升与沿线国家的教育交流合作水平,在全面合作中充实教育内涵,打造"中国——东盟教育交流周""中国——东南欧教育政策论坛"等品牌项目,重点推动"中国——印尼""中国——孟加拉""中——阿"人文交流机制建设。与沿线国家共同推出"一带一路"政府奖学金,共同实施"优秀青年人才联合培养计划",共同推进特色领域合作办学,共同开展专业技能人才培训,合作开展对外劳务培训和工程项目当地技工培训,合作共同推动汉语普及等。同时,应与周边国家共商、共建、共享区域职业教育资格等级参照标准,促进职业教育资格相互承认,为区域人员合理有序流动扫清体制机制障碍。

## (五)知识传播与文化传承创新

"一带一路"倡议赋予高校千载难逢的历史机遇,所以高校必须肩负起自身不可推卸的光荣使命,积极与不同国家、民族的高校开展教育、科研国际合作,相互学习、相互借鉴和取长补短,加快先进知识的传播速度,加强先进知识的转化力度,不断提高"一带一路"地区不同国家和不同民族的知识拥有水平和利用水平,为知识经济社会的发展和完善提供必不可少的优秀人力资源和智力支持,加强对自主知识产权的保护与传播意识,促进更高层次知识成果的实践应用和推广普及,加快知识经济社会的发展。与此同时,高校也应该是"一带一路"建设过程中文化传播的使者,高度重视不同国家、民族之间先进文化的传播、交流,使中华文化不断吸收外部养分,保持先进性和主体性,增进不同国家、不同民族的相互了解和相互理解,深化彼此之间的传统友谊,推动不同国家、不同民族共同兴旺,将发达的可持续发展道路越走越宽,朝着更远大的目标迈进。目前,面向教育、科研国际合作的"一带一路"知识与文化传播研究,特别是高校在教育、科研国际合作中承担知识与文化传播的地位、角色和历史使命,以及怎样在"一带一路"教育、科研国际合作中更好地进行知识与中华文化、文明的传播,研究得还比较少,有待增强。

高校参与"一带一路"建设,应充分利用自身优势,积极开展教育、科研国际合作,充分发挥高校人才培养、知识传播和文化传承的重要作用,为"一带一路"建设提供智力资源,创建优势互补、互利共赢和可持续发展的国际知识经济社会环境,确保我国教育、科研在对外交流中不断吸收新鲜养分,以先进知识与先进文化保持对外交流的主体性和主导性地位，面对发达国家文化霸权侵蚀和一些地区宗教极端文化沉渣泛起等现状，确保国家文化安全和"一带一路"建设的健康、快速发展。

此外，高校参与"一带一路"建设，也有助于进一步增强高校自身优势学科的国际影响力，通过"一带一路"教育、科研国际合作，形成专业、学科优势互补的教育、科研发展氛围，激发教学、科研创新潜能，全面提升学校综合实力，积极推动我国高校"综合性、研究型和国际化""服务社会"或"国际一流大学"等发展战略的实施与深化。

# 第十二章　基于智库平台的中外大学合作

## 一、现代智库与大战略

### （一）现代智库的发展

智库，又称思想库，通常是指专门从事开发性研究的咨询研究机构。根据上海社会科学院智库研究中心2014年2月发布的《2013年中国智库报告》的定义，智库主要是指以公共政策为研究对象，以影响政府决策为研究目标，以公共利益为研究导向，以社会责任为研究准则的专业研究机构。它将各学科的专家学者聚集起来，运用他们的智慧和才能，为社会经济等领域的发展提供满意方案或优化方案，是现代领导管理体制中一个不可缺少的重要组成部分。其主要任务是提供咨询，为决策者献计献策、判断运筹，提出各种设计；反馈信息，对实施方案追踪调查研究，把运行结果反馈到决策者那里，便于纠偏；进行诊断，根据现状研究产生问题的原因，寻找解决问题的症结；预测未来，从不同的角度运用各种方法，提出各种预测方案供决策者选用。

从组织形式和机构属性上看，智库既可以是具有政府背景的公共研究机构（官方智库），也可以是不具有政府背景或具有准政府背景的私营研究机构（民间智库）；既可以是营利性研究机构，也可以是非营利性机构。

现代智库最早起源于美国，产生于20世纪20年代前后，如卡内基国际和平基金会成立于1910年，政府研究所成立于1916年，胡佛研究所成立于1919年，外交关系委员会则诞生于1921年。这些美国历史最悠久的智库已经存在了100年左右的时间。

由美国宾夕法尼亚大学智库研究项目（TTCSP）研究编写的《全球智库报告2015》显示，2015年全球共有智库6 846家。其中，美国以1 835家智库稳居首位，中国依然是世界第二智库大国，智库数量达到435家，比2014年增加了6家，英国和印度分别以288家和280家位居第三、四名。

2015全球智库综合排名榜单共涉及175家世界智库。美国的布鲁金斯学会、英国的查塔姆社和美国的卡耐基国际和平基金会位列前三名。中国有9家智库入选，排名最高的是中国社会科学院，位列第31名。在亚洲大国智库排名60强榜单中，共有卡耐基中国中心、中国国际经济交流中心、中国金融40人论坛、察哈尔学会、中国（海南）改革与发展研究院等18家中国智库上榜。在全球最值得关注智库排名100强榜单中，共有4家中国智库上榜：上海高级金融学院、中国与全球化智库、中国国际经济交流中心、人大重阳金融研究院。

根据最新发布的《全球智库报告2016》统计，2016年全球共有智库6 846家，其中北美洲智库数量最多，拥有1 931家；欧洲其次，拥有1 770家；亚洲紧随其后，拥有1 262家。美国依然是世界上拥有智库数量最多的国家，有1 835家。中国依然是世界第二智库大国，拥有智库数量达到435家。英国和印度智库数量位列中国之后，分别拥有288家和280家。

《全球智库报告2016》全球智库综合排名榜单共列及175家世界智库，其中美国的布鲁金斯学会蝉联榜单首位。这已经是布鲁金斯学会连续5年排行第一。英国查塔姆社和法国国际关系研究所分列第二、第三位。

2016全球智库综合排名榜单175强中，有9家中国智库入选，分别是：中国现代国际关系研究院（第33名）、中国社会科学院（第36名）、中国国际问题研究院（第39名）、国务院发展研究中心（第52名）、上海国际问题研究院（第73名）、北京大学国际战略研究院（第

79名)、中国与全球化智库(第111名)、人民大学重阳金融研究院(第149名)。

## (二)现代智库对社会发展的重要影响与途径

现代智库作为重要的智慧生产机构,是一个国家思想创新的泉源,也是一个国家软实力和国际话语权的重要标志和组成部分,是推进国家治理体系和治理能力现代化的重要内容,是服务政府科学决策、推动社会进步的重要力量。美国有许多世界著名智库,始终在国家甚至全球发展中发挥极其重要的作用。美国智库无论是保守派还是自由派,它们主要采取以下五种途径和方法直接或间接地影响政府在公共政策上的决策。

一是通过研究和发表研究成果来影响政府决策。如美国智库通过出版著作、期刊、研究报告和简报等方式来阐述观点和提出政策建议,以此影响美国决策者的外交政策理念和政府在具体政策上的选择。其中对政府实际政策影响比较大的是研究报告。

二是在国会听证会上作证。美国国会委员会审查立法的听证会除政府官员和利益集团的代表参加外,智库学者也常常被邀请在听证会上作证,这使他们不仅获得了影响国会立法的机会,也通过国会记录受到媒体和学术界的广泛关注,扩大了他们的影响。

三是举办各种会议。美国的智库经常会就国内外的热点和重点问题举行对公众开放的论坛、研讨会、新书发布会、纪念会等会议,以此与政府官员、同行、媒体和公众进行交流和互动。

四是对政府官员进行培训。大多数美国智库都设有对政府官员进行培训的项目,例如兰德公司、对外关系委员会、美国企业研究所、卡内基国际和平基金会等都有对国务院官员的培训项目,大西洋理事会则设有对国防部高级军官的培训项目。

五是与媒体的互动。媒体是智库学者传播自己观点、影响公众讨论,从而间接影响公共政策决策的重要途径,智库学者非常重视同记者建立联系,通过媒体发出自己的声音。

随着智库在各国经济社会发展和国际事务的处理中发挥越来越重要的作用,其发展程度逐步成为一个国家或地区治理能力的重要体现,建设高水平、国际化的智库已经成为一个全球化趋势。

## 二、大战略需要大智慧

### (一)"一带一路"是促进世界和平与发展的大战略

2013年9月至10月,习近平主席出访中亚和东南亚国家期间,先后提出了共建"丝绸之路经济带"和"21世纪海上丝绸之路"(以下简称"一带一路")的重大倡议,得到了国际社会高度关注。加快推进"一带一路"建设,有利于促进沿线各国经济繁荣和区域经济合作,加强不同文明交流互鉴,促进世界和平与发展,是一项造福世界各国人民的伟大事业。

"一带一路"建设是一项系统工程,要坚持共商、共建、共享原则,积极推进沿线国家发展战略的相互对接。为推进实施"一带一路"重大倡议,让古"丝绸之路"焕发新的生机与活力,以新的形式使亚欧非各国联系更加紧密,互利合作迈向新的历史高度,中国政府特制定并发布了《推动共建丝绸之路经济带和21世纪海上丝绸之路的愿景与行动》,全面阐释"一带一路"倡议的愿景理念、目标任务以及机制行动。

共建"一带一路"顺应世界多极化、经济全球化、文化多样化、社会信息化的潮流,秉持开放的区域合作精神,致力于维护全球自由贸易体系和开放型世界经济。共建"一带一路"旨在促进经济要素有序自由流动、资源高效配置和市场深度融合,推动沿线各国实现经济政策协调,开展更大范围、更高水平、更深层次的区域合作,共同打造开放、包容、均衡、普惠的区域经济合作架构。共建"一带一路"

符合国际社会的根本利益，彰显人类社会共同理想和美好追求，是国际合作以及全球治理新模式的积极探索，将为世界和平发展增添新的正能量。

共建"一带一路"致力于亚欧非大陆及附近海洋的互联互通，建立和加强沿线各国互联互通伙伴关系，构建全方位、多层次、复合型的互联互通网络，实现沿线各国多元、自主、平衡、可持续的发展。"一带一路"的互联互通项目将推动沿线各国发展战略的对接与耦合，发掘区域内市场的潜力，促进投资和消费，创造需求和就业，增进沿线各国人民的人文交流与文明互鉴，让各国人民相逢相知、互信互敬，共享和谐、安宁、富裕的生活。

当前，中国经济和世界经济高度关联。中国将一以贯之地坚持对外开放的基本国策，构建全方位开放新格局，深度融入世界经济体系。推进"一带一路"建设既是中国扩大和深化对外开放的需要，也是加强中国和亚欧非及世界各国互利合作的需要，中国愿意在力所能及的范围内承担更多责任义务，为人类和平发展做出更大的贡献。

"一带一路"是促进共同发展、实现共同繁荣的合作共赢之路，是增进理解信任、加强全方位交流的和平友谊之路。中国政府倡议，秉持和平合作、开放包容、互学互鉴、互利共赢的理念，全方位推进务实合作，打造政治互信、经济融合、文化包容的利益共同体、命运共同体和责任共同体。

"一带一路"贯穿亚欧非大陆，一头是活跃的东亚经济圈，一头是发达的欧洲经济圈，中间广大腹地国家经济发展潜力巨大。"丝绸之路经济带"重点畅通中国经中亚、俄罗斯至欧洲（波罗的海）；中国经中亚、西亚至波斯湾、地中海；中国至东南亚、南亚、印度洋。"21世纪海上丝绸之路"重点方向是从中国沿海港口过南海到印度洋，延伸至欧洲；从中国沿海港口过南海到南太平洋。

根据"一带一路"走向，陆上依托国际大通道，以沿线中心城市为支撑，以重点经贸产业园区为合作平台，共同打造新亚欧大陆桥、中蒙俄、中国—中亚—西亚、中国—中南半岛等国际经济合作走廊；

海上以重点港口为节点，共同建设通畅安全高效的运输大通道。中巴、孟中印缅两个经济走廊与推进"一带一路"建设关联紧密，进一步推动合作，取得更大进展。

"一带一路"建设是沿线各国开放合作的宏大经济愿景，需各国携手努力，朝着互利互惠、共同安全的目标相向而行。要努力实现区域基础设施更加完善，安全高效的陆海空通道网络基本形成，互联互通达到新水平；要使投资贸易便利化水平进一步提升，高标准自由贸易区网络基本形成，经济联系更加紧密，政治互信更加深入；要使人文交流更加广泛深入，不同文明互鉴共荣，各国人民相知相交、和平友好。

"一带一路"沿线各国资源禀赋各异，经济互补性较强，彼此合作潜力和空间很大。"一带一路"沿线国家应以政策沟通、设施联通、贸易畅通、资金融通、民心相通为主要内容，重点在以下五个方面加强合作。

### 1. 政策沟通

加强政策沟通是"一带一路"建设的重要保障。加强政府间合作，积极构建多层次政府间宏观政策沟通交流机制，深化利益融合，促进政治互信，达成合作新共识。沿线各国可以就经济发展战略和对策进行充分交流对接，共同制定推进区域合作的规划和措施，协商解决合作中的问题，共同为务实合作及大型项目实施提供政策支持。

### 2. 设施联通

基础设施互联互通是"一带一路"建设的优先领域。在尊重相关国家主权和安全关切的基础上，沿线国家宜加强基础设施建设规划、技术标准体系的对接，共同推进国际骨干通道建设，逐步形成连接亚洲各次区域以及亚欧非之间的基础设施网络。强化基础设施绿色低碳化建设和运营管理，在建设中充分考虑气候变化影响。

抓住交通基础设施的关键通道、关键节点和重点工程，优先打通缺失路段，畅通瓶颈路段，配套完善道路安全防护设施和交通管理设施设备，提升道路通达水平。推进建立统一的全程运输协调机制，促进国际通关、换装、多式联运有机衔接，逐步形成兼容、规范的运输规则，实现国际运输便利化。推动口岸基础设施建设，畅通陆水联运通道，推进港口合作建设，增加海上航线和班次，加强海上物流信息化合作。拓展建立民航全面合作的平台和机制，加快提升航空基础设施水平。

加强能源基础设施互联互通合作，共同维护输油、输气管道等运输通道安全，推进跨境电力与输电通道建设，积极开展区域电网升级改造合作。

共同推进跨境光缆等通信干线网络建设，提高国际通信互联互通水平，畅通信息"丝绸之路"。加快推进双边跨境光缆等建设，规划建设洲际海底光缆项目，完善空中（卫星）信息通道，扩大信息交流与合作。

### 3．贸易畅通

投资贸易合作是"一带一路"建设的重点内容。宜着力研究解决投资贸易便利化问题，消除投资和贸易壁垒，构建区域内和各国良好的营商环境，积极同沿线国家和地区共同商建自由贸易区，激发释放合作潜力，做大做好合作"蛋糕"。

"一带一路"沿线国家宜加强信息互换、监管互认、执法互助的海关合作，以及检验检疫、认证认可、标准计量、统计信息等方面的双多边合作，推动世界贸易组织《贸易便利化协定》的生效和实施。改善边境口岸通关设施条件，加快边境口岸"单一窗口"建设，降低通关成本，提升通关能力。加强供应链安全与便利化合作，推进跨境监管程序协调，推动检验检疫证书国际互联网核查，开展"经认证的经营者"（AEO）互认。降低非关税壁垒，共同提高技术性贸易措施透明度，提高贸易自由化便利化水平。

拓宽贸易领域，优化贸易结构，挖掘贸易新增长点，促进"一带一路"贸易平衡。创新贸易方式，发展跨境电子商务等新的商业业态。

建立健全服务贸易促进体系，巩固和扩大传统贸易，大力发展现代服务贸易。把投资和贸易有机结合起来，以投资带动贸易发展。

加快投资便利化进程，消除投资壁垒。加强双边投资保护协定、避免双重征税协定磋商，保护投资者的合法权益。

拓展相互投资领域，开展农林牧渔业、农机及农产品生产加工等领域深度合作，积极推进海水养殖、远洋渔业、水产品加工、海水淡化、海洋生物制药、海洋工程技术、环保产业和海上旅游等领域合作。加大煤炭、油气、金属矿产等传统能源资源勘探开发合作，积极推动水电、核电、风电、太阳能等清洁、可再生能源合作，推进能源资源就地就近加工转化合作，形成能源资源合作上下游一体化产业链。加强能源资源深加工技术、装备与工程服务合作。

推动新兴产业合作，按照优势互补、互利共赢的原则，促进沿线国家加强在新一代信息技术、生物、新能源、新材料等新兴产业领域的深入合作，推动建立创业投资合作机制。

优化产业链分工布局，推动上下游产业链和关联产业协同发展，鼓励建立研发、生产和营销体系，提升区域产业配套能力和综合竞争力。扩大服务业相互开放，推动区域服务业加快发展。探索投资合作新模式，鼓励合作建设境外经贸合作区、跨境经济合作区等各类产业园区，促进产业集群发展。在投资贸易中突出生态文明理念，加强生态环境、生物多样性和应对气候变化合作，共建绿色丝绸之路。

### 4. 资金融通

资金融通是"一带一路"建设的重要支撑。深化金融合作，推进亚洲货币稳定体系、投融资体系和信用体系建设。扩大沿线国家双边本币互换、结算的范围和规模。推动亚洲债券市场的开放和发展。深化中国—东盟银行联合体、上合组织银行联合体务实合作，以银团贷款、银行授信等方式开展多边金融合作。支持沿线国家政府和信用等级较高的企业以及金融机构在中国境内发行人民币债券，符合条件的中国境内金融机构和企业可以在境外发行人民币债券和外币债券，鼓励在沿线国家使用所筹资金。

加强金融监管合作，推动签署双边监管合作谅解备忘录，逐步在区域内建立高效监管协调机制。完善风险应对和危机处置制度安排，构建区域性金融风险预警系统，形成应对跨境风险和危机处置的交流合作机制。加强征信管理部门、征信机构和评级机构之间的跨境交流与合作。充分发挥丝路基金以及各国主权基金作用，引导商业性股权投资基金和社会资金共同参与"一带一路"重点项目建设。

### 5．民心相通

民心相通是"一带一路"建设的社会根基。民心相通，即要传承和弘扬"丝绸之路"友好合作精神，广泛开展文化交流、学术往来、人才交流合作、媒体合作、青年和妇女交往、志愿者服务等，为深化双多边合作奠定坚实的民意基础。

深化沿线国家间人才交流合作。扩大相互间留学生规模，开展合作办学，如中国每年向沿线国家提供1万个政府奖学金名额等举措，为增进与沿线各国文化交流与人才交流，提供了良好示范。沿线国家间互办文化年、艺术节、电影节、电视周和图书展等活动，合作开展广播影视剧精品创作及翻译，联合申请世界文化遗产，共同开展世界遗产的联合保护工作。

加强旅游合作，扩大旅游规模，互办旅游推广周、宣传月等活动，联合打造具有"丝绸之路"特色的国际精品旅游线路和旅游产品，提高沿线各国游客签证便利化水平。推动"21世纪海上丝绸之路"邮轮旅游合作。积极开展体育交流活动，支持沿线国家申办重大国际体育赛事。

强化与周边国家在传染病疫情信息沟通、防治技术交流、专业人才培养等方面的合作，提高合作处理突发公共卫生事件的能力。为有关国家提供医疗援助和应急医疗救助，在妇幼健康、残疾人康复以及艾滋病、结核、疟疾等主要传染病领域开展务实合作，扩大在传统医药领域的合作。

加强科技合作，共建联合实验室（研究中心）、国际技术转移中心、海上合作中心，促进科技人员交流，合作开展重大科技攻关，共同提升科技创新能力。整合现有资源，积极开拓和推进与沿线国家在青年就业、创业培训、职业技能开发、社会保障管理服务、公共行政管理等共同关心领域的务实合作。

充分发挥政党、议会交往的桥梁作用，加强"一带一路"沿线国家之间立法机构、主要党派和政治组织的友好往来。开展城市交流合作，欢迎沿线国家重要城市之间互结友好城市，以人文交流为重点，突出务实合作，形成更多鲜活的合作范例。欢迎沿线国家智库之间开展联合研究、合作举办论坛等。

加强"一带一路"沿线国家民间组织的交流合作，重点面向基层民众，广泛开展教育医疗、减贫开发、生物多样性和生态环保等各类公益慈善活动，促进沿线贫困地区生产生活条件改善。加强文化传媒的国际交流合作，积极利用网络平台，运用新媒体工具，塑造和谐友好的文化生态和舆论环境。

共建"一带一路"，既是对古代"丝绸之路"精神的传承发扬，也体现了"一带一路"沿线各国开放合作的宏大经济愿景。推进"一带一路"建设具有十分重大的现实意义。

一是推进"一带一路"建设将推动中国构建全方位开放新格局。推进"一带一路"建设，是中国扩大和深化对外开放、全面提高开放型经济水平的需要，是实行更加积极主动开放战略的具体实践。"一带一路"建设的基本目的是促进经济要素有序自由流动、资源高效配置和市场深度融合，推动沿线各国实现经济政策协调，开展更大范围、更高水平、更深层次的区域合作，打造开放、包容、均衡、普惠的区域经济合作架构。由此将促进中国适应经济全球化以及区域一体化的新形势新要求，进一步促进建立和完善互利共赢、多元平衡、安全高效的开放型经济体系，构建高水平的开放型经济新体制。与此同时，根据"一带一路"建设的总体架构，中国将充分发挥国内各地区比较优势，进一步优化西北、东北、西南、沿海和港澳台、内陆五大区块的定位与布局,加强东中西互动合作,促进全面释放内陆开放潜力、提升内陆经济开放水平,构建全方位开放新格局,促进中国经济持续健康发展。

二是共建"一带一路"将为中国经济和世界经济提供新动力。"一带一路"建设将欧亚大陆的两端,即发达的欧洲经济圈和最具活力的东亚经济圈更加紧密地连接起来,带动中亚、西亚、南亚、东南亚的发展,促进形成一体化的欧亚大市场,并辐射非洲等区域。"丝绸之路"历史上一直是世界上最重要的贸易通道,当今世界的全球化进程使各国经济与全球经济更紧密地联系在一起,共建"一带一路",通过发挥沿线各国资源禀赋,实现优势互补,将大幅提升世界贸易体系的活力,实现中国经济与世界经济互利共赢。对于中国,"一带一路"建设对于新常态下促进经济结构转型升级,寻找新经济增长点,培育打造新的区域增长极具有重大意义;对于世界,"一带一路"合作项目和推进措施的实施,必将对沿线国家产生广阔辐射效应,缩小地区发展差距,加快区域一体化进程。改革开放30多年来,中国在国际产业分工调整中抓住有利时机,把中国的市场和劳动力优势与发达国家的资金和技术优势结合起来,承接来自发达经济体的产业转移,实现了经济快速发展。将这些宝贵的实践经验,与中国目前的资金优势、产能优势和技术优势结合起来,转化为对外合作优势,全面提升对外开放和对外合作水平,让"一带一路"共建成果惠及更广泛的区域,外溢效应惠及更多国家,必将为世界经济增长注入新的动力,为世界和平发展增添新的正能量。

三是共建"一带一路"将为促进亚欧非区域发展和人类和平发展作出重要贡献。"一带一路"是促进共同发展、实现共同繁荣的合作共赢之路,是增进理解信任、加强全方位交流的和平友谊之路。推进"一带一路"建设是加强和亚欧非及世界各国互利合作的需要,中国愿意在力所能及的范围内承担更多责任义务,为人类和平发展作出更大的贡献,这体现了中国作为负责任大国的担当精神。"一带一路"域内共有60多个国家,人口约44亿,占世界总人口的63%。共建"一带一路",致力于亚欧非大陆及附近海洋的互联互通,建立和加强沿线各国互联互通伙伴关系,构建全方位、多层次、复合型的互联互通网络,可实现沿线各国多元、自主、平衡、可持续的发展,进而推动沿线各国发展战略的对接与耦合,发掘区域内市场的潜力。"一带一路"以交通基础设施建设为重点和优先合作领域,契合亚欧大陆的实际需要。尤其是亚洲,许多国家和地区的基础设施急需升级改造。加强对基础设施建设的投资,不仅本身能够形成新的经济增长点,带动区域内各国的经济发展,更可以促进投资和消费,创造需求和就业,为区域各国未来发展打下坚实的基础。根据基础建设的乘数效应,每投入10亿美元的基础建设投资,将新增3万~8万个就业岗位,国内生产总值增加25亿美元。共建"一带一路"肩负的使命是促进全球2/3的人口的发展,这是造福沿途各国人民的大事业,也是为人类发展做出的重大贡献。

四是共建"一带一路"有利于优化和创新国际合作与全球治理机制的形成。习近平主席在2015年博鳌论坛演讲时指出,"一带一路"建设秉持的是共商、共建、共享原则,不是封闭的,而是开放包容的;不是中国一家的独奏,而是沿线国家的合唱;不是要替代现有地区合作机制和倡议,而是要在已有基础上,推动沿线国家实现发展战略相互对接、优势互补。同时,共建"一带一路"的途径是以目标协调、政策沟通为主,不刻意追求一致性,可高度灵活,富有弹性,是多元开放的合作进程。因此,"一带一路"不针对第三方,对世界全面开放,既与其他合作组织或机制有效衔接,又是对新型国际合作和全球治理机制创新的积极探索;既能缓解当今全球治理机制权威性、有效性和及时性难以适应现实需求的困境,又能满足发展中国家尤其是新兴国家期望变革全球治理机制的需求。共建"一带一路",是以合作共赢为核心的新型国际关系的具体实践,既有利于以新的形式使欧亚非各国联系更加紧密,互利合作迈向新的历史高度,又有助于相关国家携手应对贸易保护、气候变化、贫困问题、极端主义等现实威胁,共同提供新的全球公共产品。共建"一带一路"符合国际社会的根本利益,彰显人类社会共同理想和美好追求，加快推进"一带一路"建设，将促进沿线各国经济繁荣与区域经济合作，促进世界和平发展，造福世界各国人民。

## （二）"一带一路"建设面临的风险与挑战

"一带一路"倡议是在新的历史条件下中国践行区域合作共赢与全球协商共治的宏伟战略，其愿景蓝图非常美好，已经赢得了沿线60多个国家和国际组织的积极响应，也必将助力中华民族的伟大复兴，增进沿线国家人民的福祉，促进世界和平发展与合作共赢。但是，"一带一路"倡议也是一项长期、复杂而艰巨的系统工程，前无古人，其推进实施必然面临诸多不容忽视的风险和挑战，应该引起高度重视。

一是沿线国家的制度体制差异大，部分地区政局动荡不稳。"一带一路"所涉国家大多是处于政治转型中的发展中国家，在制度体制上存在巨大差异，既有共产党领导的社会主义国家，也有实行西方式政党制度的资本主义国家，还有实行君主政体的阿拉伯国家等，特别是在东南亚、南亚、中亚和中东地区，有的国家国内政治形势复杂，政局变化频繁，政策变动性大，甚至内战冲突不断。而"一带一路"实施中的基础设施建设投资大、周期长、收益慢，在很大程度上有赖于有关合作国家的政策政治稳定和对华关系状况，这使得"一带一路"在有的国家建设中有一定的政治风险。而有的政治势力还可能出于自身政治目的误解或歪曲"一带一路"倡议，借机煽动新的"中国威胁论""中国扩张论"，蓄意阻挠"一带一路"建设。近年来，中国在利比亚、伊拉克、乌克兰、叙利亚等国家遭遇的一些问题和风险损失值得引起高度重视。

二是沿线国家经济发展水平不平衡，市场开放难度大。"一带一路"联通亚欧非三大陆，联结太平洋和印度洋，包含了欧洲中东富裕国家和新兴发展中经济体，不同国家的经济发展水平和市场发育程度极为不同。有些国家法律法规比较健全，市场发育程度较高，经济环境相对稳定，为企业投资创造了便利条件；也有一些国家市场封闭，进入难度大，增加了企业投资评估的复杂性，制约了建设成果的合作共享。"一带一路"从满足沿线国家的发展需求出发，降低了经济合作的门槛，一方面有利于沿线国家和企业的广泛参与，另一方面也可能造成参与国和企业主体在合作规则认知与收益分配方面的矛盾。此外，尽管中国在"一带一路"倡议实施中扮演着主要角色，并利用自身在资金、技术、人员等方面的优势，以优惠政策大力支持沿线有关项目建设，但毕竟中国单方面实力资源有限，也面临着摊子大、后劲不足等风险。

三是有的沿线国家的民族宗教矛盾复杂，非传统不安全因素突出。"一带一路"涵盖60多个国家、44亿人口，大多数国家民族众多，基督教、佛教、伊斯兰教、印度教等多元宗教信仰并存，一些宗教内部还存在不同教派，一些民族宗教之间的复杂历史纷争，增加了沿线各国合作的难度。中东、中亚、东南亚等地区的国际恐怖主义、宗教极端主义、民族分裂主义势力和跨国有组织犯罪活动猖獗，这些非传统不安全因素的凸显，既恶化了当地投资环境，威胁企业人员和设备安全，也可能与国内不法分子内外勾连、相互借重，破坏中国安定的国内社会环境，对"一带一路"倡议及沿线工程建设构成负面影响。

四是沿线国家文化繁杂多样，存在因认知偏差和误判中国战略意图的可能。由于地理、历史、宗教、民族的差异，"一带一路"沿线国家的文化文明丰富多元，既有中国、印度等东方传统国家，也有西方传统国家，既有俄罗斯、土耳其等"欧亚国家"，还有新加坡等东西文化交融的国家。国家不同的身份定位在某种程度上塑造国家对利益的认知，从而影响着国家行为和内外政策选择。"一带一路"倡议涉及的领域广，沿线国家在参与的广度和深度上因自身对利益的不同判定而呈现出差异性。沿线国家特别是大国从精英到普通民众对"一带一路"倡议的认知、理解不尽相同，这些都将成为"一带一路"倡议长期推进面临的重要风险。目前中国与东南亚、南亚等沿线地区某些国家围绕有关领土、领海主权争端的不稳定因素短期内无法消除，同时美、日等域外因素的干扰，无疑都是负面因素。

五是战略规划设计有待完善和细化，中国主导实施国际宏大战略还需要更多的经验积累。虽然中国政府颁布了《推动共建丝绸之路经济带和21世纪海上丝绸之路的愿景与行动》，但"一带一路"倡议的长远规划还有待完善和细化，特别是有关制度设计和政策安排的谈判协商还面临诸多不确定性，与相关国家的实质性对接与具体合作还没有全面展开。由于历史和现实的局限，中国政府在有效供给与推行国际公共产品的能力上和经验上还需要更多实践；中国企业大规模"走出去"和跨国经营管理、大范围国际拓展的经验也不足，在配合战略实施的国际化专业人才的培养和相关核心技术的输出上还存在较大缺口，适应"一带一路"倡议长期推进和对外大开放所需要的国民的文明法制素养、市场诚信意识等均有待提升。

## （三）"一带一路"建设需要吸纳全球智慧

随着"一带一路"进入全面实施以及亚投行协定的正式签署，中国参与国际合作和全方位对外开放的新格局正在形成。"一带一路"是一项开创性的探索，没有可以借鉴的先例与成熟经验，新型智库作为国家治理和决策咨询的"思想库""智囊团"，要发挥咨政建言、理论创新、舆论引导、社会服务、公共外交等功能，努力为"一带一路"建设提供智力支持，发挥重要作用。

中国人民大学重阳金融研究院研究员刘英指出，"一带一路"建设亟须新型智库的智力支持，甚至需要沿线国家智库之间的紧密合作。智库机构可以从三个层面为"一带一路"的实施提供服务。宏观层面上，智库应当深入研究全球发展趋势和世界经济走势，为国家规划和政策制定出谋划策；中观层面上，要从政策沟通、设施联通、贸易畅通等"五通"环节研究各行业、各领域的问题，为风险防范提供决策建议；微观层面上，要及时跟踪企业走出去的动态，从项目、投资等环节为企业提供智囊服务。

## 第十二章 基于智库平台的中外大学合作

建设"一带一路",不仅需要从高端智库中汲取智慧,更加需要加强国际智库的合作与交流,为共建"一带一路"提供支撑。"一带一路"是惠及各方经济社会发展的公共产品,是沿线国家的共同事业。实现"一带一路"的宏大愿景,需各国携手努力,朝着互利互惠、共同安全的目标相向而行。目前的重点是推动包括政策沟通、设施联通、贸易畅通、资金融通、民心相通在内的互联互通。深化沿线国家智库的交流合作,充分发挥智库的专业研究能力及对政府和公众的影响力,对促进各国政策沟通、民心相通,为深化合作奠定坚实的民意基础,具有独特而重要的意义。

一方面,深化沿线国家智库合作,有利于促进各方把握利益契合点、寻求合作最大公约数。深入洞悉沿线各国的关切诉求,准确把握各方利益契合点,是做好政策沟通协调的基础性工作。沿线各国只有通过深入交流沟通,才能相互了解各自的意图和愿望,理解各自的利益诉求和面临的困难,才能准确把握各方利益的汇合点,共同寻找互利共赢的途径,进而制定相应的政策措施,去解决问题,实现互利共赢。

促进各国政策相通乃至民心相通,智库能够发挥独特的作用。智库不仅具有专业研究能力及对政府和公众影响力方面的优势,而且具有独立、超脱的地位,是政府与公众、政策与学术研究之间的桥梁。例如,在区域合作发展较好的欧洲和美洲,各国智库之间的交流合作非常密切,在政策沟通协调方面发挥着重要作用。智库不仅通过专业研究帮助政府制定政策,还通过各种媒体介绍研究成果,帮助企业、社会组织和公众了解和理解政府政策,在缩小国家间认知差距方面发挥着重要作用。因此,需要通过构建"一带一路"智库合作网络,采取合作研究、论坛讨论等形式,充分反映沿线国家的困难、问题、期待与利益诉求,促进各方准确把握利益契合点,有针对性地采取合作策略和应对举措。

另一方面,加强智库交流,有利于促进政策沟通,增信释疑、凝聚共识。从历史上看,"丝绸之路"是各国沟通交流的典范,亚欧人民堪称知识交流、相互学习的先行者。但随着时代的变迁，我们在知识交流、政策沟通方面远远落后于欧洲和美洲，这也在一定程度上制约了亚洲的共同发展。共建"一带一路"，将面临不少现实困难和潜在挑战。只有增进各国政府和民众间的相互了解和理解，减少疑惑和误解，才能促进"一带一路"建设的思路创新、决策咨询、磋商沟通与方案设计。相对官方机制而言，智库等非官方组织开展的研究和宣介解读，说服力更强，更易为各方面所接受。因此，应发挥"一带一路"智库网络平台优势，通过合作研究、举办论坛、开展培训、交流访问等多种方式，促进沿线国家智库对"一带一路"这一全球公共产品共商共建的目标、内容、方式与现有区域机制的关系等方面的理解和认同，由此推动沿线各国增信释疑、凝聚共识，推动实现国家间政治互信、政策协调。

与此同时，通过"一带一路"智库网络平台建设，促进建立常态化、机制化的智库合作体系，既有利于传承和弘扬"丝绸之路"友好合作精神，也可为深化双多边合作奠定坚实的民意基础。

构建"一带一路"智库合作网络，应遵循共商共建、互利共赢、突出重点、稳步推进的原则。主要思路如下：

第一，建立开放型智库网络，统筹利用国内国外智库资源。建议由我国智库联合"一带一路"沿线国家权威智库共同参与，建立面向全球所有智库的开放型国际智库网络。通过推动与沿线重点国家智库合作，建立形成国际智库网络的主体框架。同时，协调国内有关智库机构，作为中方有机组成部分，发挥协同效应，形成合作合力。

第二，转变和创新智库国际交流合作方式。构建国际智库网络，基本目标是促进"一带一路"沿线国家智库交流合作，增信释疑，凝聚共识，为"一带一路"建设提供政策支撑。在合作方式上，可采取委托研究、资助研究、联合研究等多种形式；在经费筹措管理上，要共营共担，按国际通行办法和机制进行管理。

第三，建立常态化智库对话、人员交流与合作研究机制。要以国际智库网络为平台，建立智库研究成果交流、共同发表成果、联合召开小型学术研讨会等机制；建立智库专家互访机制，重点支持沿线国家智库学者访问研究和培训。建立合作研究机制，通过委托、资助和聘请有关国家智库和学者开展研究，及时反映沿线国家的困难、问题、期待与利益诉求，提出共同解决对策方案等。

第四，举办"一带一路"国际发展高层论坛。要以国际智库网络为平台，组织举办年度"一带一路"国际发展高层论坛，介绍和分享中国以及有关国家的发展理念和经验，就"一带一路"建设和相关国际发展问题进行深入研讨，力争将其打造成为沿线国家政产学研各界对"一带一路"进行综合研讨的高端平台。

## 三、中外大学智库合作助力"一带一路"倡议

### （一）大学智库的优势与特点

大学智库主要包括各个大学主办的各种研究院、研究所或研究中心，是一种学术型的智库研究机构。世界许多著名的智库往往植根于知名大学。美国是世界上智库最发达的国家，布鲁金斯学会、卡内基基金会、战略与国际问题研究中心、兰德公司、对外关系理事会等美国智库发达的根基也是在大学，通过大学中扎实的基础研究和鼓励创新的研究体制，源源不断地为社会上各种智库制造和输送人才。总的来看，世界知名大学的智库有如下共同优势与特点。

一是依托于雄厚基础研究力量的跨学科方法。当今世界面临的传统国家安全议题与非传统安全议题，其复杂性和综合性较之以前大大增加。这使得任何单一学科在理解和分析国际上的复杂问题时，都会显得捉襟见肘。国际研究本身所包含的多样化内容，要求其研究方法偏重于多学科方法。而世界一流大学具有知识密集、人才密集、学科齐全等天然优势，更适合开展需要依靠雄厚的基础研究力量、运用跨学科方法进行攻关的重大战略课题。如斯坦福大学国际安全与合作中

心（CISAC）的突出特点就是重视科技与战略研究的关系。该中心的研究人员来自很多学科，大致分为两部分，一部分是科学家和工程师，包括物理学家、化学家、生物学家、导弹技术专家等；另一部分包括政治学家、历史学家、法学家、经济学家、社会学家等。这两部分人共同研究国家安全和国际安全问题，对于一项政策的制定，无论是其历史变迁、法律条文还是技术上可能性、政策上可行性，都可以通过跨学科的共同研究而获得令人满意的解决。

二是明确的问题意识和政策导向。智库的主要产品是能解决实际问题的思想和政策建议，这就需要明确的问题意识，需要以当前国际社会和外交政策与战略中所面临的一系列重大而尖锐的挑战作为自己的研究对象。如普林斯顿公共与国际事务研究院撰写的《普林斯顿报告：法制下的自由社会》，针对美国面临的新的国际挑战，提倡以多边战略代替小布什时期的单边主义外交，报告的部分内容后来成为奥巴马政府的施政方针。再如哈佛大学欧内斯特·梅和艾利森研究小组从案例和决策过程入手研究国家安全战略的路径，最终也获得了学术研究和政策研究的双丰收。斯坦福大学的核战略和核武器史的研究也是如此。

三是强调研究的独立性和专业性，更多选择具有一定学理性的政策性的课题进行中长线的研究。独立性和专业性在美国大学智库中被看作是立身之本。大学智库同政府部门的联系不如与政治直接相关的某些智库那么紧密，在资料和信息获得渠道方面也不占优势，而且研究人员大多还有自己的专业教学研究任务，因此不宜做"短线"政策课题，而适合做全面、综合的战略研究项目。相比政府部门的实际工作人员和专业智库及政府研究机构，大学智库的优势在中长线的项目。如哈佛大学和斯坦福大学曾经联合举办的"预防性防御"项目、普林斯顿大学的"普林斯顿报告"项目、斯坦福大学的"核武器和朝鲜半岛研究"项目等。

四是注重学生的参与和培养。大学智库和其他智库的一个重要特征是都十分重视学生的参与和培养。很多大学智库的研究工作都是专业研究人员和教授带着自己的学生一起完成或者本来就是由学生独立完成的，通过为年轻人提供平台、连接人脉、鼓励合作、培养对政策的兴趣等方式，既培养了下一代的专业研究人员，又完成了相关的政策研究课题，甚至还帮助学生完成了学位论文或者找到了合适的工作，取得了一举多得的效果。

五是务实强大的保障系统。欧美日等地区和国家的高校智库之所以成为这些国家对外决策过程中不可忽视的重要力量，除了智力建设外，硬件设施建设，包括图书情报资料、教学设施设备、网络系统等基础设施建设也是其确保高质量研究与教学成果的关键。作为国家决策重要思想来源的高校智库保持了相对充裕的资金投入，主要靠国家、校方和私人基金会对各个项目的资助。据估算，在美国一流智库里，工资以外的研究经费投入，人年均达5万美元以上。

## （二）中国大学智库的发展

高校智库是中国特色新型智库体系的重要组成部分，发挥着战略研究、政策建言、人才培养、舆论引导、公共外交等方面的重要功能。发挥高校智库作用、服务国家经济社会发展既是衡量高校综合创新能力和社会服务水平的重要指标，更是高校自身的职责和使命所在。随着国家越来越重视智库建设，国内一批知名的高校积极新建或重组各种智库机构，这些智库具有起点高、基础好、实力强、定位清晰、理念先进等特点和优势。其中以北京大学知识产权研究院、国际战略研究中心，中国人民大学重阳金融研究院，南京大学中国南海研究协同创新中心等为代表的新型高校智库，具有较好的"国际号召力"，积极参与国家战略和公共决策并发挥积极作用。

根据上海社会科学院智库研究中心最新发布的《2015年中国智库报告》，北京大学、清华大学、中国人民大学、复旦大学、南京大学分列中国高校智库系统影响力前五位。

北京大学和清华大学作为世界知名的大学是中国高校的"双子星座"，其研究实力超群，两所高校也走在中国高校智库研究的前列。北京大学中国经济研究中心和中国科学院——清华大学国情研究中心是中国成立较早且具有较大影响力的两个高校智库,堪称中国高校的"智库双壁"。

中国经济研究中心是北京大学国家发展研究院的前身,1994 年 8 月由知名海归学者林毅夫等人创办,中心研究领域主要是经济管理理论和中国经济改革与发展中各个领域的主要问题。该中心具有人脉广、对现实问题敏感、专业根基厚实等特色优势,由中心出版的《经济学季刊》具有较强的学术影响力和专业影响力。同时,中心主办"中美经济对话"等高端国际学术交流活动,积极开展对外交流合作。

清华大学国情研究中心前身是中国科学院国情研究中心,1999 年由著名国情专家、清华大学公共管理学院胡鞍钢教授创办。2000 年中国科学院副院长和清华大学签署合作协议,成立跨单位的公共政策研究机构:中国科学院——清华大学国情研究中心。该中心关注的领域包括中国经济和社会、中国政治与治理、中国资源环境与可持续发展、中国与世界等,并针对相关领域的公共政策开展研究工作。中心自成立至今,参与众多国家重大决策的研究工作,已有多项研究成果被政府采纳。该中心发行的内部刊物《国情报告》是对国家决策产生重要影响的内参资料。

高校新型智库近两年还出现了一种崭新的合作共建模式,如国家领土主权与海洋权益协同创新中心与校地廉政共建联盟,是高校智库合作共建模式的重要创新和积极探索。前者是在外交部、国家海洋局等多部委支持下,由武汉大学牵头,联合复旦大学、中国政法大学、外交学院、郑州大学、中国社会科学院中国边疆史地研究中心、水利部国际经济技术合作交流中心在 2012 年联合发起成立的,主要服务于国家海洋战略研究。校地廉政共建联盟是 2013 年由南京市栖霞区纪委、南京经济技术开发区纪工委、仙林大学城纪工委与南京大学、南京师范大学等 5 所高校联合创立的,创立的目的是共同推进区域反腐,该联盟是国内首个专业反腐智库。两者都是关于高校智库合作共建模式的重要创新和积极探索。

根据中国智库索引（CTTI）来源智库名单（2017—2018）的统计分析，在首批489家来源智库中，高校智库254家，占51.943%；高校智库依托高校学科和人才优势，在理论研究和决策咨询等方面发挥着十分重要的作用。

### （三）中外大学智库合作的重要意义

2016年7月13日，教育部发布《推进共建"一带一路"教育行动》一文指出："一带一路"建设为推动区域教育大开放、大交流、大融合提供了大契机。"一带一路"沿线国家教育加强合作、共同行动，既是共建"一带一路"的重要组成部分，又为共建"一带一路"提供人才支撑。中国愿与沿线国家一道，扩大人文交流，加强人才培养，共同开创教育美好明天。

在推动"一带一路"建设过程中，教育交流为沿线各国民心相通架设桥梁，人才培养为沿线各国政策沟通、设施联通、贸易畅通、资金融通提供支撑。沿线各国唇齿相依，教育交流源远流长，教育合作前景广阔，大家共同携手发展教育，合力推进共建"一带一路"，是造福沿线各国人民的伟大事业。

在"一带一路"背景下，大学可以通过与沿线国家大学的交流与合作，培养具有国际化视野和交流能力的本国人才和留学生，为大学智库建设提供人才储备；同时，大学通过与沿线国家大学的交流与合作，积极为大学智库开拓渠道，构建国际学术网络，引进海外智库的专家和学者来华工作，共同开展国际合作研究项目，推进国内大学智库与沿线国家智库的交流与合作。

### （四）"一带一路"智库合作联盟的示范作用

为适应"一带一路"建设的发展要求，加强国际智库合作，2015年4月8日，由中共中央对外联络部牵头，联合国务院发展研究中心、中国社会科学院、复旦大学"一带一路"智库合作联盟在北京成立，并召开联盟理事会成立会议暨专题研讨会，会议讨论通过了《"一带一路"智库合作联盟章程》，同时发表《"一带一路"智库合作联盟成立宣言》，该联盟旨在为各研究机构搭建信息、资源、成果的共享交流平台，提高"一带一路"相关研究的水平，共同推进中国与沿线国家的沟通和交流，积极探索中国特色的新型智库发展道路。

"一带一路"智库合作联盟始终面向"一带一路"沿线国家和域外国家所有智库开放，大力传承和弘扬"和平合作、开放包容、互学互鉴、互利共赢"的丝路精神，积极推动亚欧非互利合作不断迈上新台阶。既强调对内加强交流、沟通、协作，更强调加强同国际智库的交流与合作，为"一带一路"倡议在沿线国家的顺利推进发挥好智库的外交作用。

"一带一路"智库合作联盟旨在凝聚国内外各方力量，围绕"一带一路"建设开展政策性、前瞻性研究，为中国及沿线国家政府建言献策，增进国家间政策沟通，推动各方将共商、共建、共享原则落到实处。同时，智库联盟致力于以智库交往带动人文交流，通过中外智库共同发布联合研究报告等方式，增进"一带一路"沿线民众对倡议的准确理解，增进民众之间的友好感情，为"一带一路"建设营造良好的舆论氛围，打造坚实的社会民意基础。

开放促进发展，合作实现共赢。经过两年多的共同努力，联盟已经形成为拥有100多家国内外智库的国际合作网络，正逐步打造成全球"一带一路"研究的高端学术交流、联合研究、咨政建言、舆论引导的核心平台，成为国际影响力的高端智库联合体，努力为"一带一路"倡议贡献更多丰富的智库成果，推动中国智库走向世界，实现"一带一路"沿线国家的合作共赢和世界人民的和平发展。

# 结　语

2000多年前，连绵万里的"古丝绸之路"和"海上丝绸之路"，将亚欧非大陆众多国家紧密联结在一起，成为人类历史上的一大壮举，见证了多个文明之间的碰撞和交融，见证了亚欧非国家之间平等互利、共同发展、共同繁荣的历史。

教育为国家富强、民族繁荣、人民幸福之本，在共建"一带一路"中是传播人类文明的纽带和桥梁。教育交流为沿线各国民心相通架设桥梁，人才培养为沿线各国政策沟通、设施联通、贸易畅通、资金融通提供支撑。

独行快，众行远。沿线国家在共建"一带一路"教育共同体的过程中，需相互协作，不断交融、交汇、交通，共创人类美好生活新篇章。

附表 1 "一带一路"沿线国家知名大学名录

| 序号 | 学校名称 | 英文名称 | 建校时间 | 所属国家 | 学 科 | QS 排名（2016） | 备 注 |
|---|---|---|---|---|---|---|---|
| 1 | 新加坡国立大学 | National University of Singapore | 1980 年 | 新加坡 | 工程、生命科学及生物医学、社会科学及自然科学 | 12 | 亚洲顶尖高校 |
| 2 | 南洋理工大学 | Nanyang Technological University | 1981 年 | 新加坡 | 传媒与媒体研究、材料科学、电子与电子工程、机械、航空与制造工程 | 13 | 亚洲顶尖高校 |
| 3 | 莫斯科大学 | Lomonosov Moscow State University | 1755 年 | 俄罗斯 | 力学、数学与控制论、物理学、化学、材料、生物、基础医学、土壤科学、地质、地理、历史、社会科学、外语、哲学、新闻、语言文学、经济、法律、心理学、亚洲和非洲研究所（亚非学院）等 | 108 | |
| 4 | 马来亚大学 | University of Malaya | 1905 年 | 马来西亚 | 经管、工程、医学、计算机管理 | 133 | 马来西亚排名第一大学 |
| 5 | 耶路撒冷希伯来大学 | The Hebrew University of Jerusalem | 1918 年 | 以色列 | 文学院、社会科学院、理学院、农学院、医学系、牙医学院、法学院 | 148 | |
| 6 | 法赫德国王石油与矿产大学 | King Fahd University of Petroleum & Minerals | 1963 年 | 沙特阿拉伯 | 物理学系、地球科学、数学与统计、化学、生物、土木、电气、石油、经济、计算机 | 189 | 综合大学 |
| 7 | 以色列理工学院 | Israel Institute of Technology | 1912 年 | 以色列 | 自然科学、工程学与信息技术、生命科学与生物医药学 | 213 | 该校在中国设有校区（广东以色列理工学院） |
| 8 | 沙特国王大学 | King Saud University | 1957 年 | 沙特阿拉伯 | 人文、理工、医学 | 227 | |
| 9 | 贝鲁特美国大学 | American University of Beirut | 1866 年 | 黎巴嫩 | 艺术、农业和食品、工程和建筑、医学院（含中东地区医疗技术和水平最高的医院"哈里里医院"）和商学 | 228 | 中东的哈佛 |

附表1 "一带一路"沿线国家知名大学名录 171

续表

| 序号 | 学校名称 | 英文名称 | 建校时间 | 所属国家 | 学 科 | QS排名（2016） | 备 注 |
|---|---|---|---|---|---|---|---|
| 10 | 朱拉隆功大学 | Chulalongkorn University | 1917年 | 泰 国 | 医学、公共管理、工程、艺术和科学 | 252 | 泰国最古老大学 |
| 11 | 马来西亚博特拉大学 | Universiti Putra Malaysia | 1931年 | 马来西亚 | 农学、经济管理、工程学、医学 | 270 | 经济管理学院获得AACSB顶级商学院认证 |
| 12 | 哈萨克斯坦国立大学 | Al-Farabi Kazakh National University | 1934年 | 哈萨克斯坦 | 生物、地质、历史、国际关系、化学、法律 | 275 | 哈萨克斯坦目前综合排名第一的大学 |
| 13 | 玛希隆大学 | Mahidol University | 1889年 | 泰 国 | 医学、自然科学、公共卫生学 | 283 | |
| 14 | 布拉格查理大学 | Charles University in Prague | 1348年 | 捷 克 | 数学、物理、社会学、法学院、医学 | 302 | 中欧地区和捷克最古老、规模最大的大学 |
| 15 | 印度尼西亚大学 | Universitas Indonesia | 1849年 | 印度尼西亚 | 计量经济学、医学、工学、理学 | 325 | |
| 16 | 塔尔图大学 | University of Tartu | 1632年 | 爱沙尼亚 | 地理、法律、医学、哲学、教育、体育、经商管理、物理和化学、数学和信息科学、社会学 | 347 | 临床医学在全欧排名前五，符号第一块排名第一 |
| 17 | 白俄罗斯国立大学 | Belarusian State University | 1921年 | 白俄罗斯 | 物理、电子、机械、数学、生物、化学、地理、法学、历史、新闻、国际关系等 | 354 | |
| 18 | 开罗美国大学 | American University in Cairo | 1919年 | 埃 及 | 工程技术、阿拉伯研究、经济、冶金与大众传播、英语及比较文学、英语及东方语系、教育学、政理、管理 | 365 | |
| 19 | 波兰华沙大学 | University of Warsaw | 1816年 | 波 兰 | 生物系、化学、数学信息学及机械学、实用语言学及东斯拉夫语、现代语言学及东方语系、教育学、波兰语等 | 366 | |
| 20 | 菲律宾大学 | University of the Philippines | 1908年 | 菲律宾 | 美术、工学、法学、音乐、教育、工商管理、理学、经济 | 374 | |
| 21 | 哈尔科夫国立大学 | V. N. Karazin Kharkiv National University | 1804年 | 乌克兰 | 数学、物理、化学、生物、地质、社会学、经济学等 | 382 | |

续表

| 序号 | 学校名称 | 英文名称 | 建校时间 | 所属国家 | 学科 | QS 排名 (2016) | 备注 |
|---|---|---|---|---|---|---|---|
| 22 | 卡塔尔大学 | Qatar University | 1977 年 | 卡塔尔 | 教育学院、艺术和自然科学学院、伊斯兰教学院、自然科学、经济等 | 393 | |
| 23 | 阿联酋大学 | United Arab Emirates University | 1977 年 | 阿联酋 | 人文、理学、教育学、经济、信息技术、医学、农业、食品与农业、工学等 | 411~420 | |
| 24 | 沙力夫理工大学 | Sharif University of Technology | 1966 年 | 伊朗 | 电气等工程类、化学、数学等自然学科 | 431~440 | |
| 25 | 沙迦美国大学 | American University of Sharjah | 1997 年 | 阿联酋 | 工程学、建筑、艺术 | 441~450 | 拥有海湾地区排名第一的MBA课程 |
| 26 | 阿拉伯海湾大学 | Arabian Gulf University | 1980 年 | 巴林 | 经济学、政治学、会计、金融、语言 | 461~470 | 小规模教会文理学院 |
| 27 | 维尔纽斯大学 | Vilnius University | 1579 年 | 立陶宛 | 语言、历史、经济、物理、化学 | 481~490 | |
| 28 | 巴基斯坦国家科技大学 | National University of Sciences and Technology | 1991 年 | 巴基斯坦 | 土木工程、电信工程、计算机软件工程、计算机工程、电气工程、机械工程、航空电子、航天工程、管理科学、医学科技、信息技术、信息与通信系统工程 | 501~550 | |
| 29 | 塞格德大学 | University of Szeged | 1872 年 | 匈牙利 | 农业、工程、艺术、牙科、经济与工商管理、工程、健康科学与社会研究、法学、医学院、音乐、药物学、科学与信息、教师培训等 | 501~550 | |
| 30 | 德里大学 | University of Delhi | 1922 年 | 印度 | 信息技术、理学、法学与美术、工学、社会科学、商业与金融、管理学、医学、教育学等 | 501~550 | 综合大学 |
| 31 | 开罗大学 | Cairo University | 1908 年 | 埃及 | 医学类、文学类和法学类 | 551~600 | |
| 32 | 卢布尔雅那大学 | University of Ljubljana | 1919 年 | 斯洛文尼亚 | 经济学（全球商学院最重要的三大国际认证） | 551~600 | |
| 33 | 约旦大学 | University of Jordan | 1962 年 | 约旦 | 法律、体育、牙科、计算机、生物、数学、化学、土木 | 551~601 | |

附表1 "一带一路"沿线国家知名大学名录

续表

| 序号 | 学校名称 | 英文名称 | 建校时间 | 所属国家 | 学科 | QS排名（2016） | 备注 |
|---|---|---|---|---|---|---|---|
| 34 | 马来西亚国际伊斯兰大学 | International Islamic University Malaysia | 1983年 | 马来西亚 | 阿拉伯文学、法律、会计、经济、工商管理、信息科学、电子、机械、医学 | 601~650 | 致力于成为世界上最顶尖的伊斯兰大学 |
| 35 | 索非亚大学 | Sofia University St. Kliment Ohridski | 1888年 | 保加利亚 | 哲学、历史、生物、化学 | 651~700 | |
| 36 | 萨格勒布大学 | University of Zagreb | 1669年 | 克罗地亚 | 人文、传播、农林、医学、环境、生命等 | 651~700 | |
| 37 | 布加勒斯特大学 | University of Bucharest | 1864年 | 罗马尼亚 | 哲学、语言学、法律、历史、经济学、语言学、心理学、教育科学、政治社会学、生物化学、物理学、数学 | 651~700 | |
| 38 | 柯曼纽斯大学 | Comenius University in Bratislava | 1919年 | 斯洛伐克 | 物理、天文 | 651~700 | |
| 39 | 苏丹卡布斯大学 | Abu Dhabi University | 1986年 | 阿曼 | 医学、工学、理学、农学、伊斯兰教育学 | 701+ | |
| 40 | 巴库国立大学 | Baku State University | 1919年 | 阿塞拜疆 | 自然科学 | 701+ | 尚未获得中国教育部认证 |
| 41 | 亚历山大大学 | Alexandria University | 1942年 | 埃及 | 医学、公共卫生、医药 | 701+ | |
| 42 | 拉合尔大学 | University of Lahore | 1999年 | 巴基斯坦 | 文艺术、法律、旅游、工程技术、人文学科与牙科和工程、艺术和社会科学 | 701+ | |
| 43 | 科威特大学 | Kuwait University | 1966年 | 科威特 | 法学、医学、工程与石油、伊斯兰教法、药学院、建筑、计算机 | 701+ | |
| 44 | 达卡大学 | University of Dhaka | 1912年 | 孟加拉 | 法学、自然科学、人文学 | 701+ | |
| 45 | 贝尔格莱德大学 | University of Belgrade | 1808年 | 塞尔维亚 | 文学、自然科学、政治学、经济学、农学 | 701+ | |
| 46 | 印度理工学院 | Indian Institute of Technology | 1951年 | 印度 | 生物、化学工程、计算机科学与工程、工程管理、材料科学、机械工程等 | 德里理工学院（Delhi）185，孟买理工学院（Bombay）219，马德拉斯理工学院（Madras）249，坎普尔理工学院（Kanpur）302，卡哈拉格普尔理工学院（Kharagpur）313，卢克里理工学院（Roorkee）399，瓜哈提理工学院（Guwahati）481~490 | 全国共设有7所校区，QS排名为世界最好大学，被誉为世界最准考大学 |

续表

| 序号 | 学校名称 | 英文名称 | 建校时间 | 所属国家 | 学科 | QS排名（2016） | 备注 |
|---|---|---|---|---|---|---|---|
| 47 | 阿卜杜勒国王科技大学 | King Abdullah University of Science & Technology | 2009年 | 沙特阿拉伯 | 10个研究中心（石油、清洁能源、计算机、生物等），9个核心实验室（化学、生物、材料科学等） | | 不招收本科生 |
| 48 | 国立塔什干大学 | Tashkent State University | 1920年 | 乌兹别克斯坦 | 数学、力学、物理、化学、生物、地理、哲学、心理学、历史、法学、新闻 | | 乌兹别克斯坦最高学府 |
| 49 | 纳扎尔巴耶夫大学 | NAZARBAYEV University | 2009年 | 哈萨克斯坦 | 设有工程学院，科学技术学院和社会人文学院三个学院 | | 运营模式独特的高校，全英文教学 |
| 50 | 吉尔吉斯国立大学 | Kyrgyz University | 1932年 | 吉尔吉斯斯坦 | 经济和管理、法律和哲学、物理和电子、语言和艺术、化学生物、新文学、信息学、数学、历史、民族学 | | |
| 51 | 老挝国立大学 | National University of Laos | 1995年 | 老挝 | 理工学院、医科学院、电子科技学院、交通与通讯学院、建筑学院等 | | |
| 52 | 蒙古国立大学 | The National University of Mongolia | 1942年 | 蒙古 | 生物学、化学和地理地质 | | 综合性大学 |
| 53 | 国立河内大学 | Hanoi University | 1993年 | 越南 | 社会人文、经济、计算机 | | 越南著名的外语教研基地 |

注：根据2016年QS世界大学排名先后顺序排列

# 附表 2 "一带一路"沿线国家合作建设的中外合作办学项目（机构）信息表

（截至 2016 年 3 月）

| 序号 | 外方所在国家名称 | 项目（机构）名称 | 办学层次 | 合作专业/学位名称 |
|---|---|---|---|---|
| 1 | 新加坡 | 北京大学与新加坡国立大学合作举办西方经济学专业硕士研究生教育项目 | 硕士 | 西方经济学 |
| 2 | 新加坡 | 北京大学与新加坡国立大学合作举办企业管理专业（金融工程）硕士研究生教育项目 | 硕士 | 企业管理 |
| 3 | 新加坡 | 上海交通大学与新加坡南洋理工大学合作举办高级管理人员工商管理硕士学位教育项目 | 硕士 | 工商管理 |
| 4 | 新加坡 | 华东政法大学与新加坡国立大学合作举办法学硕士学位教育项目 | 硕士 | 法学 |
| 7 | 新加坡 | 苏州工业园区职业技术学院与新加坡生产力与标准局学院合作举办商务管理高等专科教育项目 | 专科 | 商务管理 |
| 8 | 新加坡 | 无锡科技职业学院与新加坡生产力与标准局（PSB）学院合作举办物流管理专业高等专科教育项目 | 专科 | 物流管理 |
| 9 | 新加坡 | 常州纺织服装职业技术学院与新加坡莱佛士高等教育学院合作举办多媒体设计专业高等专科教育项目 | 专科 | 多媒体设计 |
| 10 | 新加坡 | 常州纺织服装职业技术学院与新加坡莱佛士高等教育学院合作举办工商管理专业高等专科教育项目 | 专科 | 工商管理 |

续表

| 序号 | 外方所在国家名称 | 项目（机构）名称 | 办学层次 | 合作专业/学位名称 |
|---|---|---|---|---|
| 11 | 新加坡 | 常州纺织服装职业技术学院与新加坡莱佛士高等教育学院合作举办时装设计专业高等专科教育项目 | 专科 | 时装设计 |
| 12 | 新加坡 | 常州纺织服装职业技术学院与新加坡莱佛士高等教育学院合作举办室内设计专业高等专科教育项目 | 专科 | 室内设计 |
| 13 | 新加坡 | 常州纺织服装职业技术学院与新加坡特许科技学院举办财务管理专业专科教育项目 | 专科 | 财务管理 |
| 14 | 新加坡 | 江苏经贸职业技术学院与新加坡特许科技学院合作举办财务管理专业专科教育项目 | 专科 | 财务管理 |
| 15 | 新加坡 | 江苏经贸职业技术学院与新加坡特许科技学院合作举办电子商务专业专科教育项目 | 专科 | 电子商务 |
| 16 | 新加坡 | 江苏经贸职业技术学院与新加坡特许科技学院合作举办信息技术与商务沟通专业高等专科教育项目 | 专科 | 信息技术与商务沟通 |
| 17 | 新加坡 | 南通航运职业技术学院与新加坡新瑞教育学院合作举办涉外旅游专业专科项目 | 专科 | 涉外旅游 |
| 18 | 新加坡 | 无锡城市职业技术学院与新加坡特许科技学院合作举办投资与理财（金融服务）专业专科教育项目 | 专科 | 投资与理财（金融服务） |
| 19 | 新加坡 | 无锡城市职业技术学院与新加坡特许科技学院合作举办会计（审计）专业专科教育项目 | 专科 | 会计（审计） |
| 20 | 新加坡 | 浙江经济职业技术学院与新加坡管理发展学院合作举办国际贸易实务专业高等专科教育项目 | 专科 | 国际贸易实务 |
| 21 | 新加坡 | 浙江经济职业技术学院与新加坡管理发展学院合作举办酒店管理专业高等专科教育项目 | 专科 | 酒店管理 |

续表

| 序号 | 外方所在国家名称 | 项目（机构）名称 | 办学层次 | 合作专业/学位名称 |
|---|---|---|---|---|
| 22 | 新加坡 | 安徽省芜湖职业技术学院与新加坡 BCA 学院（原新加坡 CITI 管理学院）合作举办建筑工程管理专业专科高等教育项目 | 专科 | 建筑工程管理 |
| 23 | 新加坡 | 安徽省芜湖职业技术学院与新加坡 BCA 学院（原新加坡 CITI 管理学院）合作举办装饰艺术设计专业高等专科教育项目 | 专科 | 装饰艺术设计 |
| 24 | 新加坡 | 吉林工商学院与新加坡特许科技学院合作举办会计专业专科教育项目 | 专科 | 会计 |
| 25 | 新加坡 | 吉林工商学院与新加坡特许科技学院合作举办金融管理与实务专业专科教育项目 | 专科 | 金融管理与实务 |
| 26 | 新加坡 | 乌鲁木齐职业大学与新加坡 PSB 学院合作举办物流管理专业高等专科项目 | 专科 | 物流管理 |
| 27 | 新加坡 | 乌鲁木齐职业大学与新加坡 PSB 学院合作举办酒店管理专业高等专科项目 | 专科 | 酒店管理 |
| 28 | 新加坡 | 乌鲁木齐职业大学与新加坡 PSB 学院合作举办机械制造与自动化专业高等专科教育项目 | 专科 | 机械制造与自动化 |
| 29 | 新加坡 | 乌鲁木齐职业大学与新加坡 PSB 学院合作举办电气自动化技术专业高等专科教育项目 | 专科 | 电气自动化技术 |
| 30 | 马来西亚 | 三江学院与马来西亚英迪国际大学合作举办会计学专业高等专科教育项目 | 专科 | 会计学 |
| 31 | 马来西亚 | 无锡商业职业技术学院与马来西亚砂劳越英迪学院合作举办酒店管理专业中外合作教育项目 | 专科 | 酒店管理 |
| 32 | 马来西亚 | 福建船政交通职业学院与马来西亚林登大学合作举办电气自动化技术专业专科教育项目 | 专科 | 电气自动化技术 |
| 33 | 马来西亚 | 福建船政交通职业学院与马来西亚林登大学合作举办建筑工程管理专业专科教育项目 | 专科 | 建筑工程管理 |

续表

| 序号 | 外方所在国家名称 | 项目（机构）名称 | 办学层次 | 合作专业/学位名称 |
|---|---|---|---|---|
| 34 | 马来西亚 | 山东商业职业技术学院与马来西亚思特雅大学学院合作举办电子商务专业专科学历教育项目 | 专科 | 电子商务 |
| 35 | 马来西亚 | 长春金融高等专科学校与马来西亚王子国际学院合作举办会计专业专科教育项目 | 专科 | 会计 |
| 36 | 马来西亚 | 新疆农业职业技术学院与马来西亚史丹福学院合作举办会计与审计专业高等专科项目 | 专科 | 会计与审计 |
| 37 | 马来西亚 | 新疆农业职业技术学院与马来西亚史丹福学院合作举办酒店管理专业高等专科项目 | 专科 | 酒店管理 |
| 38 | 马来西亚 | 新疆农业职业技术学院与马来西亚亚太科技大学合作举办软件技术专业高等专科项目 | 专科 | 软件技术 |
| 39 | 马来西亚 | 新疆农业职业技术学院与马来西亚林登大学合作举办建筑工程技术专业高等专科项目 | 专科 | 建筑工程技术 |
| 40 | 泰国 | 云南旅游职业学院与泰国曼谷工商管理旅游学院合作举办应用泰国语专业专科教育项目 | 专科 | 应用泰国语 |
| 41 | 印度 | 河北金融学院与印度 R.V.S.教育集团合作举办软件技术专业高等专科教育项目 | 专科 | 软件技术 |
| 42 | 白俄罗斯 | 郑州大学与白俄罗斯国立音乐学院合作举办音乐表演专业本科教育项目 | 本科 | 音乐表演 |
| 43 | 白俄罗斯 | 河南大学与白俄罗斯国立大学合作举办播音与主持艺术专业本科教育项目 | 本科 | 播音与主持艺术 |
| 44 | 白俄罗斯 | 呼和浩特职业学院与白俄罗斯布列斯特国立工业大学合作举办道路桥梁工程技术专业专科教育项目 | 专科 | 道路桥梁工程技术 |
| 45 | 白俄罗斯 | 呼和浩特职业学院与白俄罗斯布列斯特国立工业大学合作举办电气自动化技术专业专科教育项目 | 专科 | 电气自动化技术 |

附表2 "一带一路"沿线国家合作建设的中外合作办学项目（机构）信息表

续表

| 序号 | 外方所在国家名称 | 项目（机构）名称 | 办学层次 | 合作专业/学位名称 |
|---|---|---|---|---|
| 46 | 白俄罗斯 | 呼和浩特职业学院与白俄罗斯布列斯特国立工业大学合作举办会计电算化专业专科教育项目 | 专科 | 会计电算化 |
| 47 | 白俄罗斯 | 呼和浩特职业学院与白俄罗斯布列斯特国立工业大学合作举办建筑工程技术专业专科教育项目 | 专科 | 建筑工程技术 |
| 48 | 白俄罗斯 | 呼和浩特职业学院与白俄罗斯布列斯特国立工业大学合作举办汽车检测与维修技术专业教育项目 | 专科 | 汽车检测与维修技术 |
| 49 | 白俄罗斯 | 呼和浩特职业学院与白俄罗斯维捷布斯克国立大学合作举办美术教育专业高等专科教育项目 | 专科 | 美术教育 |
| 50 | 白俄罗斯 | 呼和浩特职业学院与白俄罗斯维捷布斯克国立大学合作举办音乐教育专业高等专科教育项目 | 专科 | 音乐教育 |
| 51 | 乌克兰 | 江苏科技大学与乌克兰马卡洛夫国立造船大学合作举办船舶与海洋工程专业本科教育项目 | 本科 | 船舶与海洋工程 |
| 52 | 乌克兰 | 吉首大学与乌克兰国立卢甘斯克大学合作举办音乐学专业本科教育项目 | 本科 | 音乐学 |
| 53 | 乌克兰 | 浙江国际海运职业技术学院与乌克兰马卡洛夫国立造船大学合作举办船舶工程技术专业高等专科教育项目 | 专科 | 船舶工程技术 |
| 54 | 乌克兰 | 沧州职业技术学院与乌克兰国立德拉甘马诺夫师范大学合作举办国际经济与贸易专业高等专科教育项目 | 专科 | 国际经济与贸易 |
| 55 | 乌克兰 | 沧州职业技术学院与乌克兰国立德拉甘马诺夫师范大学合作举办旅游专业高等专科教育项目 | 专科 | 旅游 |

续表

| 序号 | 外方所在国家名称 | 项目（机构）名称 | 办学层次 | 合作专业/学位名称 |
|---|---|---|---|---|
| 56 | 乌克兰 | 沧州职业技术学院与乌克兰国立德拉甘马诺夫师范大学合作举办市场营销专业高等专科教育项目 | 专科 | 市场营销 |
| 58 | 俄罗斯 | 上海师范大学与俄罗斯彼得罗扎沃茨克国立格拉祖诺夫音乐学院合作举办音乐表演专业本科教育项目 | 本科 | 音乐表演 |
| 59 | 俄罗斯 | 天津师范大学与俄罗斯莫斯科国立文化艺术大学合作举办音乐学专业本科教育项目 | 本科 | 音乐学 |
| 60 | 俄罗斯 | 江苏师范大学与俄罗斯圣彼得堡交通大学合作举办金融工程专业本科教育项目 | 本科 | 金融工程 |
| 61 | 俄罗斯 | 徐州工程学院与俄罗斯圣彼得堡国立电子技术大学合作举办电气工程及其自动化专业本科教育项目 | 本科 | 电气工程及其自动化 |
| 62 | 俄罗斯 | 江苏师范大学与俄罗斯彼得堡国立交通大学合作举办轨道交通信号与控制专业本科教育项目 | 本科 | 轨道交通信号与控制 |
| 63 | 俄罗斯 | 江苏师范大学与俄罗斯莫斯科国立经济统计信息大学合作举办国际贸易学硕士学位教育项目 | 硕士 | 国际贸易学 |
| 64 | 俄罗斯 | 盐城师范学院与俄罗斯莫斯科国立文化艺术大学合作举办音乐表演专业本科教育项目 | 本科 | 音乐表演 |
| 65 | 俄罗斯 | 浙江海洋学院与俄罗斯圣彼得堡国立海洋技术大学合作举办船舶与海洋工程专业本科教育项目 | 本科 | 船舶与海洋工程 |
| 66 | 俄罗斯 | 山东交通学院与俄罗斯罗斯托夫国立建筑大学举办的交通运输专业本科学历教育合作项目 | 本科 | 交通运输 |
| 67 | 俄罗斯 | 山东交通学院与俄罗斯远东国立交通大学举办电气工程及其自动化专业本科学历教育合作项目 | 本科 | 电气工程及其自动化 |
| 68 | 俄罗斯 | 河南大学与俄罗斯圣彼得堡国立大学合作举办信息管理与信息系统专业本科教育项目 | 本科 | 信息管理与信息系统 |

附表2 "一带一路"沿线国家合作建设的中外合作办学项目（机构）信息表

续表

| 序号 | 外方所在国家名称 | 项目（机构）名称 | 办学层次 | 合作专业/学位名称 |
| --- | --- | --- | --- | --- |
| 69 | 俄罗斯 | 河南大学与俄罗斯南联邦大学合作举办视觉传达设计专业本科教育项目 | 本科 | 视觉传达设计 |
| 70 | 俄罗斯 | 河南大学与俄罗斯南联邦大学合作举办俄语专业本科教育项目 | 本科 | 俄语 |
| 71 | 俄罗斯 | 河南财经政法大学与俄罗斯人民友谊大学合作举办人文地理与城乡规划专业本科教育项目 | 本科 | 人文地理与城乡规划 |
| 72 | 俄罗斯 | 河南财经政法大学与俄罗斯人民友谊大学合作举办金融学专业本科教育项目 | 本科 | 金融学 |
| 73 | 俄罗斯 | 河南大学与俄罗斯南联邦大学合作举办环境设计专业本科教育项目 | 本科 | 环境设计 |
| 74 | 俄罗斯 | 河南城建学院与俄罗斯圣彼得堡国立建筑工程大学合作举办给排水科学与工程专业本科教育项目 | 本科 | 给排水科学与工程 |
| 75 | 俄罗斯 | 华北水利水电大学与俄罗斯乌拉尔联邦大学合作举办土木工程专业本科教育项目 | 本科 | 土木工程 |
| 76 | 俄罗斯 | 湖南师范大学与俄罗斯下诺夫哥罗德国立格林卡音乐学院合作举办音乐表演专业本科教育项目 | 本科 | 音乐表演 |
| 77 | 俄罗斯 | 黑龙江大学与俄罗斯远东国立大学合作举办数学与应用数学专业本科教育项目 | 本科 | 数学与应用数学 |
| 78 | 俄罗斯 | 哈尔滨师范大学与俄罗斯莫斯科国立师范大学合作举办心理学专业本科教育项目 | 本科 | 心理学 |
| 79 | 俄罗斯 | 哈尔滨师范大学与俄罗斯国立赫尔岑师范大学合作举办俄语专业本科教育项目 | 本科 | 俄语 |
| 80 | 俄罗斯 | 哈尔滨师范大学与俄罗斯国立赫尔岑师范大学合作举办教育学专业本科教育项目 | 本科 | 教育学 |
| 81 | 俄罗斯 | 哈尔滨理工大学与俄罗斯新西伯利亚国立技术大学合作举办信息管理与信息系统专业本科教育项目 | 本科 | 信息管理与信息系统 |

续表

| 序号 | 外方所在国家名称 | 项目（机构）名称 | 办学层次 | 合作专业/学位名称 |
|---|---|---|---|---|
| 82 | 俄罗斯 | 哈尔滨师范大学与俄罗斯远东国立人文大学合作举办俄语专业本科教育项目 | 本科 | 俄语 |
| 83 | 俄罗斯 | 哈尔滨理工大学与俄罗斯新西伯利亚国立技术大学合作举办会计学专业本科教育项目 | 本科 | 会计学 |
| 84 | 俄罗斯 | 哈尔滨理工大学与俄罗斯新西伯利亚国立技术大学合作举办法学专业本科教育项目 | 本科 | 法学 |
| 85 | 俄罗斯 | 哈尔滨师范大学与俄罗斯国立列宾美术学院合作举办美术学专业本科教育项目 | 本科 | 美术学 |
| 86 | 俄罗斯 | 齐齐哈尔大学与俄罗斯西伯利亚联邦大学合作举办工商管理专业本科教育项目 | 本科 | 工商管理 |
| 87 | 俄罗斯 | 齐齐哈尔大学与俄罗斯后贝加尔车尔尼雪夫斯基国立人文师范大学合作举办数学与应用数学专业本科教育项目 | 本科 | 数学与应用数学 |
| 88 | 俄罗斯 | 齐齐哈尔大学与俄罗斯后贝加尔车尔尼雪夫斯基国立人文师范大学合作举办物理学专业本科教育项目 | 本科 | 物理学 |
| 89 | 俄罗斯 | 佳木斯大学与俄罗斯太平洋国立经济大学合作举办工商管理专业本科教育项目 | 本科 | 工商管理 |
| 90 | 俄罗斯 | 齐齐哈尔大学与俄罗斯后贝加尔车尔尼雪夫斯基国立人文师范大学合作举办化学专业本科教育项目 | 本科 | 化学 |
| 91 | 俄罗斯 | 佳木斯大学与俄罗斯太平洋国立经济大学合作举办会计学专业本科教育项目 | 本科 | 会计学 |
| 92 | 俄罗斯 | 齐齐哈尔大学与俄罗斯后贝加尔车尔尼雪夫斯基国立人文师范大学合作举办生物科学专业本科教育项目 | 本科 | 生物科学 |
| 93 | 俄罗斯 | 佳木斯大学与俄罗斯太平洋国立经济大学合作举办国际经济与贸易专业本科教育项目 | 本科 | 国际经济与贸易 |

续表

| 序号 | 外方所在国家名称 | 项目（机构）名称 | 办学层次 | 合作专业/学位名称 |
|---|---|---|---|---|
| 94 | 俄罗斯 | 齐齐哈尔大学与俄罗斯后贝加尔车尔尼雪夫斯基国立人文师范大学合作举办音乐专业本科教育项目 | 本科 | 音乐 |
| 95 | 俄罗斯 | 东北石油大学与俄罗斯库班国立技术大学合作举办电子信息工程专业本科教育项目 | 本科 | 电子信息工程 |
| 96 | 俄罗斯 | 黑河学院与俄罗斯布拉戈维申斯克国立师范大学合作举办美术学专业本科教育项目 | 本科 | 美术学 |
| 97 | 俄罗斯 | 东北石油大学与俄罗斯库班国立技术大学合作举办油气储运工程专业本科教育项目 | 本科 | 油气储运工程 |
| 98 | 俄罗斯 | 黑龙江八一农垦大学与俄罗斯符拉迪沃斯托克国立经济服务大学合作举办计算机科学与技术专业本科教育项目 | 本科 | 计算机科学与技术 |
| 99 | 俄罗斯 | 东北石油大学与俄罗斯库班国立技术大学合作举办自动化专业本科教育项目 | 本科 | 自动化 |
| 100 | 俄罗斯 | 黑龙江八一农垦大学与俄罗斯符拉迪沃斯托克国立经济服务大学合作举办农林经济管理专业本科教育项目 | 本科 | 农林经济管理 |
| 101 | 俄罗斯 | 东北石油大学与俄罗斯库班国立技术大学合作举办计算机科学与技术专业本科教育项目 | 本科 | 计算机科学与技术 |
| 102 | 俄罗斯 | 黑龙江八一农垦大学与俄罗斯符拉迪沃斯托克国立经济服务大学合作举办市场营销专业本科教育项目 | 本科 | 市场营销 |
| 103 | 俄罗斯 | 东北石油大学与俄罗斯库班国立技术大学合作举办工商管理专业本科教育项目 | 本科 | 工商管理 |
| 104 | 俄罗斯 | 黑龙江八一农垦大学与俄罗斯符拉迪沃斯托克国立经济服务大学合作举办会计学专业本科教育项目 | 本科 | 会计学 |

续表

| 序号 | 外方所在国家名称 | 项目（机构）名称 | 办学层次 | 合作专业/学位名称 |
|---|---|---|---|---|
| 105 | 俄罗斯 | 东北农业大学与俄罗斯远东国立技术水产大学合作举办食品科学与工程专业本科教育项目 | 本科 | 食品科学与工程 |
| 106 | 俄罗斯 | 东北农业大学与俄罗斯远东国立技术水产大学合作举办工商管理专业本科教育项目 | 本科 | 工商管理 |
| 107 | 俄罗斯 | 东北农业大学与俄罗斯远东国立技术水产大学合作举办会计学专业本科教育项目 | 本科 | 会计学 |
| 108 | 俄罗斯 | 东北农业大学与俄罗斯远东国立技术水产大学合作举办金融学专业本科教育项目 | 本科 | 金融学 |
| 109 | 俄罗斯 | 东北农业大学与俄罗斯太平洋国立大学合作举办计算机科学与技术专业本科教育项目 | 本科 | 计算机科学与技术 |
| 110 | 俄罗斯 | 东北农业大学与俄罗斯太平洋国立大学合作举办国际经济与贸易专业本科教育项目 | 本科 | 国际经济与贸易 |
| 111 | 俄罗斯 | 东北农业大学与俄罗斯太平洋国立大学合作举办土地资源管理专业本科教育项目 | 本科 | 土地资源管理 |
| 112 | 俄罗斯 | 大庆师范学院与俄罗斯布拉戈维申斯克国立师范大学合作举办数学与应用数学专业本科教育项目 | 本科 | 数学与应用数学 |
| 113 | 俄罗斯 | 哈尔滨医科大学与俄罗斯符拉迪沃斯托克国立医科大学合作举办临床医学专业本科教育项目 | 本科 | 临床医学 |
| 114 | 俄罗斯 | 大庆师范学院与俄罗斯乌苏里斯克国立师范学院合作举办计算机科学与技术专业本科教育项目 | 本科 | 计算机科学与技术 |
| 115 | 俄罗斯 | 大庆师范学院与俄罗斯乌苏里斯克国立师范学院合作举办市场营销专业本科教育项目 | 本科 | 市场营销 |
| 116 | 俄罗斯 | 牡丹江医学院与俄罗斯符拉迪沃斯托克国立医科大学举办临床医学专业本科教育项目 | 本科 | 临床医学 |

附表2 "一带一路"沿线国家合作建设的中外合作办学项目（机构）信息表

续表

| 序号 | 外方所在国家名称 | 项目（机构）名称 | 办学层次 | 合作专业/学位名称 |
|---|---|---|---|---|
| 117 | 俄罗斯 | 牡丹江医学院与俄罗斯符拉迪沃斯托克国立医科大学举办麻醉学专业本科教育项目 | 本科 | 麻醉学 |
| 118 | 俄罗斯 | 黑龙江中医药大学与俄罗斯阿穆尔国立医学院合作举办中西医临床医学专业本科教育项目 | 本科 | 中西医临床医学 |
| 119 | 俄罗斯 | 牡丹江医学院与俄罗斯符拉迪沃斯托克国立医科大学举办医学检验专业本科教育项目 | 本科 | 医学检验 |
| 120 | 俄罗斯 | 牡丹江医学院与俄罗斯符拉迪沃斯托克国立医科大学举办医学影像学专业本科教育项目 | 本科 | 医学影像学 |
| 121 | 俄罗斯 | 齐齐哈尔医学院与俄罗斯赤塔国立医学院合作举办临床医学本科教育项目 | 本科 | 临床医学 |
| 122 | 俄罗斯 | 哈尔滨师范大学与俄罗斯莫斯科国立师范大学合作举办历史学专业本科教育项目 | 本科 | 历史学 |
| 123 | 俄罗斯 | 绥化学院与俄罗斯阿穆尔国立大学合作举办计算机科学与技术专业本科教育项目 | 本科 | 计算机科学与技术 |
| 124 | 俄罗斯 | 绥化学院与俄罗斯阿穆尔国立大学合作举办数学与应用数学专业本科教育项目 | 本科 | 数学与应用数学 |
| 125 | 俄罗斯 | 绥化学院与俄罗斯阿穆尔国立大学合作举办俄语专业本科教育项目 | 本科 | 俄语 |
| 126 | 俄罗斯 | 绥化学院与俄罗斯阿穆尔国立大学合作举办美术学专业本科教育项目 | 本科 | 美术学 |
| 127 | 俄罗斯 | 绥化学院与俄罗斯布拉戈维申斯克国立师范大学合作举办音乐学专业本科教育项目 | 本科 | 音乐学 |
| 128 | 俄罗斯 | 黑河学院与俄罗斯布拉戈维申斯克国立师范大学合作举办计算机科学与技术专业本科教育项目 | 本科 | 计算机科学与技术 |

续表

| 序号 | 外方所在国家名称 | 项目（机构）名称 | 办学层次 | 合作专业/学位名称 |
|---|---|---|---|---|
| 129 | 俄罗斯 | 黑河学院与俄罗斯布拉戈维申斯克国立师范大学合作举办俄语专业本科教育项目 | 本科 | 俄语 |
| 130 | 俄罗斯 | 黑河学院与俄罗斯布拉戈维申斯克国立师范大学合作举办音乐学专业本科教育项目 | 本科 | 音乐学 |
| 131 | 俄罗斯 | 哈尔滨师范大学与俄罗斯布拉戈维申斯克国立师范大学合作举办生物科学专业本科教育项目 | 本科 | 生物科学 |
| 132 | 俄罗斯 | 哈尔滨师范大学与俄罗斯克拉斯诺雅尔斯克国立师范大学合作举办数学与应用数学专业本科教育项目 | 本科 | 数学与应用数学 |
| 133 | 俄罗斯 | 哈尔滨师范大学与俄罗斯克拉斯诺雅尔斯克国立师范大学合作举办物理学专业本科教育项目 | 本科 | 物理学 |
| 134 | 俄罗斯 | 哈尔滨师范大学与俄罗斯克拉斯诺雅尔斯克国立师范大学合作举办化学专业本科教育项目 | 本科 | 化学 |
| 135 | 俄罗斯 | 哈尔滨师范大学与俄罗斯克拉斯诺雅尔斯克国立师范大学合作举办计算机科学与技术专业本科教育项目 | 本科 | 计算机科学与技术 |
| 136 | 俄罗斯 | 齐齐哈尔大学与俄罗斯伊尔库茨克国立语言大学合作举办俄语专业本科教育项目 | 本科 | 俄语 |
| 137 | 俄罗斯 | 黑龙江东方学院与俄罗斯太平洋国立大学合作举办国际经济与贸易专业本科教育项目 | 本科 | 国际经济与贸易 |
| 138 | 俄罗斯 | 黑龙江大学、黑河学院与俄罗斯布拉戈维申斯克国立师范大学合作举办教育学硕士学位教育项目 | 硕士 | 教育学 |
| 139 | 俄罗斯 | 哈尔滨工程大学与俄罗斯圣彼得堡国立海洋技术大学合作举办船舶与海洋工程专业本科教育项目 | 本科 | 船舶与海洋工程 |

附表2 "一带一路"沿线国家合作建设的中外合作办学项目（机构）信息表

续表

| 序号 | 外方所在国家名称 | 项目（机构）名称 | 办学层次 | 合作专业/学位名称 |
|---|---|---|---|---|
| 140 | 俄罗斯 | 东北林业大学与俄罗斯符拉迪沃斯托克国立经济与服务大学合作举办法学专业本科教育项目 | 本科 | 法学 |
| 141 | 俄罗斯 | 东北林业大学与俄罗斯符拉迪沃斯托克国立经济与服务大学合作举办会计学专业本科教育项目 | 本科 | 会计学 |
| 142 | 俄罗斯 | 东北林业大学与俄罗斯符拉迪沃斯托克国立经济与服务大学合作举办农林经济管理专业本科教育项目 | 本科 | 农林经济管理 |
| 143 | 俄罗斯 | 东北林业大学与俄罗斯符拉迪沃斯托克国立经济与服务大学合作举办信息管理与信息系统专业本科教育项目 | 本科 | 信息管理与信息系统 |
| 144 | 俄罗斯 | 东北林业大学与俄罗斯符拉迪沃斯托克国立经济与服务大学合作举办国际经济与贸易专业本科教育项目 | 本科 | 国际经济与贸易 |
| 145 | 俄罗斯 | 齐齐哈尔大学与俄罗斯莫斯科肖洛霍夫国立开放师范大学合作举办艺术设计专业本科教育项目 | 本科 | 艺术设计 |
| 146 | 俄罗斯 | 齐齐哈尔大学与俄罗斯莫斯科肖洛霍夫国立开放师范大学合作举办音乐学专业本科教育项目 | 本科 | 音乐学 |
| 147 | 俄罗斯 | 齐齐哈尔大学与俄罗斯莫斯科肖洛霍夫国立开放师范大学合作举办美术学专业本科教育项目 | 本科 | 美术学 |
| 148 | 俄罗斯 | 黑龙江科技学院与俄罗斯远东国立理工大学合作举办计算机科学与技术专业本科生教育项目 | 本科 | 计算机科学与技术 |
| 149 | 俄罗斯 | 牡丹江师范学院与俄罗斯乌苏里斯克国立师范学院合作举办旅游管理专业本科教育项目 | 本科 | 旅游管理 |
| 150 | 俄罗斯 | 黑河学院与俄罗斯远东国立农业大学合作举办国际经济与贸易专业本科教育项目 | 本科 | 国际经济与贸易 |

续表

| 序号 | 外方所在国家名称 | 项目（机构）名称 | 办学层次 | 合作专业/学位名称 |
|---|---|---|---|---|
| 151 | 俄罗斯 | 黑河学院与俄罗斯布拉戈维申斯克国立师范大学合作举办体育教育专业本科教育项目 | 本科 | 体育教育 |
| 152 | 俄罗斯 | 黑龙江科技学院与俄罗斯远东国立理工大学合作培养采矿工程专业本科生项目（退出办学） | 本科 | 采矿工程 |
| 153 | 俄罗斯 | 齐齐哈尔医学院与俄罗斯赤塔国立医学院合作举办口腔医学本科教育项目 | 本科 | 口腔医学 |
| 154 | 俄罗斯 | 大庆师范学院与俄罗斯布拉戈维申斯克国立师范大学合作举办法学专业本科教育项目 | 本科 | 法学 |
| 155 | 俄罗斯 | 佳木斯大学与俄罗斯远东国立社会人文学院合作举办学前教育专业本科教育项目 | 本科 | 学前教育 |
| 156 | 俄罗斯 | 齐齐哈尔医学院与俄罗斯赤塔国立医学院合作举办精神医学本科教育项目 | 本科 | 精神医学 |
| 157 | 俄罗斯 | 齐齐哈尔大学与俄罗斯克麦罗沃食品工业技术学院合作举办食品科学与工程专业本科教育项目 | 本科 | 食品科学与工程 |
| 158 | 俄罗斯 | 黑河学院与俄罗斯南乌拉尔国立大学合作举办旅游管理专业本科教育项目 | 本科 | 旅游管理 |
| 159 | 俄罗斯 | 大庆师范学院与俄罗斯布拉戈维申斯克国立师范大学合作举办化学工程与工艺专业本科教育项目 | 本科 | 化学工程与工艺 |
| 160 | 俄罗斯 | 长春大学与俄罗斯乌斯季诺夫波罗的海国立技术大学合作举办自动化专业本科教育项目 | 本科 | 自动化 |
| 161 | 俄罗斯 | 长春大学与俄罗斯乌斯季诺夫波罗的海国立技术大学合作举办机械工程专业本科教育项目 | 本科 | 机械工程 |
| 162 | 俄罗斯 | 吉林建筑大学（原吉林建筑工程学院）与俄罗斯太平洋国立大学合作举办建筑学专业本科教育项目 | 本科 | 建筑学 |
| 163 | 俄罗斯 | 长春大学与俄罗斯伏尔加格勒国立师范大学合作举办俄语专业本科教育项目 | 本科 | 俄语 |

附表2 "一带一路"沿线国家合作建设的中外合作办学项目（机构）信息表

续表

| 序号 | 外方所在国家名称 | 项目（机构）名称 | 办学层次 | 合作专业/学位名称 |
|---|---|---|---|---|
| 164 | 俄罗斯 | 吉林建筑工程学院与俄罗斯太平洋国立大学举办工程管理专业本科教育项目 | 本科 | 工程管理 |
| 165 | 俄罗斯 | 长春师范大学与俄罗斯克麦罗沃国立文化艺术大学合作举办音乐学专业本科教育项目 | 本科 | 音乐学 |
| 166 | 俄罗斯 | 吉林大学与俄罗斯托姆斯克理工大学合作举办物理学专业本科教育项目 | 本科 | 物理学 |
| 167 | 俄罗斯 | 白城师范学院与俄罗斯莫斯科国立人文大学合作举办音乐表演专业本科教育项目 | 本科 | 音乐表演 |
| 168 | 俄罗斯 | 长春师范大学与俄罗斯克麦罗沃国立文化艺术大学合作举办视觉传达设计专业本科教育项目 | 本科 | 视觉传达设计 |
| 169 | 俄罗斯 | 长春工程学院与俄罗斯南俄国立技术大学（新切尔卡斯克理工学院）合作举办能源与动力工程专业本科教育项目 | 本科 | 能源与动力工程 |
| 170 | 俄罗斯 | 白城师范学院与俄罗斯乌拉尔国立师范大学合作举办环境设计专业本科教育项目 | 本科 | 环境设计 |
| 171 | 俄罗斯 | 长春理工大学与俄罗斯圣彼得堡国立研究型信息技术机械与光学大学合作举办光学工程硕士研究生教育项目 | 硕士 | 光学工程 |
| 172 | 俄罗斯 | 呼伦贝尔学院与俄罗斯别尔哥罗德国立工艺大学合作举办土木工程专业本科教育项目 | 本科 | 土木工程 |
| 173 | 俄罗斯 | 新疆农业大学和俄罗斯国立太平洋大学合作举办交通运输（物流工程方向）专业本科教育项目 | 本科 | 交通运输（物流工程方向） |
| 174 | 俄罗斯 | 山东艺术学院国际艺术交流学院 | 专科 | 人物形象设计、文化事业管理、影视多媒体技术、艺术设计 |

续表

| 序号 | 外方所在国家名称 | 项目（机构）名称 | 办学层次 | 合作专业/学位名称 |
|---|---|---|---|---|
| 175 | 俄罗斯 | 石家庄铁路职业技术学院-莫斯科交大交通学院 | 专科 | 铁道工程技术、道路桥梁工程技术、铁道信号自动控制、城市轨道交通机电技术、铁道供电技术 |
| 176 | 俄罗斯 | 西安铁路职业技术学院国际交通学院 | 专科 | 铁道交通运营管理、城市轨道交通机电技术、铁道供电技术、铁道机车、铁道车辆、铁道工程技术 |
| 177 | 俄罗斯 | 南京铁道职业技术学院与俄罗斯圣彼得堡国立亚历山大一世皇帝交通大学合作举办铁道交通运营管理专业专科教育项目 | 专科 | 铁道交通运营管理 |
| 178 | 俄罗斯 | 南京铁道职业技术学院与俄罗斯圣彼得堡国立亚历山大一世皇帝交通大学合作举办铁道通信信号专业专科教育项目 | 专科 | 铁道通信信号 |
| 179 | 俄罗斯 | 山东交通学院与俄罗斯远东国立交通大学合作举办建筑工程管理专业高等专科教育项目 | 专科 | 建筑工程管理 |
| 180 | 俄罗斯 | 山东水利职业学院与俄罗斯莫斯科国立自然资源规划大学合作举办机电一体化技术专业专科教育项目 | 专科 | 机电一体化技术 |

续表

| 序号 | 外方所在国家名称 | 项目（机构）名称 | 办学层次 | 合作专业/学位名称 |
|---|---|---|---|---|
| 181 | 俄罗斯 | 山东水利职业学院与俄罗斯莫斯科国立自然资源规划大学合作举办水利工程专业专科教育项目 | 专科 | 水利工程 |
| 182 | 波兰 | 郑州大学与波兰罗兹大学合作举办经济学专业本科教育项目 | 本科 | 经济学 |
| 183 | 波兰 | 郑州大学与波兰华沙大学合作举办应用心理学专业本科教育项目 | 本科 | 应用心理学 |
| 184 | 波兰 | 郑州航空工业管理学院与波兰社会科学与人文大学合作举办产品设计专业本科教育项目 | 本科 | 产品设计 |
| 185 | 波兰 | 钦州学院与波兰华沙理工大学合作举办电子信息工程专业本科教育项目 | 本科 | 电子信息工程 |
| 186 | 波兰 | 沧州职业技术学院与波兰罗兹理工大学合作举办电力系统自动化技术专业专科教育项目 | 专科 | 电力系统自动化技术 |
| 187 | 波兰 | 沧州职业技术学院与波兰罗兹理工大学合作举办建筑工程技术专业专科教育项目 | 专科 | 建筑工程技术 |
| 188 | 波兰 | 沧州职业技术学院与波兰罗兹理工大学合作举办应用化工技术专业专科教育项目 | 专科 | 应用化工技术 |
| 189 | 波兰 | 沧州职业技术学院与波兰罗兹大学合作举办会计电算化专业高等专科学历教育项目 | 专科 | 会计电算化 |
| 190 | 波兰 | 重庆工商大学现代国际设计艺术学院 | 本科 | 服装与服饰设计、视觉传达设计 |

# 附表3 "一带一路"沿线国家孔子学院和中方合作机构一览表

（截至 2015 年 12 月）

| 序号 | 地区名称 | 国家名称 | 孔子学院名称 | 中方合作机构名称 |
|---|---|---|---|---|
| 1 | 东亚 | 蒙古 | 科布多大学孔子学院 | 新疆职业大学 |
| | | | 蒙古国立大学孔子学院 | 山东大学 |
| | | | 蒙古国立教育大学孔子学院 | 东北师范大学 |
| 2 | 东南亚 | 菲律宾 | 布拉卡国立大学孔子学院 | 西北大学 |
| | | | 菲律宾大学孔子学院 | 厦门大学 |
| | | | 红溪礼示大学孔子学院 | 福建师范大学 |
| | | | 亚典耀大学孔子学院 | 中山大学 |
| | | 柬埔寨 | 柬埔寨王家学院孔子学院 | 江西九江学院 |
| | | 老挝 | 老挝国立大学孔子学院 | 广西民族大学 |
| | | 马来西亚 | 马来亚大学孔子汉语学院 | 北京外国语大学 |
| | | | 世纪大学孔子学院 | 海南师范大学 |
| | | 泰国 | 川登喜皇家大学素攀孔子学院 | 广西大学 |
| | | | 东方大学孔子学院 | 温州大学、温州医学院 |
| | | | 海上丝路孔子学院 | 天津师范大学 |
| | | | 皇太后大学孔子学院 | 厦门大学 |
| | | | 孔敬大学孔子学院 | 西南大学 |
| | | | 玛哈沙拉坎大学孔子学院 | 广西民族大学 |

续表

| 序号 | 地区名称 | 国家名称 | 孔子学院名称 | 中方合作机构名称 |
|---|---|---|---|---|
| 2 | 东南亚 | 泰国 | 曼松德昭帕亚皇家师范大学孔子学院 | 天津师范大学 |
| | | | 农业大学孔子学院 | 华侨大学 |
| | | | 清迈大学孔子学院 | 云南师范大学 |
| | | | 宋卡王子大学孔子学院 | 广西师范大学 |
| | | | 宋卡王子大学普吉孔子学院 | 上海大学 |
| | | | 勿洞市孔子学院 | 重庆大学 |
| | | | 易三仓大学孔子学院 | 天津科技大学 |
| | | | 朱拉隆功大学孔子学院 | 北京大学 |
| | | 新加坡 | 南洋理工大学孔子学院 | 山东大学 |
| | | 越南 | 河内大学孔子学院 | 广西师范大学 |
| | | 印度尼西亚 | 阿拉扎大学孔子学院 | 福建师范大学 |
| | | | 丹戎布拉大学孔子学院 | 广西民族大学 |
| | | | 哈山努丁大学孔子学院 | 南昌大学 |
| | | | 玛拉拿达基督教大学孔子学院 | 河北师范大学 |
| | | | 玛琅国立大学孔子学院 | 广西师范大学 |
| | | | 泗水国立大学孔子学院 | 华中师范大学 |
| 3 | 西亚北非 | 黎巴嫩 | 圣约瑟夫大学孔子学院 | 沈阳师范大学 |
| | | 巴林 | 巴林大学孔子学院 | 上海大学 |
| | | 阿联酋 | 迪拜大学孔子学院 | 宁夏大学 |
| | | | 扎伊德大学孔子学院 | 北京外国语大学 |
| | | 土耳其 | 奥坎大学孔子学院 | 北京语言大学 |
| | | | 海峡大学孔子学院 | 上海大学 |
| | | | 晔迪特派大学大学孔子学院 | 南开大学 |
| | | | 中东技术大学孔子学院 | 厦门大学 |
| | | 伊朗 | 德黑兰大学孔子学院 | 云南大学 |

续表

| 序号 | 地区名称 | 国家名称 | 孔子学院名称 | 中方合作机构名称 |
|---|---|---|---|---|
| 3 | 西亚北非 | 以色列 | 特拉维夫大学孔子学院 | 中国人民大学 |
| | | | 希伯来大学孔子学院 | 北京大学 |
| | | 约旦 | 安曼TAG孔子学院 | 沈阳师范大学 |
| | | | 费城大学孔子学院 | 聊城大学 |
| | | 埃及 | 开罗大学孔子学院 | 北京大学 |
| | | | 苏伊士运河大学孔子学院 | 北京语言大学 |
| 4 | 南亚 | 阿富汗 | 喀布尔大学孔子学院（中文系） | 太原理工大学 |
| | | 巴基斯坦 | 费萨拉巴德农业大学孔子学院 | 新疆农业大学 |
| | | | 卡拉奇大学孔子学院 | 四川师范大学 |
| | | | 旁遮普大学孔子学院 | 江西理工大学 |
| | | | 伊斯兰堡孔子学院 | 北京语言大学 |
| | | 孟加拉国 | 达卡大学孔子学院 | 云南大学 |
| | | | 南北大学孔子学院 | 云南大学 |
| | | 尼泊尔 | 加德满都大学孔子学院 | 河北经贸大学 |
| | | 斯里兰卡 | 凯拉尼亚大学孔子学院 | 重庆师范大学 |
| | | | 科伦坡大学孔子学院 | 北京外国语大学、红河学院 |
| | | 印度 | 孟买大学孔子学院 | 天津理工大学 |
| | | | 韦洛尔科技大学孔子学院 | 郑州大学 |
| 5 | 中亚 | 哈萨克斯坦 | 阿克托别朱巴诺夫国立大学孔子学院 | 新疆财经大学 |
| | | | 国立民族大学孔子学院 | 兰州大学 |
| | | | 卡拉干达国立技术大学孔子学院 | 石河子大学 |
| | | | 欧亚大学孔子学院 | 西安外国语大学 |

续表

| 序号 | 地区名称 | 国家名称 | 孔子学院名称 | 中方合作机构名称 |
|---|---|---|---|---|
| 5 | 中亚 | 吉尔吉斯斯坦 | 奥什国立大学孔子学院 | 新疆师范大学 |
| | | | 比什凯克人文大学孔子学院 | 新疆大学 |
| | | | 民族大学孔子学院 | 新疆师范大学 |
| | | 塔吉克斯坦 | 国立民族大学孔子学院 | 新疆师范大学 |
| | | | 冶金学院孔子学院 | 中国石油大学(华东) |
| | | 乌兹别克斯坦 | 撒马尔罕国立外国语学院孔子学院 | 上海外国语大学 |
| | | | 塔什干孔子学院 | 兰州大学 |
| 6 | 独联体 | 白俄罗斯 | 白俄罗斯国立大学孔子学院 | 大连理工大学 |
| | | | 白俄罗斯国立技术大学科技孔子学院 | 东北大学 |
| | | | 明斯克国立语言大学孔子学院 | 东南大学 |
| | | 阿塞拜疆 | 巴库国立大学孔子学院 | 安徽大学 |
| | | | 阿塞拜疆语言大学孔子学院 | 湖州师范学院 |
| | | 格鲁吉亚 | 第比利斯自由大学孔子学院 | 兰州大学 |
| | | 亚美尼亚 | 埃里温"布留索夫"国立语言与社会科学大学孔子学院 | 大连外国语大学 |
| | | 乌克兰 | 哈尔科夫国立大学孔子学院 | 安徽大学 |
| | | | 基辅国立大学孔子学院 | 吉林大学 |
| | | | 基辅国立语言大学孔子学院 | 天津外国语大学 |
| | | | 卢甘斯克师范大学孔子学院 | 浙江师范大学 |
| | | | 南方师范大学孔子学院 | 哈尔滨工程大学 |
| | | 摩尔多瓦 | 自由国际大学孔子学院 | 西北师范大学 |
| | | 俄罗斯 | 布拉戈维申斯克国立师范大学孔子学院 | 黑河学院 |

续表

| 序号 | 地区名称 | 国家名称 | 孔子学院名称 | 中方合作机构名称 |
|---|---|---|---|---|
| 6 | 独联体 | 俄罗斯 | 布里亚特国立大学孔子学院 | 长春理工大学 |
| | | | 俄罗斯国立人文大学孔子学院 | 对外经济贸易大学 |
| | | | 伏尔加格勒国立师范大学孔子学院 | 天津外国语大学 |
| | | | 喀山联邦大学孔子学院 | 湖南师范大学 |
| | | | 卡尔梅克国立大学孔子学院 | 内蒙古大学 |
| | | | 梁赞国立大学孔子学院 | 长春大学 |
| | | | 莫斯科大学孔子学院 | 北京大学 |
| | | | 莫斯科国立语言大学孔子学院 | 北京外国语大学 |
| | | | 圣彼得堡大学孔子学院 | 首都师范大学 |
| | | | 托木斯克国立大学孔子学院 | 沈阳理工大学 |
| | | | 乌拉尔联邦大学孔子学院 | 广东外语外贸大学 |
| | | | 下诺夫哥罗德国立语言大学孔子学院 | 四川外国语大学 |
| | | | 新西伯利亚国立技术大学孔子学院 | 大连外国语大学 |
| | | | 伊尔库茨克国立大学孔子学院 | 辽宁大学 |
| | | | 远东联邦大学孔子学院 | 黑龙江大学 |
| | | | 阿穆尔国立人文师范大学孔子学院 | 哈尔滨师范大学 |
| 7 | 中东欧 | 阿尔巴尼亚 | 地拉那大学孔子学院 | 北京外国语大学 |
| | | 爱沙尼亚 | 塔林大学孔子学院 | 上海财经大学 |
| | | 保加利亚 | 大特尔诺沃大学孔子学院 | 中国地质大学（武汉） |
| | | | 索非亚孔子学院 | 北京外国语大学 |
| | | 波黑 | 萨拉热窝大学孔子学院 | 西北师范大学 |
| | | 波兰 | 奥波莱孔子学院 | 北京工业大学 |

附表3 "一带一路"沿线国家孔子学院和中方合作机构一览表

续表

| 序号 | 地区名称 | 国家名称 | 孔子学院名称 | 中方合作机构名称 |
|---|---|---|---|---|
| 7 | 中东欧 | 波兰 | 弗罗茨瓦夫大学孔子学院 | 厦门大学 |
| | | | 格但斯克大学孔子学院 | 中国青年政治学院 |
| | | | 克拉科夫孔子学院 | 北京外国语大学 |
| | | | 密茨凯维奇大学孔子学院 | 天津理工大学 |
| | | 黑山 | 黑山大学孔子学院 | 长沙理工大学 |
| | | 捷克 | 帕拉斯基大学孔子学院 | 北京外国语大学 |
| | | 克罗地亚 | 萨格勒布大学孔子学院 | 上海对外经贸大学 |
| | | 拉脱维亚 | 拉脱维亚大学孔子学院 | 华南师范大学 |
| | | 立陶宛 | 维尔纽斯大学孔子学院 | 辽宁大学 |
| | | 罗马尼亚 | 布加勒斯特大学孔子学院 | 中国政法大学 |
| | | | 克鲁日巴比什-波雅依大学孔子学院 | 浙江科技学院 |
| | | | 特来西瓦尼亚大学孔子学院 | 沈阳建筑大学 |
| | | | 锡比乌大学孔子学院 | 北京语言大学 |
| | | 马其顿 | 圣基里尔·麦托迪大学孔子学院 | 西南财经大学 |
| | | 塞尔维亚 | 贝尔格莱德孔子学院 | 中国传媒大学 |
| | | | 诺维萨德大学孔子学院 | 浙江农林大学 |
| | | 斯洛伐克 | 布拉提斯拉发孔子学院 | 天津大学 |
| | | | 考门斯基大学孔子学院 | 上海对外经贸大学 |
| | | 斯洛文尼亚 | 卢布尔雅那大学孔子学院 | 上海对外经贸大学 |
| | | 匈牙利 | 罗兰大学孔子学院 | 北京外国语大学 |
| | | | 米什科尔茨大学孔子学院 | 北京化工大学 |
| | | | 佩奇大学中医孔子学院 | 华北理工大学 |
| | | | 赛格德大学孔子学院 | 上海外国语大学 |

# 附录 1 "一带一路"大学及智库合作大事记

2015年4月3日,21世纪海上丝绸之路协同创新中心理事会暨第一次工作会议在广州召开,该中心由广东外语外贸大学牵头,中国社会科学院世界经济与政治研究所、厦门大学、云南大学、暨南大学等单位共同组建。

2015年4月8日,中共中央对外联络部牵头,联合国务院发展研究中心、中国社会科学院、复旦大学等单位共同成立了"一带一路"智库合作联盟。

2015年5月22日,由西安交通大学发起的新丝绸之路大学联盟成立并共同发布《西安宣言》,共有来自31个国家和地区的128所大学加入该联盟。

2015年10月17日,"一带一路"高校战略联盟在甘肃敦煌成立并达成《敦煌共识》,联盟由复旦大学、北京师范大学、兰州大学和俄罗斯乌拉尔国立经济大学、韩国釜庆大学等47所中外高校共同组成。

2015年11月8日,"一带一路"沿线国家研究智库联盟在北京成立并发布《"一带一路"沿线国家研究智库联盟倡议书》。"智库联盟"由河北大学、北京大学、北京语言大学、中国社会科学院等17家国内高校及社会的研究机构共同倡议成立。

2015年11月11日,"一带一路"国际教育发展校长论坛在中国桂林召开,来自中亚、东南亚国家十所高等院校的校长及教育领域的专家、学者共同发起成立了"一带一路"国际教育发展大学教育联盟。

2015年12月11日,"一带一路"国际智库峰会、第二届金砖国家经济智库论坛在京举办。会议由清华大学中国与世界经济研究中心、重建布雷顿森林体系委员会、金砖国家经济智库、中国银行联合主办。

2016年2月23日,"一带一路"国际智库合作联盟研讨会在深圳举行,来自50个"一带一路"沿线国家的60多位前政要、智库负责人参加会议,中外代表共同启动"一带一路"国际智库合作联盟。

2016年6月6日,"一带一路"合作与发展协同创新中心理事会在浙江大学成立并共同发布了《杭州宣言》。"一带一路"合作与发展协同创新中心由浙江大学发起,浙江大学、北京大学、中国科学院地理科学与资源研究所牵头,核心协同国内多家高校和研究机构。

2016年7月9日,"一带一路"新疆发展与中亚合作高校智库联盟在石河子大学成立,联盟是由北京大学、华中科技大学、华东理工大学、华中农业大学、重庆大学、江南大学、对外经济贸易大学、南京师范大学、华南农业大学、石河子大学、塔里木大学等单位共同组建的非法人学术团体。

2016年9月7日,首届中国高校"一带一路"研究机构负责人联席会议在古城西安召开,会议发布了中国高校"一带一路"智库影响力报告,并倡导建立中国高校"一带一路"智库联席会议。

2016年9月18日,首届丝绸之路(敦煌)国际文化博览会的分项活动之"一带一路"高校联盟主题论坛在世界历史文化名城敦煌举行。中国科学技术大学、东南大学、重庆大学、英国斯旺西大学、美国中央俄克拉荷马大学等79所高校新近加盟。

2017年1月7日,"一带一路"软力量建设高端论坛暨教育部人文社科重点研究基地跨学科智库联合体启动仪式在中国传媒大学举行。该智库联合体由中国传媒大学国家传播创新研究中心联合八所高校十家人文社科重点研究基地共同组建。

2017年1月9日,中国人民大学、光明日报、"一带一路"智库合作联盟主办的"中国智库国际影响力论坛2017"在京开幕。

2017年2月24日,由中共中央对外联络部当代世界研究中心与中国人民大学重阳金融研究院联合主办的"一带一路"智库合作联盟理事会第三次会议暨专题研讨会在京举行。

2017年3月21日,"一带一路"中波大学联盟在北京工业大学成立。联盟由北京工业大学、波兰奥波莱工业大学、重庆交通大学共同发起,由中国和波兰多家高校共同参与建立。

2017年4月12日,由中国海洋大学主办,东盟水产教育网络、中国—东盟海水养殖联合研究与推广中心、青岛市政府、中国—东盟中心等协办的"中国—东盟水产教育网络校长论坛暨海洋与水产科技研讨会"在山东青岛开幕。东盟国家20余所科教机构、国际组织和中国高校的120余位专家学者参会。

# 附录 2　中国智库索引（CTTI）来源高校智库名单（2017～2018）

（按照首字母顺序排列，不分先后）

中国智库索引（CTTI）是由南京大学中国智库研究与评价中心和光明日报智库研究与发布中心联合研发的我国首个智库垂直搜索引擎和数据管理平台。中国智库索引公布的首批来源智库名单（2017～2018）共 489 家，其中高校智库 254 家，占 51.943%；高校智库依托其学科和人才优势，在理论研究和决策咨询等方面发挥着重要作用。

1. 安徽财经大学安徽经济发展研究院
2. 安徽财经大学安徽经济预警运行与战略协同创新中心
3. 安徽大数据应用协同创新中心
4. 安徽省科技创新与区域发展研究中心
5. 北京大学国际战略研究院
6. 北京大学国家发展研究院
7. 北京大学国家治理协同创新中心
8. 北京大学文化产业研究院
9. 北京大学宪法与行政法研究中心
10. 北京大学中国都市经济研究基地
11. 北京工业大学北京现代制造业发展研究基地
12. 北京基础教育研究基地
13. 北京交通大学北京交通发展研究基地
14. 北京旅游发展研究基地
15. 北京能源发展研究基地

16. 北京师范大学首都教育经济研究基地
17. 北京师范大学中国基础教育质量监测协同创新中心
18. 北京师范大学中国教育与社会发展研究院
19. 北京市经济社会发展政策研究基地
20. 北京外国语大学国际中国文化研究院
21. 北京学研究基地
22. 城乡社区社会管理湖北省协同创新中心
23. 重庆大学公共经济与公共政策研究中心
24. 重庆大学国家网络空间安全与大数据法治战略研究院
25. 重庆大学经略研究院
26. 重庆工商大学长江上游经济研究中心
27. 大理大学云南宗教治理与民族团结进步智库
28. 东北财经大学经济与社会发展研究院
29. 东北师范大学东亚文明研究中心
30. 对外经济贸易大学国际经济研究院
31. 对外经济贸易大学全球价值链研究院
32. 对外经济贸易大学世界贸易组织研究院
33. 福建师范大学竞争力研究中心
34. 复旦大学发展研究院
35. 复旦大学美国研究中心
36. 复旦大学人口与发展政策研究中心
37. 复旦大学政党建设与国家发展研究中心
38. 复旦大学中国经济研究中心
39. 复旦大学中国研究院
40. 广东国际战略研究院
41. 广西大学中国——东盟研究院
42. 贵州省大数据产业发展应用研究院
43. 国际关系学院公共市场与政府采购研究所
44. 国际关系学院国际战略与安全研究中心

45. 国家文化产业创新与发展研究基地
46. 国家语言能力发展研究中心
47. 海南低碳经济政策与产业技术研究院
48. 海南国际旅游岛发展研究院
49. 海南省南海政策与法律研究中心
50. 河北工业大学京津冀发展研究中心
51. 河北金融学院国际金融研究院
52. 河北省道德文化与社会发展研究中心
53. 河北省公共政策评估研究中心
54. 河北省生态与环境发展研究中心
55. 黑龙江大学文化发展战略协同创新高等研究院
56. 湖南大学国际贸易研究智库
57. 湖南大学廉政研究中心
58. 湖南大学信用研究智库
59. 湖南大学岳麓书院国学研究与传播智库
60. 湖南师范大学道德文化研究院
61. 湖南师范大学湖南省汉语国际推广研究院
62. 湖南师范大学社会主义核心价值观研究院
63. 湖南师范大学生态文明研究院
64. 华东检察研究院
65. 华东理工大学能源经济与环境管理研究中心
66. 华东理工大学社会工作与社会管理研究中心
67. 华东师范大学中国现代城市研究中心
68. 华南理工大学公共政策研究院
69. 华南理工大学社会治理研究中心
70. 华中科技大学非传统安全研究中心
71. 华中科技大学国家治理研究院
72. 华中科技大学张培刚发展研究院
73. 华中师范大学中国农村研究院

74. 基层治理创新研究中心
75. 吉林大学创新创业研究院
76. 吉林大学东北亚研究中心
77. 吉林大学社会公正与政府治理研究中心
78. 吉林大学中国国有经济研究中心
79. 吉林大学中国人口老龄化与经济社会发展研究中心
80. 暨南大学华侨华人研究院
81. 健康江苏建设与发展研究院
82. 江苏道德发展智库
83. 江苏人才发展战略研究院
84. 江苏省公共安全研究院
85. 江苏省苏科创新战略研究院
86. 江苏师范大学"一带一路"研究院
87. 江苏长江产业经济研究院
88. 江苏长江经济带研究院
89. 江苏紫金传媒智库
90. 江西产业转型升级发展研究中心
91. 江西理工大学有色金属产业发展研究中心
92. 江西省战略性新兴产业发展监测、预警与决策支持协同创新中心
93. 江西师范大学苏区振兴研究院
94. 教育现代化研究院
95. 金善宝农业现代化研究院
96. 兰州大学西北少数民族研究中心
97. 兰州大学中亚研究所
98. 两型社会与生态文明协同创新中心
99. 辽宁大学转型国家经济政治研究中心
100. 南昌大学江西发展研究院
101. 南京大学非洲研究所

102. 南京大学社会风险与公共危机管理研究中心
103. 南京大学长江三角洲经济社会发展研究中心
104. 南开大学滨海开发研究院
105. 南开大学当代中国问题研究院
106. 南开大学经济与社会发展研究院
107. 南开大学亚太经济合作组织（APEC）研究中心
108. 南开大学政治经济学研究中心
109. 内蒙古大学蒙古学研究中心
110. 宁夏大学回族研究院
111. 宁夏大学中国阿拉伯研究院
112. 气候与环境治理研究院
113. 青海大学青海省情研究中心
114. 清华-布鲁金斯公共政策研究中心
115. 清华大学国际关系研究院
116. 清华大学国情研究院
117. 清华大学技术创新研究中心
118. 清华大学现代管理研究中心
119. 清华大学中国与世界经济研究中心
120. 清华-卡内基全球政策中心
121. 人民法院司法大数据研究基地
122. 厦门大学东南亚研究中心
123. 厦门大学高等教育发展研究中心
124. 厦门大学宏观经济研究中心
125. 厦门大学能源政策研究院
126. 厦门大学台湾研究中心
127. 山东大学当代社会主义研究所
128. 山东大学犹太教与跨宗教研究中心
129. 山西大学管理与决策研究所
130. 陕西师范大学"一带一路"建设与中亚研究协同创新研究中心

131. 陕西师范大学西北历史环境与经济社会发展研究院
132. 上海WTO事务咨询中心
133. 上海财经大学公共政策与治理研究院
134. 上海财经大学中国产业经济研究中心
135. 上海财经大学中国公共财政研究院
136. 上海大学智库产业研究中心
137. 上海对外经贸大学国际经贸治理与中国改革开放联合研究中心
138. 上海国际金融中心研究院
139. 上海交通大学城市科学研究院
140. 上海交通大学第三部门研究中心
141. 上海交通大学世界一流大学研究中心
142. 上海交通大学舆论学研究院
143. 上海交通大学中国海洋装备工程科技发展战略研究院
144. 上海外国语大学中东研究所
145. 上海外国语大学中国国际舆情研究中心
146. 上海外国语大学中国外语战略研究中心
147. 社会治理和社会政策协同创新研究中心
148. 社会转型与社会治理协同创新中心
149. 食品安全风险治理研究院
150. 首都传媒经济研究基地
151. 首都对外文化贸易研究基地
152. 首都服饰文化与服装产业研究基地
153. 首都互联网经济发展研究基地
154. 首都文化创新与文化传播工程研究院
155. 司法文明协同创新中心
156. 丝绸之路国际法与比较法研究所
157. 丝绸之路经济带建设研究中心
158. 丝绸之路经济带研究协同创新中心

159. 四川大学南亚研究所
160. 四川大学中国藏学研究所
161. 四川石油天然气发展研究中心
162. 四川循环经济研究中心
163. 苏北发展研究院
164. 苏州大学东吴智库文化与社会发展研究院
165. 天津大学中国文化遗产保护国际研究中心
166. 天津科技大学食品安全战略与管理研究中心
167. 同济大学财经研究所
168. 同济大学德国研究中心
169. 同济大学可持续发展与新型城镇化智库
170. 同济大学中国战略研究院
171. 武汉大学国际法研究所
172. 武汉大学国家文化创新研究中心
173. 武汉大学社会保障研究中心
174. 武汉大学信息资源研究中心
175. 武汉大学中国中部发展研究院
176. 西北大学丝绸之路文化遗产保护与考古学研究中心
177. 西北大学中东研究所
178. 西北大学中国西部经济发展研究中心
179. 西北工业大学西部国防科技工业发展研究中心
180. 西北国土资源研究中心
181. 西北政法大学反恐怖主义研究院
182. 西北政法大学民族宗教研究院
183. 西部交通战略与区域发展研究中心
184. 西藏可持续发展研究所
185. 西藏民族大学西藏文化传承发展协同创新中心
186. 西南财经大学金融安全协同创新中心
187. 西南财经大学中国家庭金融调查与研究中心

188. 西南财经大学中国金融研究中心

189. 西南大学西南民族教育与心理研究中心

190. 西南政法大学人权研究院

191. 现代服务业智库

192. 现代服务与公共政策研究基地

193. 湘潭大学地方立法与区域社会治理研究中心

194. 湘潭大学公共管理与区域经济发展研究中心

195. 湘潭大学毛泽东思想研究中心

196. 湘潭大学政府绩效评估与管理创新研究中心

197. 湘潭大学中国共产党革命精神与文化资源研究中心

198. 延边大学朝鲜半岛研究院

199. 沿海发展智库

200. "一带一路"合作与发展协同创新中心

201. 云南财经大学印度洋地区研究中心

202. 云南大学边疆民族问题智库

203. 浙江大学非传统安全与和平发展研究中心

204. 浙江大学公共政策研究中心

205. 浙江大学民营经济研究中心

206. 浙江大学中国农村发展研究院

207. 浙江大学中国西部发展研究院

208. 浙江师范大学非洲研究院

209. 中俄全面战略协作协同创新中心

210. 中国(上海)自贸区供应链研究院

211. 中国传媒大学广播电视研究中心

212. 中国法治现代化研究院

213. 中国海洋大学海洋发展研究院

214. 中国海洋大学日本研究中心

215. 中国南海研究协同创新中心

216. 中国农村教育发展研究院

217. 中国农业大学国际发展研究中心
218. 中国农业大学国家农业农村发展研究院
219. 中国企业营运资金管理研究中心
220. 中国人民大学国家发展与战略研究院
221. 中国人民大学民商事法律科学研究中心
222. 中国人民大学人口与发展研究中心
223. 中国人民大学重阳金融研究院
224. 中国收入分配研究院
225. 中国特色社会主义发展研究院
226. 中国特色社会主义经济建设协同创新中心
227. 中国土地政策与法律研究中心
228. 中国文化软实力研究中心
229. 中国西部边疆安全与发展协同创新中心
230. 中国西部边疆研究院
231. 中国银行业研究中心
232. 中国应急管理研究基地
233. 中国与国际关系研究中心
234. 中国政法大学法治政府研究院
235. 中国政法大学中国行政体制改革研究中心
236. 中国自由贸易试验区协同创新中心
237. 中南财经政法大学产业升级与区域金融湖北省协同创新中心
238. 中南财经政法大学法治发展与司法改革研究中心
239. 中南财经政法大学知识产权研究中心
240. 中南财经政法大学中国收入分配研究中心
241. 中南大学地方治理研究院
242. 中南大学金属资源战略研究院
243. 中南大学知识产权研究院
244. 中南大学中国村落文化研究中心
245. 中南大学中国文化法研究中心

246. 中山大学国家治理研究院
247. 中山大学南海战略研究院
248. 中山大学粤港澳发展研究院
249. 中央财经大学公共采购研究所
250. 中央财经大学绿色金融国际研究院
251. 中央财经大学中国财政发展协同创新中心
252. 中原发展研究院
253. 周边合作与发展协同创新中心
254. 紫金文创研究院

附表4 "一带一路"沿线国家一览表(不含中国)

| 序号 | 中文名称 | 英文名称 | 首都 | 官方语言 | 主要民族 | 主要宗教 | 货币 | 政治体制 | 人口数量 | 国土面积(万km²) | 人均GDP | 时区 | 国庆日 |
|---|---|---|---|---|---|---|---|---|---|---|---|---|---|
| 1 | 蒙古国 | Mongolia | 乌兰巴托 | 蒙古语 | 蒙古族、哈萨克族、图瓦人 | 藏传佛教、萨满教 | 图格里克 | 议会制共和制 | 296万 | 156.65 | 3 973美元 | UTC+8 | 7月11日 |
| 2 | 哈萨克斯坦共和国 | The Republic of Kazakhstan | 阿斯塔纳 | 哈萨克语、俄语 | 哈萨克族、俄罗斯人 | 伊斯兰教、东正教 | 坚戈 | 半总统共和制 | 1 750万 | 272.49 | 9 796美元 | UTC+3至UTC+6 | 12月16日 |
| 3 | 乌兹别克斯坦共和国 | The Republic of Uzbekistan | 塔什干 | 乌兹别克语 | 乌兹别克族 | 伊斯兰教-逊尼派 | 乌兹别克斯坦苏姆 | 民主共和制 | 3 130万 | 44.74 | 2 132美元 | UTC+5 | 9月1日 |
| 4 | 土库曼斯坦 | Turkmenistan | 阿什哈巴德 | 土库曼语 | 土库曼族 | 伊斯兰教-逊尼派 | 土库曼马纳特 | 总统制共和制 | 684万 | 49.121 | 6 948美元 | UTC+5 | 10月27日 |
| 5 | 塔吉克斯坦共和国 | The Republic of Tajikistan | 杜尚别 | 塔吉克语 | 塔吉克族、乌兹别克族 | 伊斯兰教-逊尼派 | 索莫尼 | 总统制共和制 | 848万 | 14.31 | 926美元 | UTC+5 | 9月9日 |
| 6 | 吉尔吉斯共和国 | The Kyrgyz Republic | 比什凯克 | 吉尔吉斯语 | 吉尔吉斯族 | 伊斯兰教-逊尼派 | 吉尔吉斯斯坦索姆 | 议会制共和制 | 596万 | 19.99 | 1 103美元 | UTC+6 | 8月31日 |
| 7 | 新加坡共和国 | The Republic of Singapore | 新加坡市 | 英语、马来语、华语、泰米尔语 | 华人、马来人、印度人 | 佛教、道教、伊斯兰教、基督教、印度教 | 新加坡元 | 议会制共和制 | 554万 | 0.071 91 | 52 889美元 | UTC+8 | 8月9日 |
| 8 | 马来西亚联邦 | Federation of Malaysia | 吉隆坡 | 马来语 | 马来人、华人、印度人 | 伊斯兰教、佛教、印度教、基督教 | 令吉 | 议会制君主立宪制 | 3 033万 | 33.025 7 | 9 766美元 | UTC+8 | 8月31日 |
| 9 | 印度尼西亚共和国 | The Republic of Indonesia | 雅加达 | 印度尼西亚语 | 爪哇人、巽他族、马都拉族 | 伊斯兰教、基督教新教、天主教 | 印尼盾 | 总统制共和制 | 2.58亿 | 190.444 3 | 3 347美元 | UTC+7至UTC+9 | 8月17日 |
| 10 | 缅甸联邦共和国 | The Republic of the Union of Myanmar | 内比都 | 缅甸语 | 缅族 | 上座部佛教 | 缅元 | 总统制共和制 | 5 389万 | 67.657 8 | 1 204美元 | UTC+6:30 | 1月4日 |
| 11 | 泰王国 | The Kingdom of Thailand | 曼谷 | 泰语 | 傣族(泰族) | 上座部佛教 | 泰铢 | 议会制君主立宪制 | 6 800万 | 51.312 | 5 816美元 | UTC+7 | 12月5日 |
| 12 | 老挝人民民主共和国 | The Lao People's Democratic Republic | 万象 | 老挝语 | 老龙族、老听族、老松族 | 上座部佛教 | 基普 | 人民代表大会制度 | 689万 | 23.68 | 1 812美元 | UTC+7 | 12月2日 |
| 13 | 柬埔寨王国 | Kingdom of Cambodia | 金边 | 高棉语 | 高棉族 | 上座部佛教 | 瑞尔 | 议会制君主立宪制 | 1 560万 | 18.103 5 | 1 159美元 | UTC+7 | 11月9日 |

续表

| 序号 | 中文名称 | 英文名称 | 首都 | 官方语言 | 主要民族 | 主要宗教 | 货币 | 政治体制 | 人口数量 | 国土面积（万 km²） | 人均 GDP | 时区 | 国庆日 |
|---|---|---|---|---|---|---|---|---|---|---|---|---|---|
| 14 | 越南社会主义共和国 | The Socialist Republic of Vietnam | 河内 | 越南语 | 京族 | 上座部佛教、天主教、和好教、高台教 | 越南盾 | 人民代表大会制度 | 9 470 万 | 32.9556 | 2 111 美元 | UTC+7 | 9月2日 |
| 15 | 文莱达鲁萨兰国 | Brunei Darussalam | 斯里巴加湾市 | 马来语 | 马来人、华人 | 伊斯兰教、佛教、基督教、道教 | 文莱元 | 君主专制政体 | 42.3 万 | 0.5765 | 36 608 美元 | UTC+8 | 2月23日 |
| 16 | 菲律宾共和国 | Republic of the Philippines | 马尼拉 | 菲律宾语、英语 | 马来沙鄢人、他加禄人 | 天主教、伊斯兰教、基督教 | 菲律宾比索 | 总统制共和制 | 1.01 亿 | 29.97 | 2 899 美元 | UTC+8 | 6月12日 |
| 17 | 东帝汶民主共和国 | Democratic Republic of Timor-Leste | 帝力 | 德顿语、葡萄牙语 | 帝汶土著人、印尼人、华人 | 天主教、基督教、伊斯兰教 | 通用美元 | 议会制共和制 | 125 万 | 1.4874 | 1 134 美元 | UTC+9 | 5月20日 |
| 18 | 印度共和国 | The Republic of India | 新德里 | 印地语、英语 | 印度斯坦族、泰卢固族、孟加拉族、马拉地族、泰米尔族 | 印度教、伊斯兰教、锡克教 | 印度卢比 | 议会制共和制 | 13.3 亿 | 298 | 1 582 美元 | UTC+5:30 | 8月15日 |
| 19 | 巴基斯坦伊斯兰共和国 | The Islamic Republic of Pakistan | 伊斯兰堡 | 乌尔都语 | 旁遮普族、信德族、帕坦族、俾路支族 | 伊斯兰教 | 巴基斯坦卢比 | 议会制共和制 | 1.89 亿 | 79.6095（不含巴控克什米尔） | 1 429 美元 | UTC+5 | 3月23日 |
| 20 | 孟加拉人民共和国 | The People's Republic of Bangladesh | 达卡 | 孟加拉语 | 孟加拉族 | 伊斯兰教、印度教、基督教 | 塔卡 | 议会制共和制 | 1.586 5 亿 | 14.757 | 1 212 美元 | UTC+6 | 3月26日 |
| 21 | 阿富汗伊斯兰共和国 | The Islamic Republic of Afghanistan | 喀布尔 | 普什图语、达里语 | 普什图族、塔吉克族、哈扎拉族、乌孜别克族 | 伊斯兰教 | 新阿富汗尼 | 总统制共和制 | 3 256 万 | 64.75 | 590 美元 | UTC+5 | 8月19日 |
| 22 | 斯里兰卡民主社会主义共和国 | The Democratic Socialist Republic of Sri Lanka | 科伦坡 | 僧伽罗语、泰米尔语 | 僧伽罗族、泰米尔族 | 佛教、印度教、基督教、伊斯兰教 | 斯里兰卡卢比 | 总统制共和制 | 2 100 万 | 6.561 | 3 926 美元 | UTC+5:30 | 2月4日 |
| 23 | 马尔代夫共和国 | The Republic of Maldives | 马累 | 迪维希语 | 马尔代夫人 | 伊斯兰教-逊尼派 | 拉菲亚 | 总统制共和制 | 40.9 万 | 9（含领海面积） | 7 681 美元 | UTC+5 | 7月26日 |
| 24 | 尼泊尔联邦民主共和国 | Federal Democratic Republic of Nepal | 加德满都 | 尼泊尔语 | 尼泊尔人 | 印度教 | 尼泊尔卢比 | 议会制共和制 | 2 850 万 | 14.7181 | 732 美元 | UTC+5:45 | 5月28日 |
| 25 | 不丹王国 | The Kingdom of Bhutan | 廷布 | 宗卡语、英语 | 不丹族、尼泊尔族 | 藏传佛教、印度教 | 努尔特鲁姆 | 议会制君主立宪制 | 77.5 万 | 3.8394 | 2 533 美元 | UTC+6 | 12月17日 |

附表4 "一带一路"沿线国家一览表(不含中国)

续表

| 序号 | 中文名称 | 英文名称 | 首都 | 官方语言 | 主要民族 | 主要宗教 | 货币 | 政治体制 | 人口数量 | 国土面积(万km²) | 人均GDP | 时区 | 国庆日 |
|---|---|---|---|---|---|---|---|---|---|---|---|---|---|
| 26 | 伊朗伊斯兰共和国 | The Islamic Republic of Iran | 德黑兰 | 波斯语 | 波斯人、阿塞拜疆人、库尔德人 | 伊斯兰教-什叶派 | 伊朗里亚尔 | 共和制 | 7910万 | 164.5 | 5293美元(2014年) | UTC+3:30(夏时制:UTC+4:30) | 2月11日 |
| 27 | 伊拉克共和国 | The Republic of Iraq | 巴格达 | 阿拉伯语 | 阿拉伯人、库尔德人 | 伊斯兰教-什叶派 | 第纳尔 | 议会制共和制 | 3640万 | 43.83 | 4629美元 | UTC+3 | 7月14日 |
| 28 | 土耳其共和国 | The Republic of Turkey | 安卡拉 | 土耳其语 | 土耳其人、库尔德人 | 伊斯兰教-逊尼派 | 新土耳其里拉 | 议会制共和制 | 7867万 | 78.36 | 9130美元 | UTC+2 | 10月29日 |
| 29 | 阿拉伯叙利亚共和国 | The Syrian Arab Republic | 大马士革 | 阿拉伯语 | 阿拉伯人、库尔德人 | 伊斯兰教 | 叙利亚镑 | 总统制共和制 | 1850万 | 18.518(含戈兰高地) | 1821美元 | UTC+2(夏时制:UTC+3) | 4月17日 |
| 30 | 约旦哈希姆王国 | The Hashemite Kingdom of Jordan | 安曼 | 阿拉伯语 | 阿拉伯人 | 伊斯兰教-逊尼派 | 约旦第纳尔 | 君主立宪制 | 759万 | 8.9 | 4940美元 | UTC+2 | 5月25日 |
| 31 | 黎巴嫩共和国 | The Republic of Lebanon | 贝鲁特 | 阿拉伯语 | 阿拉伯人 | 伊斯兰教、基督教 | 黎巴嫩镑 | 议会制共和制 | 462万 | 1.0452 | 8051美元 | UTC+2 | 11月22日 |
| 32 | 以色列国 | The State of Israel | 耶路撒冷 | 希伯来语 | 犹太人、阿拉伯人 | 犹太教、伊斯兰教、基督教 | 以色列新谢克尔 | 议会制共和制 | 846万 | 2.574 | 35329美元 | UTC+2 | 5月14日 |
| 33 | 巴勒斯坦国 | The State of Palestine | 耶路撒冷 | 阿拉伯语 | 阿拉伯人(巴勒斯坦人) | 伊斯兰教-逊尼派 | 巴勒斯坦镑 | 总统制共和制 | 1100万 | 0.25 | 928美元2014年 | UTC+3 | 3月23日 |
| 34 | 沙特阿拉伯王国 | Kingdom of Saudi Arabia | 利雅得 | 阿拉伯语 | 阿拉伯人 | 伊斯兰教-逊尼派 | 沙特里亚尔 | 君主专制政体 | 3152万 | 225 | 20482美元 | UTC+3 | 9月23日 |
| 35 | 也门共和国 | The Republic of Yemen | 萨那 | 阿拉伯语 | 阿拉伯人 | 伊斯兰教 | 也门里亚尔 | 联邦制 | 2680万 | 55.5 | 1661美元(2014年) | UTC+3 | 5月22日 |
| 36 | 阿曼苏丹国 | The Sultanate of Oman | 马斯喀特 | 阿拉伯语 | 阿拉伯人 | 伊斯兰教 | 阿曼里亚尔 | 君主专制政体 | 449万 | 30.95 | 15645美元 | UTC+4 | 11月18日 |
| 37 | 阿拉伯联合酋长国 | The United Arab Emirates | 阿布扎比 | 阿拉伯语 | 阿拉伯人 | 伊斯兰教 | 阿联酋迪拉姆 | 联邦共和制 | 916万 | 8.36 | 40438美元 | UTC+4 | 12月2日 |
| 38 | 卡塔尔国 | The State of Qatar | 多哈 | 阿拉伯语 | 阿拉伯人 | 伊斯兰教-逊尼派 | 卡塔尔里亚尔 | 君主专制政体 | 224万 | 1.1521 | 74667美元 | UTC+3 | 12月18日 |
| 39 | 科威特国 | The State of Kuwait | 科威特城 | 阿拉伯语 | 阿拉伯人 | 伊斯兰教 | 科威特第纳尔 | 君主专制政体 | 404万 | 1.7818 | 28985美元 | UTC+3 | 2月25日 |
| 40 | 巴林王国 | The Kingdom of Bahrain | 麦纳麦 | 阿拉伯语 | 阿拉伯人 | 伊斯兰教-什叶派 | 巴林第纳尔 | 君主立宪制 | 138万 | 0.0767 | 23396美元 | UTC+3 | 12月16日 |

续表

| 序号 | 中文名称 | 英文名称 | 首都 | 官方语言 | 主要民族 | 主要宗教 | 货币 | 政治体制 | 人口数量 | 国土面积（万 km²） | 人均 GDP | 时区 | 国庆日 |
|---|---|---|---|---|---|---|---|---|---|---|---|---|---|
| 41 | 阿拉伯埃及共和国 | The Arab Republic of Egypt | 开罗 | 阿拉伯语 | 阿拉伯人、科普特人 | 伊斯兰教、逊尼派，科普特教会 | 埃及镑 | 总统制共和制 | 9150 万 | 100.1 | 3 615 美元 | UTC+2 | 7 月 23 日 |
| 42 | 俄罗斯联邦 | Russian Federation | 莫斯科 | 俄语 | 俄罗斯人 | 东正教 | 俄罗斯卢布 | 半总统制共和制 | 1.44 亿 | 1709.82 | 9 057 美元 | UTC+2 至 UTC+12 | 6 月 12 日 |
| 43 | 乌克兰 | Ukraine | 基辅 | 乌克兰语 | 乌克兰人 | 东正教、天主教 | 格里夫纳 | 半总统制共和制 | 4555 万 | 60.37（包括克里米亚） | 2 115 美元 | UTC+2 | 8 月 24 日 |
| 44 | 白俄罗斯共和国 | The Republic of Belarus | 明斯克 | 白俄罗斯语、俄语 | 白俄罗斯人、俄罗斯人 | 东正教 | 白俄罗斯卢布 | 总统制共和制 | 951 万 | 20.76 | 5 741 美元 | UTC+2 | 7 月 3 日 |
| 45 | 格鲁吉亚 | Georgia | 第比利斯 | 格鲁吉亚语 | 格鲁吉亚人 | 东正教 | 拉里 | 总统制共和制 | 368 万 | 6.97 | 3 796 美元 | UTC+4 | 4 月 9 日 |
| 46 | 阿塞拜疆共和国 | The Republic of Azerbaijan | 巴库 | 阿塞拜疆语 | 阿塞拜疆人 | 伊斯兰教 | 阿塞拜疆马纳特 | 总统制共和制 | 965 万 | 8.66 | 5 496 美元 | UTC+4 | 5 月 28 日 |
| 47 | 亚美尼亚共和国 | The Republic of Armenia | 埃里温 | 亚美尼亚语 | 亚美尼亚人 | 东正教 | 亚美尼亚德拉姆 | 总统制共和制 | 300 万 | 2.97 | 3 500 美元 | UTC+4 | 9 月 21 日 |
| 48 | 摩尔多瓦共和国 | The Republic of Moldova | 基希讷乌 | 摩尔多瓦语 | 摩尔多瓦人 | 东正教 | 摩尔多瓦列伊 | 议会制共和制 | 355 万 | 3.38 | 1 843 美元 | UTC+2（夏时制：UTC+3） | 8 月 27 日 |
| 49 | 波兰共和国 | The Republic of Poland | 华沙 | 波兰语 | 波兰人 | 天主教 | 兹罗提 | 半总统制共和制 | 3849 万 | 31.2679 | 12 495 美元 | UTC+1（夏时制：UTC+2） | 5 月 3 日 |
| 50 | 立陶宛共和国 | The Republic of Lithuania | 维尔纽斯 | 立陶宛语 | 立陶宛人 | 天主教 | 欧元 | 议会制共和制 | 289 万 | 6.53 | 14 172 美元 | UTC+2（夏时制：UTC+3） | 2 月 16 日 |
| 51 | 爱沙尼亚共和国 | The Republic of Estonia | 塔林 | 爱沙尼亚语 | 爱沙尼亚人 | 基督教新教 | 欧元 | 议会制共和制 | 131 万 | 4.5339 | 17 295 美元 | UTC+2（夏时制：UTC+3） | 2 月 24 日 |
| 52 | 拉脱维亚共和国 | The Republic of Latvia | 里加 | 拉脱维亚语 | 拉脱维亚人 | 天主教、基督新教路德宗 | 欧元 | 议会制共和制 | 198 万 | 6.4589 | 13 665 美元 | UTC+2（夏时制：UTC+3） | 11 月 18 日 |
| 53 | 捷克共和国 | The Czech Republic | 布拉格 | 捷克语 | 捷克人 | 天主教、基督新教 | 捷克克朗 | 议会制共和制 | 1055 万 | 7.8866 | 17 231 美元 | UTC+1（夏时制：UTC+2） | 10 月 28 日 |
| 54 | 斯洛伐克共和国 | The Slovak Republic | 布拉迪斯拉发 | 斯洛伐克语 | 斯洛伐克人 | 天主教、基督新教 | 欧元 | 议会制共和制 | 542 万 | 4.9037 | 18 416 美元（2014 年） | UTC+1（夏时制：UTC+2） | 9 月 1 日 |

附表4 "一带一路"沿线国家一览表（不含中国）  215

续表

| 序号 | 中文名称 | 英文名称 | 首都 | 官方语言 | 主要民族 | 主要宗教 | 货币 | 政治体制 | 人口数量 | 国土面积（万 km²） | 人均GDP | 时区 | 国庆日 |
|---|---|---|---|---|---|---|---|---|---|---|---|---|---|
| 55 | 匈牙利 | Hungary | 布达佩斯 | 匈牙利语 | 匈牙利人 | 天主教、基督新教 | 匈牙利福林 | 议会制共和制 | 984万 | 9.303 | 12 259美元 | UTC+1（夏时制：UTC+2） | 8月20日 |
| 56 | 斯洛文尼亚共和国 | The Republic of Slovenia | 卢布尔雅那 | 斯洛文尼亚语 | 斯洛文尼亚人 | 天主教 | 欧元 | 议会制共和制 | 206万 | 2.0273 | 20 713美元 | UTC+1（夏时制：UTC+2） | 6月25日 |
| 57 | 克罗地亚共和国 | The Republic of Croatia | 萨格勒布 | 克罗地亚语 | 克罗地亚人 | 天主教 | 库纳 | 议会制共和制 | 422万 | 5.6594 | 11 536美元 | UTC+1（夏时制：UTC+2） | 6月25日 |
| 58 | 波斯尼亚和黑塞哥维那 | Bosnia and Herzegovina | 萨拉热窝 | 波斯尼亚语、塞尔维亚语、克罗地亚语 | 波斯尼亚人、塞尔维亚人、克罗地亚人 | 伊斯兰教、东正教、天主教 | 波斯尼亚兑换马尔克 | 代表团制 | 381万 | 5.12 | 4 198美元 | UTC+1 | 10月15日 |
| 59 | 黑山共和国 | Republic of Montenegro | 波德戈里察 | 黑山语 | 黑山人、塞尔维亚人 | 东正教 | 欧元 | 议会制共和制 | 62.2万 | 1.38 | 6 415美元 | UTC+1 | 7月13日 |
| 60 | 塞尔维亚共和国 | The Republic of Serbia | 贝尔格莱德 | 塞尔维亚语 | 塞尔维亚人 | 东正教 | 塞尔维亚第纳尔 | 议会制共和制 | 710万 | 8.83 | 5 144美元 | UTC+1 | 2月15日 |
| 61 | 阿尔巴尼亚共和国 | The Republic of Albania | 地拉那 | 阿尔巴尼亚语 | 阿尔巴尼亚人 | 伊斯兰教、东正教 | 列克 | 议会制共和制 | 288.6万 | 2.87 | 3 965美元 | UTC+1（夏时制：UTC+2） | 11月29日 |
| 62 | 罗马尼亚 | Romania | 布加勒斯特 | 罗马尼亚语 | 罗马尼亚人 | 东正教 | 罗马尼亚列伊 | 民主制共和制 | 1980万 | 23.8391 | 8 973美元 | UTC+2（夏时制：UTC+3） | 12月1日 |
| 63 | 保加利亚共和国 | The Republic of Bulgaria | 索非亚 | 保加利亚语 | 保加利亚人 | 东正教 | 列弗 | 议会制共和制 | 715万 | 11.10019 | 6 820美元 | UTC+2（夏时制：UTC+3） | 3月3日 |
| 64 | 马其顿共和国 | The Republic of Macedonia | 斯科普里 | 马其顿语 | 马其顿人 | 东正教 | 代纳尔 | 议会制共和制 | 209.6万 | 2.5713 | 4 853美元 | UTC+1 | 9月8日 |

注：1. 人口数量采用最新统计数据。
2. 人均GDP如无特殊说明，采用2015年数据（国际汇率）。

# 参考文献

[1] 冯燕. 独立后中亚高等教育与国际合作研究[D]. 乌鲁木齐：新疆师范大学，2013.

[2] 申建良. 中国新疆与中亚国家高等教育合作研究[D]. 乌鲁木齐：新疆农业大学，2014.

[3] 孙力. 中亚国家发展报告（2012）[M]. 北京：社会科学文献出版社，2012.

[4] 德·钢期木格. 蒙古国高等教育发展研究[D]. 哈尔滨：哈尔滨师范大学，2012.

[5] 冯燕. 浅析苏俄时期的中亚教育的发展[J]. 黑龙江史志，2013（01）.

[6] 李同昇，龙冬平. 中亚国家地缘位置与中国地缘战略的若干思考[J]. 地理科学进展，2014（03）.

[7] 卡娃. 蒙古国区域经济发展研究[D]. 长春：吉林大学，2014.

[8] 金光，孙启林. 转型期蒙古高等教育的改革与发展[J]. 外国教育研究，2006（05）.

[9] 杨欣仪. 论中国对维护中亚地区安全发挥的作用[D]. 乌鲁木齐：新疆大学，2008.

[10] 寇亮. 前苏联中亚地区国民教育的发展[J]. 当代教师教育，2007（04）.

[11] 尹玉刚. 中俄印在中亚的竞争与合作[J]. 世界经济与政治论坛，2006（03）.

[12] 阿依提拉·阿布都热依木. 哈萨克斯坦独立后20年的教育现状探究[J]. 新疆师范大学学报（哲学社会科学版），2012（01）.

[13] 华倩."一带一路"与蒙古国"草原之路"的战略对接研究[J]. 国际展望, 2015 (06).

[14] 储诚意. 哈萨克斯坦的高等教育及其改革[J]. 安庆师范学院学报（社会科学版）, 2009 (09).

[15] 王振权, 刘闽, 薛山红. 跨越与挑战：中亚五国教育发展及改革走向[J]. 外国教育研究, 2006 (12).

[16] 王振权, 薛山红. 中亚五国"共同教育空间"及其启示[J]. 教育发展研究, 2006 (09).

[17] 孟庆涛. 加强合作与交流 构建完善的现代教育体系——访东帝汶国立大学副校长弗朗西斯科·米格尔·马丁斯[J]. 世界教育信息, 2014 (22).

[18] [印]C. P. S. 乔汉, 刘伟（译）. 南亚区域合作联盟各成员国高等教育发展历程的简要回顾与展望[J]. 中国地质教育, 2014 (02).

[19] 朱耀顺. 缅甸高等教育发展状况及需求研究[J]. 云南农业大学学报（社会科学报）, 2012 (06).

[20] 明达. 老挝高等教育发展现状及对策研究[D]. 昆明：云南大学, 2015.

[21] 徐伟. 蓬勃发展的伊拉克教育事业[J]. 阿拉伯世界, 1984 (01).

[22] 温诚. 兼容并蓄的黎巴嫩高等教育[J]. 阿拉伯世界, 2002 (04).

[23] 肖建飞. 伊斯兰四国宗教教育模式的比较分析[J]. 世界民族, 2015 (01).

[24] 李冬. 孟加拉国南北大学孔子学院汉语国际教育调查研究[D]. 昆明：云南大学, 2016.

[25] 付国凤. 伊朗教育的现代化历程[J]. 赤峰学院学报（汉文哲学社会科学版）, 2012 (11).

[26] 徐劲鑫. 论伊朗核问题及伊朗与大国关系[D]. 北京：中共中央党校, 2006.

[27] 汪金国, 张吉军. 论现代阿富汗发展进程中的伊斯兰教育[J]. 东南亚南亚研究, 2010 (01).

[28] 陈天社. 巴勒斯坦大学状况[J]. 阿拉伯世界, 1999 (03).

[29] 刘园. 沙特阿拉伯王国高等教育发展研究[D]. 西安: 西北大学, 2012.

[30] 仲冬. 发展中的卡塔尔教育事业[J]. 阿拉伯世界, 1984 (02).

[31] 刘元培. 卡特尔教育史上的里程碑[J]. 阿拉伯世界, 2003 (01).

[32] 马为公. 发展中的科威特大学[J]. 阿拉伯世界, 1982 (02).

[33] 叶玉华. 教育国际化: 独联体国家教育综合化的发展[J]. 比较教育研究, 2002 (S1).

[34] 秦桂芳. 肩负民族复兴使命的开罗大学[J]. 聊城大学学报(社会科学版), 2009 (03).

[35] 张弘. 独联体经济一体化中的认同困境[J]. 俄罗斯东欧中亚研究, 2014 (03).

[36] 良言. 亚历山大大学[J]. 阿拉伯世界, 1999 (01).

[37] 赵培森. 发展中的也门高等教育[J]. 外国教育动态, 1988 (05).

[38] 刘振天. 独联体及东欧各国教育改革中的经济问题[J]. 上海教育科研, 1996 (05).

[39] 何左. 开罗大学[J]. 中国高校师资研究, 2000 (03).

[40] 亚斯. 巴林王国教育信息化规划评介[J]. 南京晓庄学院学报, 2008 (05).

[41] 杜正艾. 精选"一带一路"建设战略支点国家的意义与建议[J]. 行政管理改革, 2016 (07).

[42] 陈新. 欧洲一体化与乌克兰的道路选择[J]. 欧洲研究, 2014 (12).

[43] 潘福林, 曲雅静. 全球化背景下的俄罗斯高等教育体系的建构[J]. 长春工业大学学报(高教研究版), 2008 (09).

[44] 叶玮光, 曲雅静. 社会转型期俄罗斯高等教育制度的述评[J]. 长春工业大学学报(高教研究版), 2007 (12).

[45] 潘恒. 现代俄罗斯高等教育面面观[J]. 现代教育科学, 2011 (05).

[46] 杨恕. 格鲁吉亚教育科技现状[J]. 东欧中亚研究, 1997 (10).
[47] 高燕, 杨广云. 当代中国与立陶宛高等教育体制改革比较[J]. 大学教育科学, 2007 (06).
[48] 张成霞. 东盟大学联盟在促进东盟高等教育发展中的作用[J]. 世界教育信息, 2011 (02).
[49] 张艳红, 黎佳. 院校层面的广西——东盟高等教育区域合作研究——以广西大学为例[J]. 东南亚纵横, 2015 (09).
[50] 张成霞."东盟大学联盟"发展历程回顾[J]. 东南亚之窗, 2010 (04).
[51] 刘稚. 中国——东盟高等教育合作的现状与前景[J]. 思想战线, 2010 (07).
[52] 杨俊东. 中俄教育合作的历史及现状[J]. 社科纵横（新理论版）, 2012 (03).
[53] 朱耀川, 范全欢, 李盼盼. 中国——南亚高等教育合作发展途径的理论思考[J]. 黑河学刊, 2015 (07).
[54] 王刚. 国际条约视角下的东盟一体化进程[J]. 信阳农业高等专科学校学报, 2010 (12).
[55] 林金辉. 论中外合作办学的可持续发展[J]. 教育研究, 2011 (06).
[56] 林金辉. 中外合作办学发展报告（2010—2015）[M]. 厦门: 厦门大学出版社, 2016.
[57] 陆根书, 康卉, 闫妮. 中外合作办学: 现状、问题与发展对策[J]. 高等工程教育研究, 2013 (04).
[58] 朱素真."一带一路"高校战略联盟: 搭建资源共享平台[J]. 世界教育信息, 2015 (23).
[59] 王辉耀, 苗绿. 国际人才蓝皮书 中国留学发展报告（2015）No.4[M]. 北京: 社会科学文献出版社, 2015.
[60] 王义桅."一带一路"机遇与挑战[M]. 北京: 人民出版社, 2015.
[61] 陈觉万, 吴端阳. 海外孔子学院发展历程、动因及特点评析[J].

国家教育行政学院学报，2009（04）．

[62] 王义桅．"一带一路"助孔子学院高飞[N]．人民日报（海外版），2015-02-17（001）．

[63] 刘宝存．"一带一路"中教育的使命与行动策略[J]．神州学人，2015（10）．

[64] 周谷平，阐阅．"一带一路"战略的人才支撑与教育路径[J]．教育研究，2015（10）．

[65] 邓春，张先琪，李灿．"一带一路"战略下高等学校国际化人才培养模式及路径探析——以海南高校为例[J]．海南广播电视大学学报，2015（12）．

[66] 张海龙，杨世汝．"一带一路"战略背景下高校人才培养问题研究[J]．关东学刊，2016（04）．

[67] 程宇，刘海．愿景与行动："一带一路"战略下的职业教育发展逻辑[J]．职业技术教育，2015（10）．

[68] 车如山，姚捷．"丝绸之路经济带"战略下中格高等教育的交流与互动[J]．高校教育管理，2016（04）．

[69] 吴宇蒙．基于"一带一路"国家战略的建设工程管理国际化人才培养研究[J]．教育教学论坛，2016（07）．

[70] 文君，蒋先玲．用系统思维新高校"一带一路"国际化人才培养路径[J]．国际商务（对外经济贸易大学学报），2015（10）．

[71] 方泽强．"一带一路"战略下云南高等教育的新发展[J]．云南农业大学学报（社会科学），2016（01）．

[72] 徐胜男，吴法．"一带一路"战略实施中青年人才培养模式的构建研究[J]．山东青年政治学院学报，2016（03）．

[73] 中国教育科学研究院课题组．完善先进制造业重点领域人才培养体系研究[J]．教育研究，2016（01）．

[74] 林健，胡德鑫．"一带一路"国家战略与中国工程教育新使命[J]．高等工程教育研究，2016（11）．

[75] 推动共建丝绸之路经济带和21世纪海上丝绸之路的愿景与行动

[N]．人民日报，2015-03-29（004）．

[76] 周琪．美国智库的组织结构及运作——以布鲁金斯学会为例[J]．人民论坛，2013（12）．

[77] 张新新．数字出版高端智库建构综述[J]．科技与出版，2017（01）．

[78] 邵景均．建设一流政府智库[J]．中国行政管理，2014（01）．

[79] 满媛媛．我国民间智库发展道路探析[J]．经营管理者，2013（10）．

[80] 陈双梅．智库建设的困境摆脱与国家软实力提升[J]．重庆社会科学，2012（05）．

[81] 王怡昕．智库参与地方政府治理存在的问题及其对策[J]．辽宁工业大学学报（社会科学版），2017（01）．

[82] 程国强．共建"一带一路"：内涵、意义与智库使命[J]．中国发展观察，2015（04）．

[83] 程国强．共建"一带一路" 共创美好未来[N]．人民日报，2015-03-31（010）．

[84] 吴志成．"一带一路"建设需要直面五大挑战[N]．上海证券报，2015-07-16（012）．

[85] 筑新型丝路 促共同繁荣[J]．中国经贸导刊，2015（11）．

[86] 于铁军．世界一流大学智库建设的经验与借鉴[J]．中国高教研究，2015（08）．

[87] 张真慈．"一带一路"的中国智慧[J]．文化月刊，2015（10）．

[88] 吴亮，夏宇，马岩．媒体融合发展对接中国特色新型智库建设的路径研究[J]．中国科学院院刊，2016（08）．

[89] 王立国．高校智库服务"一带一路"的路径与对策[J]．牡丹江师范学院学报（哲学社会科学版），2016（04）．

[90] 加强智库在"一带一路"建设中的积极作用[OL]．http://www.bjrd.gov．

[91] 高校智库：一种特殊的存在[OL]．http://news.sina.com．